西南政法大学新时代法学教育丛书

总主编 | 樊 伟 林 维

法学特色课程
课程思政教学指南

GUIDELINES FOR THE CURRICULUM-INTEGRATED IDEOLOGICAL AND POLITICAL EDUCATION IN SPECIALIZED COURSES FOR LAW MAJORS

王怀勇/主 编

武夫波/副主编

法律出版社

LAW PRESS · CHINA

北京

图书在版编目（CIP）数据

法学特色课程课程思政教学指南 / 王怀勇主编. 北京：法律出版社，2025. -- ISBN 978 -7 -5197 -9948 -9

Ⅰ. D64

中国国家版本馆 CIP 数据核字第 20255D6V62 号

法学特色课程课程思政教学指南
FAXUE TESE KECHENG KECHENG SIZHENG JIAOXUE ZHINAN

王怀勇 主编

责任编辑 胡佳文 罗 欣
装帧设计 鲍龙卉

出版发行 法律出版社
编辑统筹 法律教育出版分社
责任校对 晁明慧
责任印制 刘晓伟
经　　销 新华书店

开本 710 毫米×1000 毫米 1/16
印张 15.5 **字数** 235 千
版本 2025 年 1 月第 1 版
印次 2025 年 1 月第 1 次印刷
印刷 唐山玺诚印务有限公司

地址：北京市丰台区莲花池西里 7 号（100073）
网址：www.lawpress.com.cn
投稿邮箱：info@lawpress.com.cn
举报盗版邮箱：jbwq@lawpress.com.cn

销售电话：010 -83938349
客服电话：010 -83938350
咨询电话：010 -63939796

书号：ISBN 978 -7 -5197 -9948 -9　　**定价**：45.00 元

凡购买本社图书，如有印装错误，我社负责退换。电话：010 -83938349

编　委　会

“新时代法学教育丛书”总序

教育是国之大计、党之大计。中国共产党历来高度重视教育工作,将教育作为强国建设、民族复兴之基。尤其是党的十八大以来,以习近平同志为核心的党中央把教育摆在更加突出的优先发展战略地位,推动新时代教育事业取得历史性成就并发生格局性变化,教育强国建设迈出坚实步伐。法学教育是我国教育事业的重要组成部分,是推进全面依法治国、建设社会主义法治国家的基础性工程。习近平总书记指出:“法治人才培养上不去,法治领域不能人才辈出,全面依法治国就不可能做好。”高校作为法治人才培养的第一阵地,承担着办好法学教育、为党和国家输送大批德法兼修的高素质法治人才的时代使命。在此背景下,西南政法大学组织编纂了这套“新时代法学教育丛书”。

西南政法大学是新中国最早建立的高等政法学府,是改革开放后国务院确定的全国首批重点大学,是教育部和重庆市人民政府共建高校,入选国家首批卓越法律人才教育培养基地、首批国家级涉外法治研究基地、教育部首批涉外法治人才协同培养创新基地(培育)。学校坚持以习近平新时代中国特色社会主义思想为指导,全面贯彻新时代党的教育方针,不忘立德树人初心,牢记为党育人、为国育才使命,坚持心中有方向感、工作有使命感、师生有获得感的工作理念,不断推进学校教育教学工作高质量内涵式发展和特色发展,着力培养德智体美劳全面发展的社会主义建设者和接班人,全力书写西政事业发展的“奋进之笔”。

新时代新征程,党和国家事业发展对法学教育提出了更高要求。西南政法大学充分利用学科齐全、人才密集的优势,加强法学教育基础理论和重大问题研究,组织相关领域的知名专家学者,精心编纂了这套“新时代法学教育丛书”。该套丛书以习近平新时代中国特色社会主义思想为指导，紧紧围绕新时代法学教育实践，系统开展扎根中国文化、立足中国国情、解决中国问题的法学教育理论研究，总结提炼新时代法学教育具有主体性、原创性、标识性的概念、观点、理论，致力于构建中国自主的法学知识体系。

本套丛书选题多样、内容丰富，涵盖了法学学科体系、教学体系等法学教育教学的重要领域，涉及课程思政教学、涉外法治人才培养、法科学生职业能力培养等法学教育教学中的重大与前沿性议题。第一批将先行出版《法学核心课程课程思政教学指南》《法学特色课程课程思政教学指南》《涉外法治人才培养的探索与实践》《法科学生职业能力培养的理论与实践》等著作，今后还将继续围绕新时代法学教育中的重大理论和实践问题陆续推出具有代表性的理论成果。

衷心希望这套“新时代法学教育丛书”的出版能够获得法学界、教育界对于我校多年来进行法治人才培养的考评与建言，能够获得学术界对于我校多年来从事法学教育研究的检视与指引，能够获得社会各界对于我校长期发展的关注与支持，共同开创新时代法学教育事业发展新局面！

是为序。

序

党的十八大以来,党和国家高度重视立德树人工作。习近平总书记在2016年全国高校思想政治工作会议上指出“高校立身之本在于立德树人”,党的十九大报告明确提出要“落实立德树人根本任务”。将思想政治理论融入各专业课程是落实立德树人根本任务的关键,建设高水平的人才培养体系,必须做好课程思政建设,将价值塑造、知识传授和能力培养融为一体,实现思政元素“润物细无声”地融入各类专业课程。法学教育肩负着培养法治国家、法治政府、法治社会建设人才的重大使命,因此,法学教育中有机融入课程思政是新时代培养德法兼修高素质法治人才的重要内容。

2020年,教育部出台《高等学校课程思政建设指导纲要》,明确提出要“科学设计课程思政教学体系,结合专业特点分类推进课程思政建设,将课程思政融入课堂教学建设全过程,提升教师课程思政建设的意识和能力”。西南政法大学作为全国法治人才培养的重镇,积极落实国家和教育部关于课程思政建设的方针政策。自上述指导纲要出台以来,西南政法大学陆续出台《西南政法大学全面推进课程思政建设行动计划》《西南政法大学推进课程思政建设的实施方案》《西南政法大学课程思政建设评价办法》等制度性文件,通过举办课程思政教学研讨会、打造课程思政名师团队、打造课程思政示范课群、建立课程思政教育实践教学平台、建立课程思政融媒体资源库等举措来保障法学各专业课程思政建设工作提质增效。

为培养法律知识体系更加健全的法治人才,西南政法大学开设“合同法律风险管理”“知识产权管理”“民法精神”“法律与外交”“环境危机管理法”“网络与信息安全法”等系列法学特色核心课程,围绕政治认同、家国情怀、文化素养、宪法法治意识、道德修养等重点思政元素,深入挖掘法学专业特色课程育人功能，优化课程思政内容供给，把思想政治工作贯穿教育教学全过程，实现知识传授、能力培养与价值塑造的有机统一，推进全员全过程全方位育人实效。《法学特色课程课程思政教学指南》一书的编写即基于西南政法大学系列法学特色课程思政建设工作的开展，在对各法学特色课程深度挖掘思政元素的基础上，主要从课程思政教学方法与评价、课程思政教学资源及研究开发、课程思政教学实例以及课程思政元素总结等方面的内容展开，不仅展现了西南政法大学关于法学特色课程思政建设的成效，对当前各高校法学专业课程思政的建设和工作的开展也具有一定的指导意义。

衷心希望这部由西南政法大学教师团队编写的《法学特色课程课程思政教学指南》能够对其他兄弟院校的法学教育教学有所裨益，能够为推动德法兼修高素质法治人才培养贡献西政力量。

目　录

“合同法律风险管理”课程思政教学指南

一、“合同法律风险管理”课程简介

“合同法律风险管理”是主要面向法学本科二年级、三年级法科学生开设的专业选修课，同时也是面向全校所有专业学生开设的通识选修课。

本门课程围绕专业知识学习、实践能力提升、人生价值观塑造“三个目标”，坚守专业和思政“两条主线”，贯彻以本为本、法商融合、理实交互的教学理念，形成“线上课前导学—线下课中助学—线上课后促学”的教学闭环。课程从经济生活现实场景出发，结合《民法典》等法律的制度规范和司法实践，提炼合同纠纷案件的裁判要旨，落地企业合同管理实践，突出“治疗法学”与“预防法学”并重，搭建由民商法学、经济法学、刑事法学、企业管理学等方面的理论专家以及律师、税务师、仲裁员等实务专家组成的教学团队，从多学科、多角度引导学生把握合同风险管理的全过程，致力培养“通法律、懂管理、会救济、擅预防”“讲仁爱、重民本、守诚信、崇正义”的创新型、应用型、复合型卓越法治人才。

二、教学目标与教学内容

（一）教学目标

1. 知识层面

学生能以法律、财税、管理等多学科知识明晰合同法律风险管理的要义，系统性理解和掌握合同尽职调查、合同谈判、合同起草、合同审查、合同履行、合同善后等风险管理全过程。

2. 能力层面

通过案例分析提升学生文献检索能力；通过合同拟写与审查、模拟庭审等课堂活动强化学生知识运用能力；通过分组讨论与专题汇报培养学生独立思考能力和团队协作能力。

3. 素质层面

强化适应风险社会的风险预防意识，强化公平正义的法治价值观念；灌输诚实不欺、信守承诺、“私约如律令”的法律原则；培育意思自治、契约严守与化解僵局、解决问题相结合的契约精神；践行“事前预防重于事中控制、事中控制优于事后救济”的合同法律风险管理理念。

（二）教学内容

1. 课堂设计思路

（1）总体思路。遵循“热点追踪→情境沉浸→问题确定→理论阐释→自主学习→协作探究→能力延伸→考核巩固”的教学逻辑，形成“线上课前导学—线下课中助学—线上课后促学”的教学闭环，通过师生互动、师师互动、生生互动的教学模式将思政元素有机而无痕地融入教学内容之中。

（2）课前准备阶段。教师布置课前观看线上教学视频、补充阅读资料并完成习题练习的任务；教师利用学习平台的学情分析了解学生学习进度以及对相关知识的掌握程度，并线上参与学生讨论，及时解答学生学习困惑。

（3）课中讲授阶段。教师采用问题解决型案例教学、启迪式教学方法，就上课章节的重要问题展开详细讲解，并加以必要的知识拓展，引导学生展开讨论，最终对学生的观点展示进行评价与反馈，整合和总结知识要点，升华教学内容。

（4）课后复盘阶段。教师和助教继续引导学生修改、完善作业，并对学生的最终成果进行评阅、打分。教师和助教就相关问题在线作进一步提问、解答，布置下节课的线上学习任务。

2. 教学重难点

本课程的教学重难点，包括：（1）合同风险管理基本理念中的“五大思维”和“三对并重”；（2）静态合同风险管理中，合同主体与合同内容的合法合规审查；（3）动态合同风险管理中，履行标准节点把控与人工智能的运用；（4）典型合同管理中的静态与动态合同法律风险管理的联动；（5）合同审查中的涉税管理（“法税同审”与风险管理）；（6）合同订立履行管理瑕疵可能引发的刑事风险及防控;(7)非典型担保的识别以及公司担保相关的风险管理与合规搭建。

3. 教学重难点的处理

(1)“混合式”教学法。学生通过线上课程完成对相关知识的学习,通过对应章节的测试;教师通过“中国大学MOOC”平台提供的学情分析,对应准备线下教学内容;线下课堂专注于特定问题的讲授,融入深化思政元素。

(2)“浸入式”情境教学法。课程以真实司法(仲裁)案例为学生创设问题情境,引导学生审查合同条款,让学生对合同法律风险管理知识进行深入学习,并对诚信、平等、自由、公平等价值进行深入领会,提升风险防范及风险化解的能力。

(3)“启迪式”教学法。教师不止步于“标准答案”的讲授,而是尽量分析不同观点、展示不同视角,并运用设问、反问等引导式教学方法,充分调动学生探索积极性,锻炼学生独立思考的学术能力,拓展学生解决问题的思维路径,从而培养兼顾社会经济发展和合规建设要求的应用型、复合型人才。

三、课程思政教学方法与评价方式

(一)教学方法

1. 以激发学生学习兴趣为重点,在实践中拓展教学新模式。勇于打破传统模式,将问题以案例分析、模拟法庭等实践教学方式引入课堂,激发学生主动学习、积极运用的兴趣,使学生主动参与调研、参与课堂,从而构建“师生互动、教学相长”的兴趣导向型教学形式。

2. 利用多媒体平台实现信息化、智能化的线上线下混合式教学模式。课程教学方式积极向“互联网+”“智能+”时代学生学习的新方式靠拢,强调建立高自由度、低门槛性、全平台型的多元化教育教学课程体系;在线上,课程视频传授知识,实时分享拓展资料、提问启发思考,促进师生互动、生生交流;在线下,课程遵循“热点追踪→理论阐释→情境沉浸→风险管控”的教学逻辑,实现翻转式教学。

3. 遴选经典案例,弘扬社会主义核心价值观。课程以最高人民法院发布的指导案例、公报案例为基础,引领学生将公正司法的裁判思维运用到合同风险管理全过程,运用浸润、熏陶等柔性思政工作方法引领学生认识到自己作为社会主义法治国家建设的主力军应具有的担当精神,培养学生"铁肩"担道义、"铁嘴"辩公正、"铁笔"明法理的职业素养和专业品格。

(二)评价方式

本课程从"知识学习目标、能力培养目标、价值塑造目标"出发,坚持守正和创新的统一,健全完善考核机制,打造"双线""多维度""灵活"的课程评价体系。

1."双线"一体评价。统筹建设,打通线上平台与线下课堂考核评价。在成绩构成上,线上考核成绩与线下考核成绩各占比50%。

2."多维度"综合考核。线上考核成绩由"基础测验""讨论交流""期末测验"构成;线下考核成绩由"合同审查""合同草拟""模拟法庭实训""面试问答"构成。

3."灵活"弹性评估。结合合同法律风险管理理论,深化课程内容"初阶基础知识学习—中阶重难点专项训练—高阶实务技能渗透拓展"的三级区分,并适当调整分值鼓励学生积极更新自我、完善自我,实现风险防范意识的深层传递。

四、课程思政教学资源及研究开发

1.线上、线下,同步化课程思政教学资源。在"中国大学MOOC""学习强国""重庆高校在线开放课程"等平台发布在线课程"合同法律风险管理",同步教学内容。截至2023年11月15日,已上线42个包含中英文字幕的课程视频,建成容纳86个文本资料以及374道线上线下测试题等定时更新、难度分级的资料库,将课程思政元素融入其中。此外,还包括裁判文书、庭审实录等实务信息化教学资源。

2.自主研究,体系化课程思政教学资源。经设计而教学,从教学而升华。教学团队以2021年以来最高人民法院发布的指导性案例(指导案例166~200号)为教学资源库,提炼出18份合同纠纷裁判文书,结合课程内容,制订具体教学计划,将规范目的、原则精神、规则内涵、案例启示四个方面全面融入课堂,实现课程思政元素对合同风险管理全过程的全覆盖。

五、教学实例

(一)实例一:包税条款的效力审查——培养学生依法纳税、合法经营、法商融合的观念

1. 基本信息

对应章节	教学内容	思政要素切入点	育人目标
知识单元五　合同税务与合同法律风险	包税条款的识别路径	通过举例说明合同中包税条款的内容,归纳包税条款的特征,帮助学生了解什么是包税条款,引导学生探析包税条款的本质	培养学生综合运用法律、财税、管理等多学科知识认识新问题、解决新难题的能力
	包税条款的效力分歧	围绕包税条款效力的两种裁判路径,着重探究包税条款无效的原因,即违反《税收征收管理法》《税收征收管理法实施细则》中的强制性规范	强化学生依法纳税、合法经营的观念。引导学生认识到国家利益、集体利益、个人利益在根本上是一致的,国家的兴旺发达、繁荣富强与每个公民息息相关,培养有家国情怀的青年后备人才
	包税条款的风险控制	总结包税条款可能带来的操作风险、合同风险,引出针对包税条款可能带来的风险,可以通过合法转移纳税成本等方式予以控制的知识点	引导学生形成事前防范的观念,促使学生将风险化解在“已然”之前。帮助学生牢固树立法治观念,培养学生运用法治思维和法治方式解决问题的能力

2. 教学设计

(1)课程导入

教师提问:请同学们结合生活,阐述税收的意义以及你本人与税法之间的关系。

教师讲解:税收是指国家为了向社会提供公共产品、满足社会共同需要,按照法律的规定,参与社会产品的分配、强制、无偿取得财政收入的一种规范

形式。税收主要用于国防和军队建设、国家公务员工资发放、道路交通和城市基础设施建设、科学研究、医疗卫生防疫、文化教育、救灾赈济、环境保护等领域,具有组织财政、调节经济、监督经济等功能,对于稳定国家经济生活和促进社会文明具有重要意义。税法是保障税收的法律手段;是调整国家与社会成员在征纳税上的权利与义务关系,维护社会经济秩序和税收秩序,保障国家利益和纳税人合法权益的一种法律规范;是国家税务机关及一切纳税单位和个人依法征税的行为规则。

我国税收取之于民,用之于民。在我国,国家利益、集体利益、个人利益在根本上是一致的,国家的兴旺发达、繁荣富强与每个公民息息相关。而国家职能的实现,必须以社会各界缴纳的税收为物质基础。因而,每个公民、每个企业都应当以主人翁的意识,自觉依法纳税。

(2)课程内容讲解

一是包税条款的识别路径,包括包税条款的内容、包税条款的特征等。

二是包税条款的效力分歧,通过"分组研讨+教师讲解"的方式,向学生传达依法纳税是每个公民的义务,私自转嫁税负可能影响税收矫正财富分配不均、宏观经济调控等政策性功能的实现。包税条款的效力之所以令人产生疑问,是因为其实质中包含的私自转嫁税负的行为存在不法可能性。目前我国理论界、实务界对于包税条款的效力问题均没有形成统一的认识。而合同风险管理的意义即在于尽可能降低合同订立、履行、消灭过程中的风险等观点。

三是包税条款的风险控制,通过"提问+回答"的方式讲解本知识点并引导学生思考风险控制的方式,例如可以通过合法转移纳税成本(通过其他合法方式将纳税成本转移给对方,比如适当提高交易价格,在依法纳税的前提下促成交易目的的实现)予以控制等。

(3)课后思考与拓展延伸

一是发布课后思考题:如何看待在合同中约定包税条款以转嫁税负的行为?

二是拓展延伸,教师对上述问题发表看法:每一个公民都应当严格按照税法相关规定缴纳税款。通过包税条款私自将税负转嫁于他人的做法,是不主动承担公民义务的表现,不值得提倡。以此引导同学树立正确的价值观。

3. 思政价值

本节课程以包税条款的效力问题为核心，遵循“基础理论介绍—重难点知识讲解—拓展性内容延伸”的教学逻辑，帮助学生了解、掌握包税条款从订立到履行所涉及的法律风险管理全过程，多维度地掌握合同法律风险管理的知识，强化学生事前预防、事中控制、事后解决的合同风险管控意识，提高学生运用多学科知识解决复杂问题的综合能力，强化学生依法纳税、合法经营的观念，促进学生法律知识能力习得与品质德行养成的衔接。

（二）实例二：从合同纠纷案件的裁判看合同订立履行风险管理——培养学生的法治思维、公平意识、诚信品质

1. 基本信息

对应章节	教学内容	思政要素切入点	育人目标
知识单元八　合同纠纷的类型及裁判	合同纠纷中的“六必审”	介绍合同纠纷中的六大必审事项：(1)合同是否成立；(2)合同性质如何；(3)合同是否有效；(4)合同是否生效；(5)合同对谁生效；(6)合同如何消灭	帮助学生树立裁判者思维，牢固树立法治观念，培养学生运用法治思维和法治方式解决实践问题的能力
	合同的订立	订立合同应当遵循平等原则、公平原则。一方面，民事主体在民事活动中的法律地位一律平等。合同当事人之间没有高低、主从之分。另一方面，民事主体从事民事活动时要秉持公平理念，公正、平允、合理地确定各方的权利和义务，并依法承担相应的民事责任	通过学习合同订立中的平等原则，引导学生树立平等意识、公平意识，进而以平等、公平的观念指导自己的行为
	合同的履行	当事人履行合同要遵循诚实信用的原则。合同签订后可能会出现各种情况导致履行障碍，此时应当如何解决	通过学习合同履行中的诚实信用原则，引导学生认识到在合同履行中，当事人要相互配合、开诚布公地协作，以利于合同更好地履行，培养学生的诚信品质

2. 教学设计

(1)课程导入

教师提问:在裁判合同纠纷的过程中,你认为法官应当从哪些方面进行审查? 重点应当审查哪些方面?

(2)课程内容讲解

一是合同纠纷中的"六必审",包括合同是否成立、合同性质如何、合同是否有效、合同是否生效、合同对谁生效、合同如何消灭等内容。在处理合同纠纷时,应当充分运用裁判者思维,通过对该合同纠纷依次从成立、性质、效力、消灭等方面进行审查,运用法治思维和法治方式解决实践中的合同纠纷问题。

二是合同的订立,该部分内容主要以格式条款为基础展开。格式条款由一方提供,另一方没有就条款进行实际磋商的机会,格式条款提供方可能会恣意追求自己的单方利益,违背公平原则,不合理地分配合同交易中的风险和负担。《民法典》第 497 条第 2 项规定的"不合理地免除或者减轻其责任、加重对方责任、限制对方主要权利",以及第 3 项规定的"提供格式条款一方排除对方主要权利",均属于违背公平原则的情形,应无效。平等原则、公平原则作为民事主体从事平时活动的基本原则,也应当贯穿于合同签订的过程。若一方当事人仅仅考虑自己的利益,排除对方当事人的主要权利,则可能导致合同无效,签订合同的目的也就无法实现。

三是合同的履行,该部分内容主要通过"分组研讨案例 + 教师评价讲解"的方式展开。传递"合同应当诚信履行""合同签订后可能会出现各种情况导致履行障碍,此时双方应当积极沟通,协商变更履行方式,促成合同目的的实现"等观点。

(3)课后思考与拓展延伸

一是发布课后思考题:违约方是否享有单方解除合同的权利? 违约方是否能够申请解除合同?

二是拓展延伸,教师对上述问题发表看法:诚信原则是指导当事人正确履行合同义务的原则。凡依法成立的合同,各方当事人均须准确、全面地履行。因此,当合同因违约方的违约行为遭受履行障碍时,应当由守约方来决定选择继续履行合同抑或解除合同,否则违约方将因违约行为而获利,有违诚实信用原则。但同时,在一些长期性合同如房屋租赁合同履行过程中,双方形成“僵局”,违约方不履行义务,守约方也不解除合同。若此时一概不允许违约方通过起诉的方式解除合同,对双方都不利。再或者若合同继续履行,违约方将遭受严重损失,对其显失公平。因此,此时便可以赋予违约方申请解除合同的权利,由法院或仲裁机构结合案件的实际情况,根据诚信原则、公平原则决定是否解除合同。综上,在合同履行的过程中,诚信原则固然重要,但同时也需要兼顾公平原则。这就要求我们在解决因合同履行产生的纠纷时,综合考虑诚实信用原则与公平原则,进而找到能够最大化实现双方当事人利益的解决方案。

3. 思政价值

本节课程通过向学生讲授合同纠纷的“六必审”事项,引导学生树立正确的法治观,培养学生运用法治思维和法治方式解决实践问题的能力以及在解决问题过程中识别主要矛盾的能力,加深学生对“人生而平等”的理解,引导学生树立平等意识、公平意识,进而以平等、公平的观念指导自己的行为,养成守信用、讲实话、办实事的习惯,形成守诚信、崇正义、尚平等的正确价值观。

(三)实例三:虚假宣传的责任认定——培养学生日常生活中的风险防控意识

1. 基本信息

对应章节	教学内容	思政要素切入点	育人目标
第三章　动态合同风险管理	要约与要约邀请的区分路径	通过对要约与要约邀请等概念的专业学习,树立权利意识、规则意识,提升契约精神。提高运用法治方式维护自身权利、化解矛盾纠纷的法治素养与能力。教学重点为将思政教育融入教学,树立学生遵纪守法、爱岗敬业、无私奉献、诚实守信的品格	将价值塑造与能力培养相结合,使学生形成遵纪守法、以事实为依据、以法律为准绳的职业品格和行为习惯,培育道德能力与实践能力并存的法治人才

续表

对应章节	教学内容	思政要素切入点	育人目标
	要约与要约邀请区分的现实意义	围绕要约与要约邀请的现实内容展开，引入案例，指导学生进行探讨、分析要约与要约邀请边界，引导学生树立敬业、诚信等意识，强化契约精神，提升防范意识	引入案例，引导学生讨论要约与要约邀请的边界，启发学生形成各自的独立观点，最终形成一套系统完整、逻辑严密的知识体系
	订立合同中的风险控制	归纳不实要约与要约邀请可能产生的后果等内容，总结混淆要约与要约邀请可能带来的操作风险、合同风险，引出针对要约与要约邀请合同风险控制的讨论	引导学生形成事前防范的观念，促使学生将风险化解在“已然”之前。帮助学生牢固树立敬业价值观，树立诚信契约精神，学会运用法治思维和法律手段分析和处理问题

2. 教学设计

(1)课程导入

教师提问：开发商广告宣传楼盘为重点小学学区房，交房后发现重点小学不见了，责任如何认定？

(2)课程内容讲解

一是要约与要约邀请的区别，主要从学理角度对其进行论述。《民法典》第472条规定“要约是希望与他人订立合同的意思表示，该意思表示应当符合下列规定：(一)内容具体确定；(二)表明经受要约人承诺，要约人即受该意思表示约束”。要约和要约邀请主要有三大区别：其一，意思表示目的不同。要约是当事人自己主动愿意订立合同的意思表示，以订立合同为直接的目的；而要约邀请是当事人希望对方主动向自己提出订立合同的意思表示。其二，意思表示内容不同。要约必须包括将来可能订立的合同的主要内容，要约中含有当事人表示愿意接受要约约束的意思；而要约邀请则不含有当事人接受要约约束的意思。其三，针对对象不同。要约大多数是针对特定的相对人的，故往往采用对话或信函的方式；而要约邀请一般针对不特定的相对人。

二是要约与要约邀请区分的现实意义，主要从案例角度对其进行分析。在现实中房地产开发商往往将其地产的配套教育机构作为楼盘营销的要点进行宣传，例如在看房专题电视广告及楼书宣传中明确出现了“小区的配套幼儿园、小学是某重点大学附属幼儿园、小学”等表述，该表述的内容构成开发商对其地产对口学校的具体确定的说明和允诺，并且对当事人购买涉案房屋并签订商品房预售合同的决策具有重大影响，故被告的宣传内容应当视为要约。

三是订立合同中的风险控制，主要通过“学生分组讨论 + 教师点评”的方式展开，教导学生应当理性看待买卖过程中的销售广告和宣传资料，树立在商品大额交易之前先行收集与查证关于所购商品的信息的意识，注意合同中的违约条款和免责条款。

(3)课后思考与拓展延伸

一是发布课后思考题：虚假销售广告宣传方应承担的法律责任是什么？

二是拓展延伸，教师对上述问题发表看法：诚信原则是指导当事人正确履行合同义务的原则。由课程内容我们可知，在一般情况下，销售广告只属于要约邀请或要约引诱，意在使潜在的购买者提出要约，不具有法律约束力。只有当广告中含有虚假内容，使消费者受到此广告引诱而进入缔约合同阶段或成功订立合同且损害消费者利益时，才会产生法律责任。因卖方故意隐瞒与订立合同有关的重要事实或者提供虚假情况，消费者因受虚假销售广告欺诈而陷入错误认识并作出不真实的意思表示时，该购买行为系可撤销的民事行为。综上所述，虽说现行立法充分考虑了此种情况下对受欺诈方利益的保护，但同学们也要在日常生活中“擦亮双眼”，注意提升自身的风险防范意识，从而避免掉入此类广告陷阱之中。

3. 思政价值

本节课程通过向学生讲授要约与要约邀请的区分路径及现实意义，引导学生将价值塑造与能力培养相结合，帮助学生形成遵纪守法、以事实为依据、以法律为准绳的职业品格和行为习惯，传递契约自由与平等、契约信守与救济有机结合的精神，提升学生的契约精神和规则意识，强化学生“合同处处在，风险时时有”的风险管理观念，引导学生形成事前防范的观念。

六、课程思政元素总览表

课程章节	重要的课程思政元素	相关联的专业知识或教学案例	所属思政维度
第一章　合同法律风险管理概述	通过合同的三项精神：契约自由、合同神圣、合同相对性，向学生传递诚实信用、公平公正的正确价值观，提升学生对规则、对法律、对法治的认识	1. 郑某某诉新疆龙煤能源有限责任公司股权转让合同案［（2019）最高法民终 827 号］； 2. 河南中亚冶金轴承集团有限公司诉黄南藏族自治州人民政府合同纠纷案［（2019）最高法民终 679 号］	思想维度
第二章　合同法律风险管理的理念	深入讲解思维协同及其包含的底线思维、综合（跨界）思维、协同思维、证据思维、创新思维，并通过底线思维关注合同与市场经济、社会治理的关系	1. 浙江淘宝网络有限公司诉许某某等网络服务合同纠纷案［（2017）沪 01 民终 13085 号］； 2. 中信银行股份有限公司西安分行诉山煤国际能源集团晋城有限公司、陕西省石化产业集团有限公司合同纠纷案［（2019）最高法民终 870 号］	政治维度
第三章　静态合同风险管理	在阐释“合同内容的合法性”时，强调合法不仅要合乎法律、行政法规的规定，同时不违反公序良俗，并对公序良俗原则展开全面讲解，教导学生在民事活动中应当尊重公序良俗，维护社会公共利益	1. 瑞士嘉吉国际公司诉福建金石制油有限公司等确认合同无效纠纷案［（2012）民四终字第 1 号］； 2. 中国铁建大桥工程局集团有限公司建设工程施工合同纠纷二审民事案［（2019）最高法民终 347 号］	知识维度

续表

课程章节	重要的课程思政元素	相关联的专业知识或教学案例	所属思政维度
第四章　动态合同风险管理	1. 从日常生活事例出发，通过对风险管理实例的讨论，引导学生重视合同、树立契约精神，启发学生既要关注事实认定，又要重视法律适用的法律职业伦理与素养，以及面对复杂敏感的社会环境要增强忧患意识，居安思危，防患于未然，培养学生的责任担当意识； 2. 在阐释“有权不用过期作废”内容时，引导学生树立“权利有期限，行使需及时”的正确法治观念，启发学生保持积极的心态，做好时间管理，及时行动，拒绝拖延	1. 刘某某诉中国移动通信集团江苏有限公司徐州分公司电信服务合同纠纷案[（2011）泉商初字第240号]； 2. 北京大唐燃料有限公司诉山东百富物流有限公司买卖合同纠纷案[（2019）最高法民终6号]； 3. 重庆普地华辉实业有限公司诉白某某租赁合同纠纷案[（2018）渝0113民初13655号]	知识维度、思想维度
第五章　典型合同的风险管理	1. 在阐释“识别典型合同的方法和路径”内容时，引导学生通过考察当事人的真实意思表示、合同权利义务的内容以探求双方当事人签订合同的目的，确定合同类型，训练学生运用法治思维、创新思维解决问题的能力； 2. 静态视角下深度剖析买卖合同、物业服务合同、中介合同、合伙合同的风险管理，引导学生运用法治思维和法治方式解决法律问题，树立正确的职业观；	1. 上海中原物业顾问有限公司诉陶某某居间合同纠纷案[（2009）沪二中民二(民)终字第1508号]； 2. 中天建设集团有限公司诉河南恒和置业有限公司建设工程施工合同纠纷案[（2019）最高法民终255号]	知识维度、思想维度

续表

课程章节	重要的课程思政元素	相关联的专业知识或教学案例	所属思政维度
	3. 在阐释“物业费的交纳”“中介人的如实告知义务”内容时，解读背后的原因，引导学生树立爱岗敬业、诚实信用、和睦友善的正确价值观		
第六章　合同税务与合同法律风险	以包税条款的效力审查问题为重点，帮助学生了解、掌握包税条款从订立到履行所涉及的法律风险管理全过程，强化学生事前预防、事中控制、事后解决的合同风险管控意识，提高学生运用多学科知识解决复杂问题的综合能力，强化学生依法纳税、合法经营的观念，促进学生法律知识能力习得与品质德行养成的衔接	蔡某某、吴桥坤泰房地产开发有限责任公司追偿权纠纷案［（2019）冀09民终5641号］	知识维度
第七章　合同管理与刑事风险防范	在阐释“刑事风险的防范”内容时，强调底线意识、诚信理念，引导学生遵循法治立场，并通过讲解案例，培养学生诚实做人、踏实做事的职业品格，引导学生将个人理想与民族复兴大业融合到一起，与社会主义核心价值观保持一致	赵某某诈骗案［（2018）最高法刑再6号］	思想维度、政治维度
第八章　担保合同中的风险管理	遵循“基础理论介绍—重难点知识讲解—拓展性内容延伸”的教学逻辑，帮助学生了解、掌握担保合同从订立到履行所涉及的法律风险管理全过程；在阐述“担保纠	1. 中信银行股份有限公司东莞分行诉陈某某等金融借款合同纠纷案［（2019）最高法民再155号］； 2. 中国工商银行股份有限公司宣城龙首支行诉	知识维度、政治维度

续表

课程章节	重要的课程思政元素	相关联的专业知识或教学案例	所属思政维度
	纷的法律适用”时，提出了两个风险管控要点，即充分运用合同自由和设计非典型担保合同满足社会需要，使学生深刻认识人的意思自由在市场经济顺畅运作中的价值	宣城柏冠贸易有限公司、江苏凯盛置业有限公司等金融借款合同纠纷案[（2014）皖民二终字第00395号]	
第九章　合同纠纷的类型及裁判	强调诚信原则贯穿于合同订立、履行的全过程，促使同学们形成诚信正义观，引导学生树立正确的法治观，养成守信用、讲实话、办实事的习惯，培养学生的诚信品质	1. 张某与上海华位物联网科技有限公司缔约过失责任纠纷[（2022）沪0113民初21135号]； 2. 北京隆昌伟业贸易有限公司诉北京城建重工有限公司合同纠纷案[（2017）京02民终8676号]	思想维度

（侯国跃、潘俊）

“外国民商法(双语)”课程思政教学指南

一、“外国民商法(双语)”课程简介

“外国民商法(双语)”课程面向法学本科高年级学生,该学生群体已经掌握民商法的基本法律知识,并初步形成了民商法的知识体系。因此本课程内容虽然几乎涵盖了整个民商法领域,包括合同法、侵权责任法、婚姻家庭法、公司法、证券法、破产法,但并不是一般概念和法律制度的介绍,而是在学生已经具备的法律知识体系之基础上,就每个部门法中具有实践争议性的法律问题,由案例引入,让学生进行分析并讨论,以锻炼学生的法律适用能力;同时利用比较分析的方法引导学生进行中外法律制度的比较学习,提升学生法律分析的思维能力,为进一步的法学研究做准备。

本课程在教学中采用双语教学。关于英美法系具体制度的介绍均直接采用英文进行表述,在域外案例部分,则摘取英文原文的案情概要以及法官的判决、裁判理由,由此让学生掌握地道的法律英语表达,有效地实现“英语+法律”的融贯学习。

在每一个制度讲解的结尾部分,恰当地融入思政元素,点出每一个制度背后所蕴含的当前社会的主流价值,启发学生思考中外法律制度差异背后所蕴含的社会文化思想差异,了解并预防涉外法律交往中的风险;同时能够理解、包容和尊重不同国家、民族和社会的文化多样性。

二、教学目标与教学内容

(一)教学目标

“外国民商法(双语)”课程正是围绕“高端涉外法治人才”的培养目标而建设和发展的。“高端涉外法治人才”的培养不是简单的“外语+法律”的堆

积,而是强调“法律+外语”的融贯学习。突出外语能力的外在硬件,守住法律解释与运用能力的实质内核,具备将两者有效融合的能力,更应当是具备国家利益意识、法律专业素养、语言文化底蕴三方面素质的复合型人才所应具有的能力。因此本课程的培养目标表现在三个层面:

1. 知识传授:学生能系统掌握域外民商法的具体制度、法律规则以及司法适用;熟练掌握相关的法律英语术语和表达。

2. 能力培养:学生能够使用娴熟的外语进行涉外民商事法律的交往和沟通;能够明辨本国与域外民商事领域的制度差异,谙熟其中存在的法律风险,并能提前预防。

3. 价值提升:引导学生理解本国和域外的法治文化异同,包容不同法律文化之间的差异性,具备国际化视野,同时坚持准确的政治站位和正确的意识形态,坚定维护国际公平正义,坚定捍卫国家主权、安全、发展利益,有效应对外部打压遏制。

(二)教学内容

本课程在教学中突出三个层面的“注重”以实现“高端涉外法治人才”的培养目标。首先,强调“法律+外语”的融贯学习,域外制度和典型案例均采用英文进行表述,使学生掌握地道的法律英语术语,锻炼学生法律专业的外语沟通能力。其次,着眼于涉外法律的“实践适用”,从域外司法实践中的典型案例着手,展示法律规则的适用,剖析法官的裁判思维逻辑,加深学生对域外法律制度理解,领会其与我国相关制度的差异,了解并预防涉外法律交往中的风险。最后,立足于本国法治文化,同时拥有“国际视野”,引导学生思考我国与域外民商事法律制度的异同,启发学生思考不同法治文化差异背后的根源,能够理解、包容和尊重不同国家、民族和社会的文化多样性,以具备良好的国际视野。

该课程分为六章:合同法、侵权责任法、婚姻家庭法、公司法、证券法、破产法。每一章的内容分为四个部分:基础理论介绍、域外民商事法律、中国民商事法律及中外对应法律制度比较。六章均采用统一的教学设计思路,选取该部门法中关键性的制度,以及法律实践中争议焦点聚集的法律问题。每一次课程则由法律问题导入,从四个方面展开:英文典型案例、域外法律制度、我国对应的典型案例、中外法律制度比较。

三、课程思政教学方法与评价方式

（一）教学方法

本课程思政的教学，主要为教师根据课程的内容适当提点、启发，或以“教师提问—学生回答—教师总结”的方式开展。让学生置身于域外法律制度司法适用的情境中，通过对域外法官裁判思维的领悟，了解域外民商法律制度的文化和社会背景；另外，通过对中外民商事法律制度之异同的比较学习，使学生具备民商事法律知识领域的国际视野，积极应对涉外法律交往中的各种风险，具备包容、认知和适应文化多样性的意识、知识、态度。

（二）评价方式

评价方式为“学生平时发言 + 课后作业 + 期末考试”，每一个环节中的思政内容占比 20%，即思政内容占比总体课程评价的 20%。每次课程均有域外典型案例与我国相对应的典型案例的分析和比较，并设有学生讨论、发言环节。平时成绩以学生每次课程表现以及课后作业作为考核依据，总共 10 次平时成绩（课上表现 + 课后作业）占总成绩的 60%，期末考试（笔试）成绩占总成绩的 40%，最后根据比例换算得出最终成绩。

四、课程思政教学资源及研究开发

本课程已开设 5 年以上，教师团队成员对教案进行整理。教案中有关域外民商事法律的部分，均为各教师自行搜集的典型案例（英文）。教师团队成员对这些案例进行案情的梳理，并归纳裁判要旨。对中外民商法典型案例和关键制度进行比较分析的部分，揭示了对外法律交往中存在法律风险，以及差异背后的社会根源、涵盖的深层次社会价值。

2022 年，课程负责人李燕组织所有教师成员，在整理以上所有教学内容的基础上，着重突出思政元素，编写了自用教材《比较民商法》。该教材于 2023 年 2 月出版，被评为重庆市法学专业教学的精品教材。

五、教学实例

(一)合同的成立——以电子商务合同的成立为例

随着全球数字经济和电子商务平台快速发展,网络购物受到大量消费者的青睐,尤其在2020年新冠疫情冲击下,网络购物成了世界范围内重要消费模式之一。因网络购物而产生的法律纠纷也随之集中爆发,在我国,其成为司法实务中重要的案件类型。其中,如何认定电子商务合同的成立就是争议问题之一,在案例“刘某因抢购茅台诉京东案”中,刘某提交订单并成功支付相应款项的行为是否构成承诺?如为承诺,则合同成立并生效,销售方应该履行合同,否则构成违约;如为要约邀请,则承诺的行为需由销售方作出,如果销售方未作出承诺,则合同尚未成立,更不存在违约的情形。最终,法院依据《电子商务法》第49条第1款的规定,认为刘某“提交订单并成功支付价款”的行为构成承诺,双方就涉案商品的买卖合同成立并生效。早在2013年发生的“夏某诉亚马逊公司案”,虽与本案案情类似但其争议集中于格式条款中关于“支付货款后,须经卖方确认合同才成立”的约定是否有效。法院认为亚马逊公司未以“合理的方式”尽到提请注意和说明义务,而否定该约定的效力,并判定“亚马逊公司发布商品信息”的行为属于要约,而夏某的下单行为构成承诺,双方当事人就涉案商品的买卖合同成立且生效。值得注意的是,该案的争议仅聚焦于程序上是否尽到“提请注意义务”,并未考虑该约定的内容本身是否有效。为此,《电子商务法》第49条第2款作出规定:“电子商务经营者不得以格式条款等方式约定消费者支付价款后合同不成立;格式条款等含有该内容的,其内容无效。”此条款直接从根本上否定了以上约定内容的合法性,体现了保护相对弱势的消费者群体之“公平”价值。

2021年施行的《民法典》,第491条第2款只采纳了《电子商务法》第49条第1款的内容,未吸取该条第2款的内容,这符合其作为一般法的规范属性。所以当出现第2款的适用情形时,就可适用《电子商务法》,如此便为特别法释放了适用空间,实现了特别法与一般法在适用上的衔接。

对于此类案例,域外法则秉持“意思自治”原则,遵照“格式合同”的一般规则,即只要平台公司在网页中以“合理的方式”尽到提请注意和说明义务,约定就产生效力。

(二)“承诺”是在“到达”时生效还是“发出”时生效?

美国合同法关于要约邀请、要约和承诺的认定规则以及法律效力的规定与我国《民法典》基本一致,但在承诺的生效时间上则存在细微的区别,具体以如下案例作为说明。

Morrison v. Thoelke, 155 So. 2d 889

Court of Appeal of Florida, Second District.

Aug. 30, 1963.

No. 3743.

Appellant purchasers executed a contract for the sale and purchase of real property and mailed the contract to appellees who were in another state. Appellees executed the contract and placed it in the mail addressed to appellants' attorney. After the mailing, but prior to its receipt, appellees called appellants' attorney to cancel and repudiate the execution and contract. Nonetheless, appellants recorded the contract upon receipt. Appellees sued to quiet title, specifically requesting that appellants be enjoined from making any claim under a recorded contract for sale of the realty. The lower court entered a summary decree for appellees. Appellants argued the lower court erred in determining the contract void. The appellate court reversed the decree and remanded the cause for further proceedings. The court held the contract was complete and binding when the letter of acceptance was mailed, thus barring repudiation prior to delivery to the offeror.

裁判要旨:

本案的争议焦点在于该不动产买卖合同的生效时间是合同寄出时还是到达相对人时。在英美法系中,承诺生效的时间为承诺发出的那一刻,而不是对方收到的那一刻。承诺生效,合同即成立。因此,本案中合同在信件投递出去的那一刻就成立,不可反悔。

《美国合同法第二次重述》第 63 节 1[①] 规定:“除非另有约定,承诺采用要约规定的方法或者传递工具发出即生效,而不论要约人是否收到承诺。”这就是“邮筒规则”(Mailbox Rule),理论界认为此种情形下“邮局”等传递机构是要约人的代理人。

这就是英美法系的“发出主义”原则,我国与大陆法系则坚持“到达主义”。这种区别集中体现在以信件或者电报方式作出承诺的情形。例如,《德国民法典》第 130 条规定:“在向另一方作出意思表示时,如果另一方不在场,意思表示以其到达另一方时发生效力。如果撤销的通知先于或者同时到达另一方,则意思表示不发生效力。”《日本民法典》第 97 条第 1 款规定:“对隔地人的意思表示,自通知到达相对人之时起发生效力。”我国《民法典》第 137 条对承诺生效时间进行了规定。[②]

由于两大法系关于承诺生效时间的规定不同,相应地,有关承诺撤回的规定也必然不同。在英美法系,由于承诺一经发出即生效,因此无法撤回;在大陆法系,承诺需到达才生效,存在一个时间过程,因而现实上允许承诺有撤回的时间,所以承诺可以撤回。我国《民法典》第 485 条规定承诺可以撤回。[③]《意大利民法典》第 1328 条第 2 款规定:“承诺得被撤回,但撤回的通知要在承诺之前到达要约人。”虽然如此,但这种差异仅仅是一种“习惯”的差异,就如开车时驾驶位位于左边还是右边,走路靠右还是靠左,这些并不影响法律公平价值的实现,都是“殊途同归”。

在与身处英美法系地区的人交流中,面临以信件或者电报方式作出承诺的情形,须谨记“邮筒规则”。

---

① 《美国合同法第二次重述》第 63 节规定:(a) an acceptance made in a manner and by a medium invited by an offer is operative and completes the manifestation of mutual assent as soon as put out of the offeree's possession, without regard to whether it ever reaches the offeror.

② 《民法典》第 137 条规定:以非对话方式作出的意思表示,到达相对人时生效。以非对话方式作出的采用数据电文形式的意思表示,相对人指定特定系统接收数据电文的,该数据电文进入该特定系统时生效;未指定特定系统的,相对人知道或者应当知道该数据电文进入其系统时生效。

③ 《民法典》第 485 条规定:承诺可以撤回,承诺的撤回适用本法第 141 条的规定。

(三)大陆法的缔约过失责任与英美法的允诺之禁反言原则比较

本节课程由案例引入,例:甲要赠送乙一匹名马,乙为此去买了一块马场和草料。结果甲反悔,没有赠送名马,乙的损失该如何救济? 请分别从我国合同法和英美合同法角度、路径分析,乙能否得到救济,以及如何得到救济?(学生讨论,并发言)

1. 从大陆法系的角度分析

以我国民法为例,依据《民法典》第 658 条:赠与人在赠与财产的权利转移之前可以撤销赠与。经过公证的赠与合同或者依法不得撤销的具有救灾、扶贫、助残等公益、道德义务性质的赠与合同,不适用前款规定。

因此,实务界认为合同原则上为实践合同,诺成合同为例外。合同法并没有单独将赠与合同定义为实践合同或者诺成合同,而是根据现实的需要,分两种情况作出了规定。具有救灾、扶贫等社会公益、道德义务性质的赠与合同或者经过公证的赠与合同,为诺成合同;其余的赠与合同为实践合同。

本案例中,甲并未实际交付该名马,甲乙之间的赠与合同并未成立,但乙基于对甲的信赖而作了接受名马的准备,为此付出了成本的代价,最后由于甲的反悔,导致乙产生了损失。对此,乙可请求甲承担缔约过失责任。

2. 从英美法系的角度分析

“允诺禁反言”原则是作为弥补对价制度缺陷而产生的一种原则,一般适用于当事人先允诺后反悔的情形:

(1)作出无偿之诺继而反悔:公益性捐赠(Charitable donation)。[Case Allegheny College v. National Chautauqua County Bank (1927)]

(2)建筑工程中,次承包商投标后又撤标(In the construction contract, the sub – contractor withdraws the bid after bidding)。

(3)因对合同事项未明确约定,致使合同无效(Because terms matter is not explicitly expressed, the contract is invalid)。[Case Stewart v. Cendant Mobility Services Corp(2003)]

(4)在缔约过程食言致合同不成立等(In the Bargain, due to repudiation, the contract is not formed—Culpa in Contrahendo in Civil Law)。

本案就属于第四种情形,甲乙之间的赠与合同缺乏乙的对价,因此该赠与合同属于缺乏法律强制力保护的合同,但由于乙对甲的信赖,特别为甲的履行做了准备,由此产生了成本,后因甲的反悔导致乙的准备付之东流。那么乙的损失是因甲的反悔导致,因此依据"允诺之禁反言"原则,甲应该对乙的损失承担赔偿责任。

根据传统契约法理论,大陆法系注重缔约当事人之间主观意思的合意,奉行"无合意即无合同,无合同便无责任"的绝对合同理论。在此原则下,即使一方在缔约之际具有过错,并因此给对方造成损失,如果合同不成立,有过错的一方也不承担合同责任,而是要承担缔约过失责任。

英美法系古典契约法理论把对价作为契约有效成立的依据,只有支付了对价的合同才具有法律强制执行的效力。在这种严格对价主义的约束下,许多无对价支持无对价的允诺得不到强制执行,受诺人因信赖允诺而遭受的损失无法依据合同获得赔偿,但可依据允诺之禁反言原则获得救济。

缔约过失责任与允诺禁反言原则正是两大法系针对传统契约理论之不足,防止和避免因固守绝对契约理论所带来的不公平现象,所产生的纠偏和校正机制,都是为了实现合同领域的"公平"价值。

六、"外国民商法(双语)"课程思政元素总览表

课程章节	重要的课程思政元素	相关联的专业知识或教学案例	所属思政维度
第一章　合同法	中外民商法具体法律规则的差异并不影响法律所追求的"公平"价值的实现	1. 面临以信件或者电报方式作出承诺的情形,英美法系秉持承诺发出主义,大陆法系以及我国法坚持到达主义; 2. 大陆法系的缔约过失责任以及英美法系的允诺之禁反言原则; 3. 美国法关于"单方错误"与"双方错误"的规则对我国"重大误解"规则适用的借鉴; 4. 我国民法与美国法关于"显失公平"规则的认定;	社会主义核心价值观:公平

续表

课程章节	重要的课程思政元素	相关联的专业知识或教学案例	所属思政维度
		5. 美国法关于“继续履行”的适用标准； 6. 违约金的适用标准与损害赔偿额度的关系	
	合同法中“自由”与“公平”价值的优先问题	美国法“关于出现情势变更可否约定免除责任的案例”，在美国法中，当事人可约定排除情势变更的适用，我国则严格依据法律的规定，当事人不可约定排除适用	自由与公平价值的关系，属于社会集体道德意识
	观念和信仰对合同效力的影响	我国法“凶宅案”中“隐瞒凶宅信息”是否构成“欺诈”；美国法“Cushman v. Kirby 案”中“隐瞒水含硫成分”是否构成欺诈	社会集体观念和信仰
第二章　侵权责任法	自己的行为自己负责，个人为自己行为“埋单”	过失侵权责任的构成要件；注意义务范围的设定，邻居原则的适用；过失的判断方法，不同判断标准学说的分析与整合；自甘风险	社会主义集体观念、社会主义核心价值观
	侵权人与被侵权人/受害人权益保护之平衡	侵权责任的功能与价值、归责原则、免责事由、因果关系的判断	社会主义核心价值观：公平
	特定领域（严格责任）中公平价值理念的贯彻与体现，对弱势群体的合理救济	“Ryland v. Fletcher 案”对于严格责任的确定；动物致人损害责任、高度危险行为责任、产品责任的构成要件与适用	帮扶弱势群体；促进社会整体发展

续表

课程章节	重要的课程思政元素	相关联的专业知识或教学案例	所属思政维度
第三章　婚姻家庭法	高价彩礼治理与乡村振兴	德国的婚约制度强调对善意订婚人的有限保护。我国最高人民法院《关于适用〈中华人民共和国民法典〉婚姻家庭编的解释(一)》第5条对彩礼的返还作出规定。彩礼作为婚约中的财物给付,是婚约制度的重要内容	乡村振兴和共同富裕
	始终贯彻保护妇女,离婚自由	1950年《婚姻法》起草时为保护妇女利益就一直坚持离婚自由,《民法典》新增离婚冷静期制度并不是要否定离婚自由,而是为了维护发生危机的婚姻。域外法离婚程序的发展出现了进一步自由化的趋向。这主要表现在法国离婚法在2016年时的法律改革。根据法国离婚法新法的规定,当双方就离婚的所有事项都达成合意时且子女也没有意见时,双方可以选择最便捷的合意离婚方式,不再需要法官介入。同样,在美国,部分州针对简单婚姻也提供了一种简易的离婚模式,双方当事人如结婚时间不长,共同财产不多时,可以选择无须聘请律师的登记离婚模式	中国共产党执政为民理念

续表

课程章节	重要的课程思政元素	相关联的专业知识或教学案例	所属思政维度
	对婚生子女和非婚生子女给予同等保护	法国、德国、英国、美国都强调,婚生子女和非婚生子女都获得法律同等的保护。这都与我国《民法典》第1071条相一致,体现了亲子关系法保护弱势群体,尤其是非婚生子女合法权益的立法宗旨。从公平原则看,非婚生子女自己无法选择出生,因此,理应获得法律对待婚生子女时一样的平等保护	社会主义核心价值观:平等
第四章　公司法	《公司法》对各类市场主体的平等保护的价值	1. 公司组织形态是《公司法》立法与修订的元问题,现代国家大多以不同的公司组织形态为基础进行相应的公司法律制度设计; 2. 尊重我国社会主义市场经济特点和实践现实,坚持《公司法》的改革与社会良性互动,坚持中国公司法治现代化与社会主义市场经济发展需要相适应; 3. 我国国有企业改组改制成公司的重要意义	社会主义核心价值观:平等
	公司治理中将公司权力分解为决策、管理与执行、监督三个方面,体现了公司的"民主治理";职工董事、职工监事制度既体现出我国特色的公司民主治理	1. 公司治理制度是围绕公司权力配置、权力运行、救济机制等进行的制度设计,主要强调公司组织机构之间的权责安排、运行与制衡; 2. 公司高管的忠实义务和勤勉义务,也是"敬业、诚实"	社会主义核心价值观在社会层面的实现

续表

课程章节	重要的课程思政元素	相关联的专业知识或教学案例	所属思政维度
	保护中小股东的权益	股东知情权、利润分配请求权、回购请求权、司法解散等制度	资本市场有序、健康发展的需求
第五章　证券法	维护资本市场健康、良序发展	1. 信息披露制度； 2. 金融产品交易业者登记备案制度； 3. 对证券从业机构的监管； 4. 证券行业的自治性规则	党的二十大报告：维护金融稳定和安全
	保护中小投资者	1. 要约收购规则； 2. 投资者适当性规则； 3. 争议解决机构； 4. 投资者保护基金	党的二十大报告：维护金融稳定和安全
	证券交易中秉持诚实守信原则	禁止不正当交易行为：内幕交易规制；操纵市场行为规制	党的二十大报告：维护金融稳定和安全
第六章　破产法	不同国家关于制度规定的差异仅仅是逻辑层面的差异，并不影响“效率”“公平”价值的实现	1. 破产程序开始的时间认定：美国法的破产申请开始主义，我国法与英国法的破产受理开始主义，日本法、德国法、法国法的破产宣告开始主义； 2. 破产管理人的选任模式：大陆法系的法院依职权选任，美国法的意思自治主义，英国法的双轨制选任模式； 3. 破产财产的范围：日本法、美国法的固定主义，德国法、英国法的膨胀主义； 4. 破产债权的确认方式； 5. 破产债权的清偿顺位	社会主义核心价值观：公平、效率

续表

课程章节	重要的课程思政元素	相关联的专业知识或教学案例	所属思政维度
	破产法在“公平合理”的基础上更注重“效率”的提高	1. 预重整制度：德国法的预重整制度并非独立程序，而是与重整程序紧密相连，能够提升效率； 2. 重整计划的表决中的强制通过制度； 3. 关联企业实质合并破产制度	市场经济有序、高效发展的需求
	保护债权人公平分配与公共利益之间的平衡	破产债权清偿顺序中“优先权”的设立，是出于公共政策的考量或者旨在保障实现公共利益	扶助弱势群体、承担社会责任
	在发达的经济环境下，对于诚信的债务人应给予重生的机会	域外个人破产制度对我国个人破产制度的立法和推广的借鉴	社会主义核心价值观：诚信、和谐

（李燕、杨姗）

“互联网知识产权法”课程思政教学指南

一、“互联网知识产权法”课程简介

“互联网知识产权法”课程思政依托知识产权法学科“复合型知识产权应用人才培养模式实验区”(教育部和财政部)与“国家知识产权战略实施研究基地”(国家知识产权局)开展,在课程思政建设目标上,以落实立德树人根本任务,培养德法兼修的“互联网思维”创新型知识产权人才作为课程思政建设的根本目标。在网络知识产权法学知识的传授过程中有机融入政治认同、家国情怀、文化素养、宪法法治意识、道德修养等思政元素,强化育人理念,实现“价值引领—知识传授—能力培养”三位一体的教学目标,与思想政治理论课同向同行,形成协同效应和育人合力。

二、教学目标与教学内容

(一)教学目标

为促使“法律知识传授”与“社会主义核心价值观价值引领”无缝对接,“互联网知识产权法”课程思政将立德树人、培养德法兼修的“互联网思维”创新型知识产权人才作为课程建设目标,并进一步将教学目标细分为三个层次:第一,知识目标,使学生系统掌握网络环境下强化知识产权保护,保障网络安全,建设网络强国的基本理论、法律法规和相关政策;认识我国网络环境下知识产权法律保护的途径、现状与不足。第二,能力目标,通过典型案例引导学生深入社会实践、关注网络环境下知识产权保护领域中的现实问题;指导学生掌握运用知识产权法律法规以及知识产权维权的实务技能。第三,价值目标,帮助学生了解国家创新驱动发展战略;培育学生经世济民、诚信服务、德法兼修的职业素养和树立知识产权保护的“互联网思维”,引导学生积极成为中国特色社会主义法治的忠实崇尚者、自觉遵守者和坚定捍卫者。

(二)教学内容

1. 课程设计以“互联网思维”为主线

在课程思政内容设计上,以习近平总书记关于维护网络安全、掌握核心技术、清朗网络空间、部署网络强国建设等系列重要讲话精神为指引,以知识产权保护的“互联网思维”为主线,融入“建设网络强国”“保障网络安全”“健全网络法治”“创新网络技术”“实现融合发展”五个关键点,形成短小精悍、内容自洽的课程思政理论体系,使思政元素之盐自然融入专业知识之汤。

2. 教学重难点及对重难点的处理

(1)强调隐性教育主抓手。与思政理论课所发挥的“显性教育”不同,“互联网知识产权法”课程思政承担的思政育人功能是“润物无声”的“隐性教育”。如何在法学专业课知识点的讲授中顺畅、自然地融入思政元素不仅是课程实施的关键,也是课程建设的难点。为避免讲授过程中生搬硬套、专业知识与思政理论出现“两张皮”现象,讲授内容的选择突出了“隐性教育”,精准定位思政“映射点”,不刻意设置“专章专节”;在设计讲授方式时,不用宏大叙事,不做理论灌输,尽量以学生更易接受的形式来渗透和传达,力求潜移默化地发挥育人价值。

(2)突出分类培养重视实务。教学内容的设计突出本科生分类培养的要求,既注重研究能力和创新能力的培养,又注重职业能力和实践能力的培养。由于“互联网知识产权法”课程思政是针对法学本科生的专业选修课程,因此本课程在思政实施路径上,侧重于培养学生的实务操作能力。本课程从建设创新型国家的国家发展战略层面引导学生思考“为什么学”“学什么”“如何学”等问题。在“为什么学”上,鼓励学生成为建设创新型国家所需的具有“互联网思维”的知识产权专业人才;在“学什么”上,启发学生思考如何在网络环境下强化知识产权保护,从而保障网络安全,建设网络强国;在“如何学”上,通过引导式、互动式与案例式教学方式,运用移动互联网、教学QQ群、在线教育资源等教学手段,将课堂理论教学、实践教学、实务技能培训充分结合,提升知识产权法学专业人才的培养质量。

三、课程思政教学方法与评价方式

(一)改进教学方式,构建四位一体教学模式

习近平总书记在全国高校思想政治工作会议上强调:“要运用新媒体新技术使工作活起来,推动思想政治工作传统优势同信息技术高度融合,增强时代感和吸引力。”①本课程在充分运用多媒体教学手段和QQ群移动互联网技术的基础之上,形成了课堂教学和实践教学、课堂讲授和网络平台、教师讲授和学生自学相融合的“网上预习—课堂教学—网络答疑—网络社会实践”四位一体教学模式:(1)网上预习环节,由教师在QQ群发布预习清单,提供预习资料,学生提前预习并提出问题;(2)课堂教学环节,由教师对知识点进行理论讲授,引导学生进行思考;鼓励学生准备PPT进行主题发言,形成师生互动、生生互动的参与式教学;(3)网络答疑环节,由教师及助教随时解答学生在学习过程中遇到的问题;(4)网络社会实践环节,由教师提供案例资料与视频,组织案例教学和互动讨论,学生观看案例视频,阅读起诉书、判决书等资料,参与互动讨论。

(二)优化课程考核,重感悟、观实效

“互联网知识产权法”课程思政建立了重感悟、观实效的课程考核机制,用以控制教学质量与评估思政育人的教学成效。

1. 重感悟

课程思政的重点是发挥价值引领,而非思政知识的简单灌输,应当重在引发学生思想触动和情感认同,从而实现思政元素入脑入心。因此,本课程的考核评价应当遵循课程思政的隐性教育精神,以学生“感悟”的质量与程度作为评价的重要指标。将思政元素融于平时考核、期中测试以及期末测试的专业考核全过程,综合评价课程思政教学的育人效果。

2. 观实效

课程思政的基础是专业课,没有好的专业课程建设,课程思政育人功能

---

① 《习近平:把思想政治工作贯穿教育教学全过程》,载人民网,http://politics.people.com.cn/GB/n1/2016/1208/c1024-28935841.html。

就成为无源之水、无本之木。因此，课程思政绝不能脱离甚至干扰专业课教学。在考核评价时，本课程将专业学习的成绩以及能否激发学生对专业学习的热情作为核心评价指标。本课程思政对传统以书面考核为主的形式进行了改进，从综合评定学生对基础知识的掌握情况、创新思维能力、发现问题、分析问题、解决问题的能力出发，重点考查学生是否具备从事知识产权法律实务工作的能力。具体而言，考核采用了综合性、多项考查的方式，分为三个部分：(1)课堂发言，占考核总分的30%。考核从对课堂讨论的参与开始，只出席听课而无积极参与讨论的同学不能通过期末的一次性考核获得高分。教师根据学生在课堂发言的次数确定其平时成绩。对于发言的质量不做考评，允许学生不受约束地思考、发表自己的见解。(2)专题陈述，占考核总分的40%。学生可选择课程中的任一论题进行专题陈述，每组学生(2～3名)阅读文献、准备PPT并进行主题发言。陈述环节之后设有讨论和问答环节，陈述同学需针对授课教师和其他学生的点评和提问作出回应。(3)案例分析报告或课程论文，占考核总分的30%。学生可选择课后阅读的案例撰写分析报告，或结合自己感兴趣的问题在已做专题陈述的基础上撰写课程论文。

四、课程思政教学资源及研究开发

(一)线下教学资源

1. 刘品新：《网络法：原理、案例与规则》(第3版)，中国人民大学出版社2021年版；

2. 梅术文：《网络知识产权法：制度体系与原理规范》，知识产权出版社2016年版；

3. 吴伟光：《网络环境下的知识产权法》，高等教育出版社2011年版；

4. 石必胜：《数字网络知识产权司法保护》，知识产权出版社2016年版；

5. 刘强：《人工智能知识产权法律问题研究》，法律出版社2020年版；

6. [英]维克托·迈尔－舍恩伯格、[英]肯尼思·库克耶：《大数据时代》，盛杨燕、周涛译，浙江人民出版社2013年版。

(二)线上教学资源

《知识产权法学》慕课,爱课程(中国大学 MOOC)平台线上教学资源:https://www.icourse163.org/course/SWUPL-1449261162。

五、教学实例

(一)网络环境下知识产权的保护

一、基本情况			
课程名称	互联网知识产权法	授课对象	大学本科三年级
选用教材	《网络知识产权法:制度体系与原理规范》(梅术文著,知识产权出版社 2016 年版)		
二、课程目标			
教学目标	知识产权的法律保护作为知识产权法律制度的核心内容,是连接知识产权创造和运用的枢纽,也是当前实施创新驱动发展战略中需要重点解决的突出问题。本专题从理论与实务两个方面,深入讲解当前我国知识产权司法保护与行政保护相结合的双轨制法律保护体系面临的现实困境,以及互联网环境下知识产权法律保护的国家政策与改革举措,从而实现将知识传授与价值引领相结合,发挥课堂教学的思政教育主渠道作用		
思政育人目标	习近平总书记主持召开网络安全和信息化工作座谈会时强调要"树立正确的网络安全观""加大知识产权保护力度,提高侵权代价和违法成本,震慑违法侵权行为。"[1]我国知识产权司法保护与行政保护相结合的双轨制法律保护体系的改革背后,蕴含了习近平新时代中国特色社会主义思想与党的十九大精神的指引。本专题通过将思政教育元素与法学专业知识有机融合,突出思政育人价值,使思政教育的内涵得以丰富、外延得以拓展,教育吸引力和感染力得以提升,使学生树立正确的网络安全观,并认识到完善网络环境下知识产权协同保护是"强化知识产权创造、保护、运用"的必由之路		
三、教学内容			
授课章节	专题一　网络环境下知识产权的保护		
授课知识点	重点:新时代加强知识产权法律保护具有重要意义 1. 加强知识产权法律保护是落实创新驱动发展战略的重要保障; 2. 强化知识产权法律保护是提高我国国际竞争力的最大激励。 难点:网络知识产权保护的新理念		

续表

	1. 激励创新的理念； 2. 技术中立的理念； 3. 效果导向的理念； 4. 规则包容的理念； 5. 严格保护的理念
思政融入点	1. 习近平总书记主持召开网络安全和信息化工作座谈会时强调："要加大知识产权保护力度，提高侵权代价和违法成本，震慑违法侵权行为。"[2] 2. 习近平总书记在2014年APEC峰会上首次对新常态进行了系统阐述。在新常态下，以保护创新为宗旨的知识产权法律制度成为落实创新驱动发展战略的重要保障。 3. 习近平总书记在党的十九大报告强调，"加快建设创新型国家。创新是引领发展的第一动力，是建设现代化经济体系的战略支撑""倡导创新文化，强化知识产权创造、保护、运用"[3]
四、教学方法	
教学方法	（一）引导式教学方法 课前阶段，教师提供给学生阅读材料和思考题进行预习；课堂阶段，教师引导学生思考、鼓励学生提问、肯定学生发言；课后阶段，教师提供课外补充阅读资料，并布置平时测试，引导学生学以致用。 （二）互动式教学方法 课上互动与课下互动并重，课堂教学与微信答疑结合，师生互动与生生互动并举。通过提问激发、主题讨论、情景模拟，鼓励学生由被动接受者变为主动探索者。 （三）案例式教学方法 教师以"卡拉OK著作权许可使用费收取之争"为例，引导学生分析著作权领域国家版权局与文化和旅游部两大部门存在的政策冲突。有助于学生理解我国行政保护为主的知识产权"双轨制"法律保护缺陷，从而更深刻地领会新时代知识产权协同保护改革动因
五、教学资源	
阅读材料	（一）课前阅读材料 1. 曲三强、张洪波：《知识产权行政保护研究》，载《政法论丛》2011年第3期； 2. 姜芳蕊：《知识产权行政保护与司法保护的冲突与协调》，载《知识产权》2014年第2期。 （二）课后阅读材料 1. 吴汉东：《中国知识产权法制建设的评价与反思》，载《中国法学》2009年第1期； 2. 马长山：《新一轮司法改革的可能与限度》，载《政法论坛》2015年第5期

续表

视频资料	《申长雨:实施“互联网 + ”知识产权保护》,载中国网,v. china. com. cn/zhuanti/2019 - 03/12/content - 74560881. html
思考题	(一)课前思考题 网络环境下知识产权保护应具有哪些新理念? (二)课后思考题 未来我国知识产权保护的改革方向是什么?

[1]《习近平:在网络安全和信息化工作座谈会上的讲话》,载中国政府网,https://www. gov. cn/xinwen/2016 - 04/25/content_5067705. htm? eqid = 9855e5200006478e0000000664744f5a。

[2]《习近平:在网络安全和信息化工作座谈会上的讲话》,载中国政府网,https://www. gov. cn/xinwen/2016 - 04/25/content_5067705. htm? eqid = 9855e5200006478e0000000664744f5a。

[3]《习近平:决胜全面建成小康社会　夺取新时代中国特色社会主义伟大胜利——在中国共产党第十九次全国代表大会上的报告》,载中国政府网,https://www. gov. cn/zhuanti/2017 - 10/27/content_5234876. htm。

(二)网络环境下著作权合理使用的判定

一、基本情况			
课程名称	互联网知识产权法	授课对象	大学本科三年级
选用教材	《网络知识产权法:制度体系与原理规范》(梅术文著,知识产权出版社 2016 年版)		
二、课程目标			
教学目标	我国《著作权法》第 24 条规定了合理使用的适用条件和适用情形,但网络环境下合理使用的认定面临挑战,本讲从理论与实务两个方面,深入讲解合理使用制度的基本原理,并且从典型案例出发,将思政教育元素与法学专业知识有机融合,突出“价值引领—知识传授—能力培养”三位一体的教学理念		
思政育人目标	以人民为中心是新时代坚持和发展中国特色社会主义的根本立场。在文学艺术创作领域,要坚持为人民服务,把满足人民精神文化需求作为创作的出发点和落脚点。教师在讲授本专题时,通过将思政教育元素与法学专业知识有机融合,使学生认识到著作权法的立法宗旨和著作权限制制度,蕴含了习近平新时代中国特色社会主义思想的指引		

续表

三、教学内容	
授课章节	专题五　网络信息共享与使用者权益保护
授课知识点	重点、难点：合理使用的司法认定 在司法实践中，法院通常根据《著作权法》第 24 条第 1 款规定的一般性标准来判断对作品的使用行为是否构成合理使用，即是否影响作品正常使用，是否不合理地损害著作权人的合法权益。该标准沿用了《伯尔尼保护文学和艺术作品公约》、TRIPs 协定（Agreement on Trade – Related Aspects of Intellectual Property Rights，《与贸易有关的知识产权协定》）、《世界知识产权组织版权条约》所广泛采用的“三步检验法”。由于“三步检验法”较为抽象，我国部分法院已经在一系列著作权侵权案件中结合《美国版权法》第 107 条合理使用四要素展开三步检验法分析，以最终作出是否构成合理使用的司法认定。这种做法得到了最高人民法院司法政策的认可，在促进技术创新和商业发展确有必要的特殊情形下，法院可以参考美国合理使用规定的四项要素，即作品使用行为的性质和目的、被使用作品的性质、被使用部分的数量和质量、使用对作品潜在市场或价值的影响，并结合“三步检验法”来认定新的合理使用行为。一般而言，只要相关使用行为符合合理使用的四项要素，则可认定满足“三步检验法”中的后两步，即“不与作品的正常使用相冲突，也不至于不合理地损害作者的正当利益”，进而构成合理使用
思政融入点	1. 著作权法立法宗旨反映了人民立场 习近平总书记指出：“必须牢记我们的共和国是中华人民共和国，始终要把人民放在心中最高的位置，始终全心全意为人民服务，始终为人民利益和幸福而努力工作。”[1] 我国《著作权法》不仅保护文学艺术科学作品作者的著作权以及传播者的邻接权，而且通过鼓励有益于社会主义精神文明、物质文明建设的作品的创作、传播与利用，促进社会主义文化和科学事业的发展繁荣，满足人民精神文化需求。 2. 著作权限制制度体现了为人民服务 习近平总书记强调：“我们要不断解决人民最关心最直接最现实的利益问题，努力让人民过上更好生活。”[2] 中国式现代化是物质文明和精神文明相协调的现代化。物质富足、精神富有是社会主义现代化的根本要求。[3] 人民群众日益增长的美好生活需求不仅包括物质需求，而且包括精神文化需求。随着人民美好生活需要日益提升，人民对文化产品的质量、品位、风格等的要求越来越高。合理使用、法定许可使用等著作权权利限制制度有助于鼓励作品的广泛传播与合法利用，充分满足人民对文学艺术科学作品在内的各类文化产品的需求
典型案例	王某与谷歌公司、北京谷翔信息技术有限公司侵害著作权纠纷案，北京市第一中级人民法院（2011）一中民初字第 1321 号、北京市高级人民法院（2013）高民终字第 1221 号

续表

互动设计	课堂讨论:合理使用制度是著作权理论研究与司法实务中最易引起争议又难以被理解的规则。作为著作权法重要平衡机制,其不仅承担着平衡著作权人私权与社会公共利益的任务,而且肩负着《著作权法》应对新技术挑战、鼓励作品创作、促进作品利用的使命,结合本案谈谈你对合理使用制度的理解
四、教学方法	
教学方法	(一)引导式教学方法 课前阶段,教师提供给学生阅读材料和思考题进行预习;课堂阶段,教师引导学生思考、鼓励学生提问、肯定学生发言;课后阶段,教师提供课外补充阅读资料,并布置平时测试,引导学生学以致用。 (二)互动式教学方法 课上互动与课下互动并重,课堂教学与微信答疑结合,师生互动与生生互动并举。通过提问激发、主题讨论、情景模拟,鼓励学生由被动接受者变为主动探索者。 (三)案例式教学方法 以信息网络著作权纠纷的典型案例为例,分析如何在实践中认定合理使用
五、教学资源	
阅读材料	(一)课前阅读材料 1. 吴汉东:《著作权合理使用制度研究》(第4版),中国人民大学出版社2020年版; 2. 熊琦:《论著作权合理使用制度的适用范围》,载《法学家》2011年第1期; 3. 卢海君:《论合理使用制度的立法模式》,载《法商研究》2007年第3期。 (二)课后阅读材料 1. 李杨:《著作权合理使用制度的体系构造与司法互动》,载《法学评论》2020年第4期; 2. 张陈果:《解读“三步检验法”与“合理使用”——〈著作权法(修订送审稿)〉第43条研究》,载《环球法律评论》2016年第5期
类案练习	上海美术电影制片厂诉浙江新影年代文化传播有限公司、华谊兄弟上海影院管理有限公司侵犯“葫芦娃”“黑猫警长”角色形象美术作品著作权纠纷案,上海市普陀区人民法院(2014)普民三(知)初字第258号、上海知识产权法院(2015)沪知民终字第730号。 请分析该案并谈谈对合理使用审查标准的适用,以及我国著作权法合理使用情形中“适当引用”的目的之一“为说明某一问题”应当如何理解,是否要以新作品中引用作品是必需为前提

[1]中共中央宣传部编:《习近平新时代中国特色社会主义思想三十讲》,学习出版社 2018 年版,第 85 页。

[2]中共中央宣传部编:《习近平新时代中国特色社会主义思想三十讲》,学习出版社 2018 年版,第 87 页。

[3]《习近平:高举中国特色社会主义伟大旗帜　为全面建设社会主义现代化国家而团结奋斗——在中国共产党第二十次全国代表大会上的报告》,载中国政府网,https://www.gov.cn/xinwen/2022-10/25/content_5721685.htm。

(三)避开或破坏技术措施的行为判定

一、基本情况			
课程名称	互联网知识产权法	授课对象	大学本科三年级
选用教材	《网络知识产权法:制度体系与原理规范》(梅术文著,知识产权出版社 2016 年版)		
二、课程目标			
教学目标	我国《著作权法》《信息网络传播权保护条例》《计算机软件保护条例》规定了技术措施的保护措施。本讲从理论与实务两个方面,深入讲解避开或破坏技术措施的行为判定的基本原理,并且从典型案例出发,将思政教育元素与法学专业知识有机融合,突出"价值引领—知识传授—能力培养"三位一体的教学理念		
思政育人目标	网络空间不是"法外之地",同样要讲法治。著作权人为了维护数字化作品在网络空间传播与使用的专有权利,所采取的技术措施不允许被他人擅自避开或破坏。本专题在讲授"技术措施的法律保护"这部分时,通过将思政教育元素与法学专业知识有机融合,使学生认识到在网络环境下强化技术措施的法律保护,蕴含了习近平法治思想和习近平新时代中国特色社会主义思想的指引		
三、教学内容			
授课章节	专题四　网络环境下著作权的保护		
授课知识点	重点、难点:技术措施受法律保护的条件 尽管技术措施是著作权人在数字化作品中采取的技术手段,但并非所有的技术措施都可以受到法律保护。《世界知识产权组织版权条约》和《世界知识产权组织表演和录音制品条约》对技术措施的法律保护规定了三个条件:(1)这些措施是作者、表演者和录音制品制作者采取的。实践中,这些保护措施可能不是由作者、表演者和录音制		

续表

	作者亲自采用,而是交由其授权的人。但是,采取技术措施的主体并未宽泛地界定为著作权人和邻接权人。[1](2)这些措施是有效的。有效性意味着技术措施应当是可靠的,当无法正常发挥作用或影响其所依附的设备或服务的正常运行时,技术措施不具备有效性。但是,有效性并不意味着绝对地不可渗透或不可战胜。[2]只要能够阻止拥有通常技能的普通使用者未经许可的使用行为,就被视为是有效的。换言之,著作权法所规定的保护著作权的技术措施是指在正常使用环境下能够有效阻止侵权行为的技术措施,并不要求该技术措施完全无法被避开或破解。(3)这些措施是用来保护著作权和邻接权的。当一项技术措施与著作权和邻接权无关或超出著作权和邻接权的保护范围,例如用于公有领域作品时,该技术措施被视为无效
思政融入点	1. 营造风清气正的网络空间 习近平总书记指出:“网络空间同现实社会一样,既要提倡自由,也要保持秩序。自由是秩序的目的,秩序是自由的保障。”[3]网络空间是亿万民众共同的精神家园,也是数字化作品进行信息网络传播的平台。为了维护网络空间的良好秩序,要坚持依法治网,持续推进网络空间的法治化,才能为“互联网+教育”“互联网+文化”保驾护航。 2. 加大数字版权的保护力度 2017年12月8日,习近平总书记在主持十九届中央政治局第二次集体学习时的讲话指出,“要加大对技术专利、数字版权、数字内容产品及个人隐私等的保护力度,维护广大人民群众利益、社会稳定、国家安全”。[4]具体而言,立法要遵循党的十九大报告所强调的强化知识产权保护,加大对知识产权权利人的保护力度,通过对故意避开或破坏技术措施的违法行为予以严惩,提高违法行为人的违法成本,有效震慑违法行为
典型案例	北京精雕科技有限公司诉上海奈凯电子科技有限公司侵害著作权纠纷案,上海市第一中级人民法院(2006)沪一中民五(知)初字第134号、上海市高级人民法院(2006)沪高民三(知)终字第110号
互动设计	课堂讨论:技术措施保护规则的核心是对技术措施本身的界定。我国《著作权法》虽然规定受保护的技术措施应当是“有效”的,但并未明确解释何为“有效”。如何正确理解和把握技术措施有效性的认定,不仅关系到著作权保护,而且有助于防止技术措施被滥用从而损害社会公共利益
四、教学方法	
教学方法	(一)引导式教学方法 课前阶段,教师提供给学生阅读材料和思考题进行预习;课堂阶段,教师引导学生思考、鼓励学生提问、肯定学生发言;课后阶段,教师提供课外补充阅读资料,并布置平时测试,引导学生学以致用。

续表

	(二)互动式教学方法 课上互动与课下互动并重,课堂教学与微信答疑结合,师生互动与生生互动并举。通过提问激发、主题讨论、情景模拟,鼓励学生由被动接受者变为主动探索者。 (三)案例式教学方法 以信息网络著作权纠纷的典型案例为例,分析如何在实践中认定合理使用
五、教学资源	
阅读材料	(一)课前阅读材料 1. 王迁:《版权法保护技术措施的正当性》,载《法学研究》2011 年第 4 期; 2. 冯晓青:《技术措施与著作权保护探讨》,载《法学杂志》2007 年第 4 期; 3. 刘颖:《版权法上技术措施的范围》,载《法学评论》2017 年第 3 期。 (二)课后阅读材料 1. 姚鹤徽、王太平:《著作权技术保护措施之批判、反思与正确定位》,载《知识产权》2009 年第 6 期; 2. 祝建军:《对我国技术保护措施立法的反思——以文泰刻绘软件著作权案一审判决为例》,载《电子知识产权》2010 年第 6 期
类案练习	得力富公司"CH - 608X - Ray 钻靶机"计算机软件著作权侵权纠纷案,最高人民法院(2020)最高法知民终 1206 号。 思考:在该案中应当如何判定技术措施的有效性

[1]张玉敏主编:《知识产权法学》(第 3 版),法律出版社 2017 年版,第 190 页。

[2] Sam Ricketson & Jane Ginsburg, *International Copyright and Neighbouring Rights: The Berne Convention and Beyond*, Oxford University Press, 2006, § 15. 11.

[3]中共中央宣传部、中央全面依法治国委员会办公室编:《习近平法治思想学习纲要》,人民出版社、学习出版社 2021 年版,第 74 ~ 75 页。

[4]《习近平主持中共中央政治局第二次集体学习并讲话》,载中国政府网,https://www.gov.cn/xinwen/2017 - 12/09/content_5245520. htm? eqid = e992518b001924730000003648af60b。

六、"互联网知识产权法"课程思政元素总览表

课程章节	重要的课程思政元素	相关联的专业知识或教学案例	所属思政维度
专题一　网络环境下知识产权的保护	习近平总书记主持召开网络安全和信息化工作座谈会时强调，要"树立正确的网络安全观""加快构建关键信息基础设施安全保障体系""全天候全方位感知网络安全态势""增强网络安全防御能力和威慑能力""加快网络立法进程，完善依法监管措施，化解网络风险"[1]	教师通过将知识点讲授与价值引领相结合，使学生从建设创新型国家的国家发展战略层面深入理解网络立法的必要性，以及网络法的价值取向和基本原则。 知识点： 1. 网络法与知识产权法的关系； 2. 如何从实践层面来贯彻党的十九大报告"强化知识产权保护"的要求？ 课堂讨论： 1. 开放、共享的网络空间需要法吗？ 2. 加强知识产权法院体系建设作为知识产权司法保护"改革目标"的重点，在实践中如何具体体现	保障网络安全、健全网络法治
专题二　网络环境下商标权的保护	习近平总书记在博鳌亚洲论坛2018年年会开幕式上发表主旨演讲时指出加强知识产权保护是完善产权保护制度最重要的内容，也是提高中国经济竞争力最大的激励[2]	教师通过将知识点讲授与价值引领相结合使学生理解实施商标品牌战略，是贯彻落实创新驱动发展战略的必然选择，是推动中国制造向中国创造转变、建设商标品牌强国的迫切要求，是引领供需结构升级的重要举措。 知识点：商标侵权判定的混淆标准。 课堂讨论：西南政法大学的注册商标专用权在网络环境下面临哪些侵权风险	健全网络法治

续表

课程章节	重要的课程思政元素	相关联的专业知识或教学案例	所属思政维度
专题三　网络环境下专利权的保护	党的十九大报告指出，“我国经济已由高速增长阶段转向高质量发展阶段，正处在转变发展方式、优化经济结构、转换增长动力的攻关期”，要强化知识产权保护[3]	教师通过将知识点讲授与价值引领相结合，使学生掌握网络交易中专利侵权的特点以及网络交易平台提供者责任承担，从而认识到网络环境下“强化”专利权保护的必要性，并思考如何在司法实践中“强化”专利权保护。 知识点：网络环境下专利权的保护范围、侵权判定 课堂讨论：某专利权人发现在某移动互联网购物平台存在大量涉嫌销售侵犯其专利权的侵权产品卖家，请问该专利权人应当如何维权	健全网络法治
专题四　网络环境下著作权的保护	文化是一个国家、一个民族的灵魂。习近平总书记强调，“没有高度的文化自信，没有文化的繁荣兴盛，就没有中华民族伟大复兴”。[4]中华优秀传统文化是中华民族的根和魂，是中国特色社会主义植根的文化沃土和精神命脉。我国的文学艺术科学创作者们要增强文化自信，应当自觉在创作中传承和弘扬中华优秀传统文化，并重点做好创造性转化和创新性发展，按照时代特点和要求，对那些至今仍有借鉴价值的内涵和陈旧的表现形式加以改造，赋予其新的时代内涵和现代表达形式。	教师在讲授网络著作权客体即数字化作品时，以习近平新时代中国特色社会主义思想为指引，通过将思政教育元素与法学专业知识有机融合，使学生认识到我国的文学艺术科学作品创作要充分契合中国特色社会主义文化，彰显文化自信。 通过将知识点讲授与价值引领相结合，使学生区分网络环境下著作权直接侵权与间接侵权，把握网络服务提供者的侵权认定原则 案例分析：央视国际网络有限公司与上海全土豆文化传播有限公司侵害作品信息网络传播权纠纷案。 课堂讨论：以乐视诉电视猫案为例分析聚合盗链行为是否直接侵犯信息网络传播权。	健全网络法治、创新网络技术

续表

课程章节	重要的课程思政元素	相关联的专业知识或教学案例	所属思政维度
	习近平总书记主持召开网络安全和信息化工作座谈会时强调作为网络服务提供者的互联网企业要“重视数据安全”[5]	课堂讨论:技术措施作为网络环境下著作权保护的重要手段,由于其尚未达到智能区分对作品合理使用与非法利用的程度,因此往往“一刀切”地自动禁止未经许可的所有使用行为从而使合理使用无法适用。请问应当如何协调技术措施的法律保护与合理使用的冲突	
专题五　网络信息共享与使用者权益保护	人民群众日益增长的美好生活的需求既包括物质需求,也包括精神文化需求。随着人民美好生活需要日益提升,人民对文化产品的质量、品位、风格等的要求越来越高。合理使用、法定许可使用等权利限制制度有助于鼓励作品在网络空间的广泛传播与合法利用,充分满足人民对各类文化产品的需求	教师通过将思政教育元素与法学专业知识有机融合,使学生认识到以人民为中心是新时代坚持和发展中国特色社会主义的根本立场。在文学艺术创作与科学技术创造领域,要坚持为人民服务,把满足人民物质精神文化需求作为创作创造的出发点和落脚点。 知识点:如何维持网络著作权保护与信息共享的平衡 课堂讨论:数字技术的出现给合理使用制度带来了哪些新挑战?我国现行法律中关于合理使用的规定存在哪些缺陷	实现融合发展
专题六　网络环境下知识产权保护与反不正当竞争	习近平总书记主持召开网络安全和信息化工作座谈会时指出:“我国互联网市场也存在一些恶性竞争、滥用市场支配地位等情况”,对此“要规范市场秩序,鼓励进行良性竞争”[6]	教师通过将知识点讲授与价值引领相结合,使学生掌握知识产权保护与反不正当竞争的关系,并通过典型案例探讨如何处理互联网环境下的不正当竞争纠纷与滥用市场支配地位的反垄断纠纷。 案例分析: 1. 腾讯科技(深圳)有限公司、深圳市腾讯计算机系统有限公司与北京奇虎科技有限公司、奇智软件(北京)有	保障网络安全

续表

课程章节	重要的课程思政元素	相关联的专业知识或教学案例	所属思政维度
		限公司不正当竞争纠纷上诉案，最高人民法院（2013）民三终字第5号； 2. 北京奇虎科技有限公司与腾讯科技（深圳）有限公司、深圳市腾讯计算机系统有限公司滥用市场支配地位纠纷上诉案，最高人民法院（2013）民三终字第4号	
专题七　大数据时代下知识产权法的机遇与挑战	习近平总书记主持召开网络安全和信息化工作座谈会时强调，要“依法加强对大数据的管理”“重视数据安全”[7]	教师通过将知识点讲授与价值引领相结合，使学生思考如何处理大数据环境下知识产权制度面临的机遇与挑战。 知识点：大数据的概念与特征，以及大数据时代下知识产权制度面临的机遇与挑战。 课堂讨论：大数据中的数据信息能否成为知识产权的保护客体	保障网络安全
专题八　人工智能与知识产权法未来	习近平总书记在中共中央政治局第九次集体学习时强调，“人工智能是引领这一轮科技革命和产业变革的战略性技术，具有溢出带动性很强的‘头雁’效应”，“加快发展新一代人工智能是我们赢得全球科技竞争主动权的重要战略抓手，是推动我国科技跨越发展、产业优化升级、生产力整体跃升的重要战略资源”[8]	教师通过将知识点讲授与价值引领相结合，使学生认识到发展人工智能的战略意义，以及深刻理解人工智能给知识产权制度带来的机遇与挑战。 知识点：技术、法律与伦理如何处理新技术给社会治理带来的新问题。 课堂讨论： 1. 人工智能生成物能否成为知识产权的权利客体？如果可以，知识产权应当归属于谁？ 2. 人工智能机器人致人损害，应当由谁来承担侵权责任	建设网络强国

[1]《习近平:在网络安全和信息化工作座谈会上的讲话》,载中国政府网,https://www.gov.cn/xinwen/2016-04/25/content_5067705.htm?eqid=9855e5200006478e0000000664744f5a。

[2]《习近平在博鳌亚洲论坛2018年年会开幕式上的主旨演讲》,载中国政府网,https://www.gov.cn/xinwen/2018-04/10/content_5281303.htm?eqid=f503bfa100001b0e00000003645b 6e6c。

[3]《习近平:决胜全面建成小康社会　夺取新时代中国特色社会主义伟大胜利——在中国共产党第十九次全国代表大会上的报告》,载中国政府网,https://www.gov.cn/zhuanti/2017-10/27/content_5234876.htm。

[4]中共中央宣传部编:《习近平新时代中国特色社会主义思想学习纲要》,学习出版社、人民出版社2019年版,第138页。

[5]《习近平:在网络安全和信息化工作座谈会上的讲话》,载中国政府网,https://www.gov.cn/xinwen/2016-04/25/content_5067705.htm?eqid=9855e5200006478e0000000664744f5a。

[6]《习近平:在网络安全和信息化工作座谈会上的讲话》,载中国政府网,https://www.gov.cn/xinwen/2016-04/25/content_5067705.htm?eqid=9855e5200006478e0000000664744f5a。

[7]《习近平:在网络安全和信息化工作座谈会上的讲话》,载中国政府网,https://www.gov.cn/xinwen/2016-04/25/content_5067705.htm?eqid=9855e5200006478e0000000664744f5a。

[8]《习近平主持中共中央政治局第九次集体学习并讲话》,载中国政府网,https://www.gov.cn/xinwen/2018-10/31/content_5336251.htm?eqid=8e9a43b100048e9700000003646b28f8。

（郑重、张惠彬）

“知识产权管理”课程思政教学指南

一、“知识产权管理”课程简介

“知识产权管理”是面向知识产权专业本科三年级学生的必修课,共计32学时,2学分。

课程通过课堂讲授、案例讨论、模拟演练、线上线下互动等多元教学形式,使学生不仅能够掌握知识产权管理的概念原则、基本原理、具体规则,具备扎实的专业理论素养,而且能运用所学分析和处理具体的知识产权管理实例,具备基本的知识产权管理实践能力;并在此基础上使学生深刻领悟习近平新时代中国特色社会主义思想在知识产权管理中的引领,体会知识产权创造、转化、运营在“创新型国家”建设中的重要作用,准确把握我国知识产权强国战略的背景、内容和要求,增强制度自信,增强学生在以中国式现代化全面推进中华民族伟大复兴建设征程中的责任感和使命感。

本课程主要内容包括知识产权管理概述、知识产权管理与竞争优势、知识产权国家战略、著作权管理与文化产业、专利管理与成果转化、商标管理与品牌策略、商业秘密管理与人才流动、知识产权合同管理。

本课程呈现出鲜明的新文科建设特色,突破传统法学教育的思维模式,促进法学与管理学两大学科的交叉与融合,在课程内容和教学设计上夯实法学基础,强化管理特色,突出实践需求,注重价值引领。在课程思政建设层面具有以下特色:确立“专业 + 思政双向创新引领”理念,提炼课程思政“知识构建—价值引领—实践回归”三联模式,构建线上线下思政“双向浸润”,践行问题导向式“情境化”思政融入。

二、教学目标与教学内容

（一）教学目标

课程以立德树人为根本任务，将课程思政引领贯穿教学全过程，服务党和国家“创新驱动发展”重大战略需求，为知识产权强国战略实施、加快建设创新型国家提供强有力智识支撑，强调“创新”教育，注重学生创新能力的培养和探究式学习能力的提升，稳定输出复合型、创新型和应用型高素质一流知识产权管理人才。

1. 价值目标：学生通过本课程的学习，能够深刻领悟习近平新时代中国特色社会主义思想在知识产权管理中的引领和创新作用，体会知识产权创造、转化和运营在“创新型国家”建设中的意蕴与价值，坚定青年大学生爱党爱国的理想信念，强化其为中华民族伟大复兴贡献智识的历史责任感。

2. 知识目标：通过课程教学中的知识框架搭建、基本知识阐述、制度要点讲解、经典案例分析、学术前沿拓展等，学生能体系化理解知识产权管理基本概念，理解知识产权激励创新的市场逻辑，掌握知识产权的权属关系与转化效能。

3. 能力目标：多元教学方法的深化运用，助力学生夯实知识产权管理理论基础，培养创新意识，提升实践能力，拓宽学术视野。从而使学生建立知识产权管理思维，深刻领会法学和研究学交叉融汇的研究方法，掌握著作权管理、专利管理的实践规律与策略要点，能利用所学规避企业知识产权风险、多元解决知识产权危机等。

（二）教学内容

本课程教学内容包括概述、知识产权国家战略、著作权管理与文化产业、专利管理与成果转化、商标管理与品牌策略、商业秘密管理与人才流动等。

1. 课堂设计思路

本课程坚持寓价值观引导于知识传授和能力培养之中，帮助学生塑造正确的世界观、人生观、价值观。

（1）目标导向：本课程根据大三学生认知能力水平，对各章节区分课程学习的基础目标和高阶目标，根据各章讲授内容有机融入课程思政目标。

(2)高阶课堂：本课程对课堂高阶性、创新性和挑战度有具体要求。要求课程思政融入教学均有过程计划、有质量管理、有效果监测。

(3)自主学习：本课程要求学生通过老师引导带动，自发主动地深度学习、思考，在丰富学识的同时塑造品格，努力成为德智体美劳全面发展的社会主义建设者和接班人。

(4)极简技术：本课程要求教师精准地将多种易于操作的教学技术应用于课堂。引导学生了解世情国情党情民情，增强对党的创新理论的政治认同、思想认同、情感认同。

(5)价值引领：教师要在情感价值层面将专业学习与爱国敬业的正能量种子根植于学生心田，引领新时代青年大学生坚定中国特色社会主义道路自信、理论自信、制度自信、文化自信。

2. 重难点及其处理

(1)课程教学与思政育人相结合。找准最佳"契合点"，是实现专业育人与教学目标融通的关键。在"知识产权管理"课堂上，教师指导学生以设计师、律师、知识产权代理人、企业、法官等不同角色来讨论某活动纪念标志相似纠纷的处理，使学生能够从不同视角看待同一客观事物的发展变化与利益博弈，认识到解决纠纷的实质并不是寻求"唯一解"，而是在符合法律规定的前提下，达成诚信、公平基础上的"最优解"；使学生在"变"——变视角、变思维、变诉求与"不变"——法律规定不变、客观现实不变的动态平衡中，体会认知的多元之美与思维的创新变革之力。

(2)学术知识与社会逻辑相结合。"知识产权管理"课程在知识体系上要求兼顾知识产权法、管理学跨学科知识，在社会需求层面则可为"创新型国家建设""文化自信"提供知识支撑。在课程思政建设中，本课程的任课教师坚持"以术入道，以道驭术"，以改革开放以来的知识产权管理创新实践实例阐释我国"由知识产权大国向知识产权强国转变"的社会现实，引导学生的高度认同，引领学生树立正确的世界观、人生观和价值观。

(3)以理施教与以情优教相结合。习近平总书记强调要"以透彻的学理分析回应学生,以彻底的思想理论说服学生,用真理的强大力量引导学生"。[①] 在讲授"国家知识产权战略"相关内容时,教师不仅介绍了我国自2008年《国家知识产权战略实施纲要》至今国家层面知识产权战略的内容与实施情况,同时引导学生查阅文献、数据,对比并总结中、美、日三国在知识产权保护与国际贸易关联问题上的具体差异。以2件具体的337调查[②]、301调查[③]案例,触动学生更深层次的爱国情怀。

(4)指标约束与激励机制相结合。对标教育部《高等学校课程思政建设指导纲要》,根据学校课程思政评选标准和评价体制,"知识产权管理"课程不断优化教学评价,建立学生评教、教学督导、教学展示等相结合的综合评价体系。对于授课效果好的团队成员和学习进步明显的学生,给予赠送专业书籍等相应的激励奖励。

三、课程思政教学方法与评价方式

(一)教学方法

本课程教学时数共为32学时,其中课堂教学为30学时,案例讨论、情景模拟等教学实践活动为2学时。教学手段为多媒体教学,以教师课堂讲授为主,并结合以下教学方法:

1. 启发式教学:在讲解具体专业知识点之前,教师提出思政引入,引导学生主动思考。在课堂讲授中,不是平铺直叙地直接告诉学生结论,而是不断抛出思考问题引起学生的价值关注,点燃学生的思考热情。

2. 案例教学法:教师结合课程进度与讲授内容,适时引入具有政治认同、家国情怀、文化素养、宪法法治意识、道德修养的知识产权管理实例供学生讨论、模拟,使学生将所学理论运用到对应模拟或真实的知识产权管理案例中。

---

① 《习近平主持召开学校思想政治理论课教师座谈会》,载中国政府网,https://www.gov.cn/xinwen/2019-03/18/content_5374831.htm。

② 337调查是指美国国际贸易委员会根据美国《1930年关税法》第337节,对其认为不公平的进口行为进行调查,并采取制裁措施的做法。——编者注

③ 301调查是指美国依据"301条款",对其认为是不公平的其他国家的贸易做法而进行的调查,并依此调查结果而采取一系列措施。"301条款"是美国《1974年贸易法》第301条的俗称。——编者注

3. 情境化教学法：对于有争议的知识产权管理问题，教师引导学生模拟现实情境，通过集中或分组讨论、辩论、展示成果等形式，开放式讨论，强化学生对多元路径思考、解决问题的崇尚；引导学生自觉把小我融入大我，将社会主义核心价值观内化为精神追求、外化为自觉行动。

（二）评价方式

“知识产权管理”课程考核构成多元、考核方式多样，成绩评定侧重对学习过程的考查，注重对“知识、能力、价值”综合教学目标的考核。

1. 评价素材紧扣思政主线，挖掘“评价”育人的空间。在评价测试环节坚持思政导向。在试题设计的主题、素材遴选上，本课程注重对家国情怀、文化素养、宪法法治意识、道德修养等重点课程思政内容的倾斜，如试题题目为“根据我国《知识产权强国建设纲要》规定的主要任务，试举身边一例谈谈知识产权管理对于创新型国家建设的重要性”，使课程思政能在教学、评价的全过程得以贯通。

2. “过程性考核”与“终结性考核”相结合，侧重“过程性考核”。课程考核注重体现学生学习过程中知识、能力、素质的综合掌握和解决复杂问题的综合能力及高级思维的“高阶性”。除期末考试外，课程设置“课堂讨论”“模拟谈判”“企划书撰写”等平时作业2～3次，并设期中考试1次。平时、期中、期末成绩占比为1∶3∶6。在评价过程中，教师教育引导学生把国家、社会、公民的价值要求融为一体，提高个人的爱国、敬业、诚信、友善修养。

3. 题目设计“基础性”与“开放性”相结合，强调“探究性”学习。本课程的测试近年来体现对“前沿性”与“时代性”的回应，紧密贴合热点实务案例，紧跟最新时事动态，对“案例评价”“材料分析题”等开放性主观题的考查逐渐加重，教育引导学生学思践悟习近平法治思想，牢固树立法治观念，坚定走中国特色社会主义法治道路的理想和信念，深化对法治理念、法治原则、重要法律概念的认知，提高运用法治思维和法治方式维护自身权利、参与社会公共事务、化解矛盾纠纷的意识和能力。

四、课程思政教学资源及研究开发

本课程内容涵盖知识产权法学、管理学等专业知识；教学活动包括课堂教学,线上学习、讨论、测试,混合式案例讨论,混合式模拟情境等。

课程思政教学资源方面,课程选用经典《知识产权管理》教材,充分利用国家一流课程、重庆市课程思政示范课程"知识产权法"(西南政法大学)的相关教学资源,联动"企业战略管理"(西南政法大学)线上慕课。线下课堂发挥面对面交流、共时交互性强的优势,通过小组协作、思维导图制作、成果现场汇报等方式,激活课堂氛围,深化理解,提升学习效果。

此外,教学团队已启动"知识产权管理"课程配套课程思政案例的撰写与收集。

五、教学实例

(一)实例一:政治认同—国家知识产权战略

授课内容:知识产权强国战略的内容与要求。

专业知识点:(1)我国知识产权国家战略的历史演进;(2)国家知识产权局《知识产权强国建设纲要(2021~2035年)》的主要内容;(3)知识产权战略对创新型国家建设的意义与影响。

思政映射:学生了解世情国情,增强政治认同、情感认同,坚定中国特色社会主义道路自信、理论自信、制度自信、文化自信。

教学方法:启发式教学法、讨论式教学法。

设计要点:(1)教师引导学生对比不同阶段国家知识产权战略的差异;(2)学生分组讨论上述战略差异的原因和影响;(3)小组汇报并回答同学现场提问;(4)教师总结。

国家知识产权战略是一国基于国情民情对知识产权领域作出的宏观顶层设计,对创新型国家建设意义重大。教师通过引导学生课前查阅资料、爬梳分析40年间我国知识产权战略的几次演变,引领学生了解世情国情党情民情,增强对党的创新理论的政治认同、思想认同,结合学生自己了解的知识产权法律、管理案例,真正理解"保护知识产权就是保护创新"的论断,实现情感认同,从而坚定中国特色社会主义道路自信、理论自信、制度自信、文化自信。

(二)实例二:中华优秀传统文化教育—著作权管理助力文化传承创新

授课内容:著作权运营管理。

专业知识点:(1)什么是著作权运营(概念和特征);(2)著作权运营难点(管理战略分析);(3)著作权运营中的创意开发(以“功夫熊猫”为例);(4)著作权运营中的风险管控。

思政映射:(1)尊重原创、诚实信用;(2)文化自信、文化输出;(3)市场需求在文化资源配置及创新中的作用;(4)知识产权专业认同与法律职业认同。

教学方法:引导式教学法、案例式教学法、情境教学法。

设计要点:

(1)课堂导入:教师展示2023年贺岁电影《满江红》《流浪地球2》海报,引出“作品的经济价值是著作权运营的核心”这一命题。

(2)课堂讲授:教师介绍著作权运营概念及特征的主流观点与分歧,列举重点学者的专著、文献等并以《熊出没》系列动画片、大电影的出品为例,请同学两两讨论后发表观点——影响著作权运营的战略博弈因素有哪些?

(3)课堂讨论:视频播放电影《功夫熊猫》片段(45秒),开放式提问学生——功夫是中国的,熊猫也是中国的,可《功夫熊猫》却是外国的,从中可以得到哪些思考和启示?

(4)思政融入总结:原创作品是著作权运营的核心,“尊重原创”既是民法诚实信用原则的体现,也是创新促进经济发展的重要一环。应警惕短视、破坏市场生态的“抄袭”“洗稿”行为。

著作权管理为“民族的成为世界的”保驾护航。教师引导学生掌握知识产权在文化自信建立和文化精品输出中的作用和影响机理,增强文化自信;同时,使学生认识到充分发挥市场在文化资源配置中的决定性作用,掌握知识产权是如何为市场经济高效运行和文化文明传播保驾护航的,增强学生的专业认同与职业认同。

(三)实例三:家国情怀—专利管理与成果转化

授课内容:科技成果转化的制度保障。

专业知识点:(1)《拜杜法案》的制定背景和主要内容;(2)国际范围内科技成果转化的制度类型;(3)我国科技成果转化的难点及其破解。

思政映射:(1)创新型国家建设;(2)全面建设社会主义现代化国家对科技成果转化提出要求。

教学方法:启发式教学法、讨论式教学法、情境教学法。

设计要点:

(1)解决“求知”。学生以小组为单位自学完成《拜杜法案》知识梳理,通过组内自学并交流美国科研机构知识产权转化的标志性立法《拜杜法案》。学生需要做到:一是了解其立法背景;二是梳理法案主要内容;三是总结该法案对科研机构职能转变及美国经济转型的影响意义。这一阶段还将以“海报展示汇报”的方式进行,展示汇报由其他小组点评、评分,作为学生平时成绩的依据。

(2)解决“铸魂”。主要形式为教师讲评与同学讨论。教师引导学生对照《拜杜法案》的相关原则与规定,思考我国科技成果转化面临的具体困境和解决思路。这一阶段完成“铸魂”式的价值构建——中国式现代化对科技成果转化提出了怎样的具体要求?为什么不能硬搬外国经验?我们怎样做才能从国际制度规则的被动追随者,转变为知识产权规则的主动引领者,在国际知识产权治理中展现中国话语,体现制度自信?

(3)回归实践。教师引导学生在真实具象情境中思考并解决问题,以真实具体的问题激发学生的思考热情且与其既有知识能力水平高度匹配,让学生切实体会知识产权制度对于创新的保护与激励;引导学生自觉地把小我融入大我,不断追求国家的富强、民主、文明、和谐和社会的自由、平等、公正、法治。

六、"知识产权管理"课程思政元素总览表

课程章节	重要的课程思政元素	相关联的专业知识或教学案例	所属思政维度
第一章 知识产权管理概述	1. 社会主义核心价值观； 2. 法治素养	1. 案例：某外国艺术家诉我国艺术家美术作品著作权侵权一案； 2. 知识产权管理的概念、特征； 3. 知识产权管理的意义	宪法法治素养、文化自信
第二章 知识产权管理与竞争优势	1. 创新是引领发展的第一动力，保护知识产权就是保护创新；[1] 2. 加强知识产权保护是完善产权保护制度最重要的内容和提高国家经济竞争力最大的激励[2]	1. 激励知识产权产出； 2. 促进知识产权运营； 3. 完善知识产权保护； 4. 保持创新和竞争优势	学思践悟习近平法治思想
第三章 知识产权国家战略	1. 对创新型国家的认识； 2. 国情民情的了解； 3. 不同国家知识产权制度的比较； 4. 抢占规则的国际话语权	1. 我国不同阶段的知识产权政策及导向； 2. 美国知识产权政策及其 337 调查、301 调查； 3. 后 TRIPs 时代我国的知识产权发展趋势	政治认同；使命责任担当
第四章 著作权管理与文化产业	1. 尊重原创、诚实信用； 2. 文化自信、文化输出； 3. 市场需求在文化资源配置及创新中的作用； 4. 知识产权专业认同与法律职业认同	1. 著作权运营的概念和特征； 2. 著作权运营难点：管理战略分析； 3. 著作权运营中的创意开发：以"功夫熊猫"为例； 4. 著作权运营中的风险管控	爱国情怀，文化自信

续表

课程章节	重要的课程思政元素	相关联的专业知识或教学案例	所属思政维度
第五章　专利管理与成果转化	1. 创新型国家建设； 2. 全面建设社会主义现代化国家对科技成果转化提出要求	1.《拜杜法案》的制定背景和主要内容； 2. 国际范围内科技成果转化的制度类型； 3. 我国科技成果转化的难点及其破解	制度自信，牢固树立法治观念
第六章　商标管理与品牌策略	1. 百年“老字号”的传承与创新； 2. 诚信经营对一流营商环境的塑造	1. 系列案例：国货“品牌崛起”带动国潮新势力； 2. 商标显著性与消费者认知	提高运用法治思维和法治方式维护自身权利、化解矛盾纠纷的意识和能力
第七章　商业秘密管理与人才流动	1. 诚实守信； 2. 打造一流营商环境	1. 商业秘密与专利之区别联系； 2. 商业秘密管理的要求； 3. 人才流动与商业秘密保护之平衡	职业理想和职业道德教育，职业精神和职业规范，职业责任感
第八章　知识产权合同管理	1. 市场在资源配置中起决定性作用； 2. 诚实守信对于市场经济的重要性	1. 知识产权合同的分类及其各自特点； 2. 知识产权合同撰写和签订时的注意事项； 3. 调整多种知识产权对象的合同注意事项	诚实守信，深刻理解并自觉实践职业精神和职业规范

[1]《习近平：全面加强知识产权保护工作激发创新活力推动构建新发展格局》，载中国政府网，https://www.gov.cn/xinwen/2021-01/31/content_5583920.htm。

[2]中共中央、国务院《知识产权强国建设纲要（2021～2035年）》。

（何莹）

“继承法学”课程思政教学指南

一、“继承法学”课程简介

继承法学是法学专业本科生的专业课程。一共32个学时,包括继承法理论教学和课堂实践教学两个环节。

本课程通过对继承法理论的课堂讲授,以社会主义核心价值观的培养与家风建设作为思政建设的方向与重点,以“立德树人”为总体建设目标,帮助学生了解继承相关的法律法规,引导学生深入社会实践、关注现实问题,培育学生德法兼修的职业素养,深化其对法治理念、法治原则、重要法律概念的认知,提高运用法治思维和法治方式维护自身权利、参与社会公共事务、化解矛盾纠纷的意识和能力。

本课程围绕继承法的基本理论展开讲授。从《民法典》继承编概述、法定继承、遗嘱继承、遗赠和遗赠扶养协议、遗产的处理、涉外继承6个角度对继承法的内在结构进行阐明;并结合实际案例与法律法规,对实践中的争议难题进行剖析和解决。

继承法与每个人利益休戚相关,对维护家庭和社会稳定具有重要意义。

本课程体现了继承制度的中国特色和时代精神;是具有稳定的教学团队、完备的教学体系、丰富的教学内容、持续更新的教学理论的法学专业课程,也是可进行大众普法教育的基础法律课程。

二、教学目标与教学内容

(一)教学目标

课程思政建设是一项系统工程,课程思政本身就意味着教育结构的变化,即实现知识传授、价值塑造和能力培养的多元统一。继承法课程的思政建设目标亦体现在三个方面：

1. 价值目标

习近平总书记在会见第一届全国文明家庭代表时的讲话指出，“无论时代如何变化，无论经济社会如何发展，对一个社会来说，家庭的生活依托都不可替代，家庭的社会功能都不可替代，家庭的文明作用都不可替代”。[①] “家是最小国，国是千万家”，本门继承法课程在潜移默化中让学生接受主流价值观的熏陶，树立正确的家庭观、伦理观，培养学生的人文情怀，树立德法兼修的职业素养，实现具有“全球视野、家国情怀、创新精神、专业素养、诚实守信”的人才培养目标。

2. 知识目标

该课程使学生系统掌握继承法所涉的基本理论、制度、概念，对我国继承法律制度的现代化构建、继承纠纷的多元化化解途径、老龄化背景下的养老、优良家风建设等问题进行思考，使其具备扎实的专业理论基础。

3. 能力目标

该课程理论联系实际，培养并提高学生的问题解决能力和审辩式思维能力，使学生具备对继承案件分析、判断、解决的过程管理能力；提高运用法治思维和法治方式维护自身权利、参与社会公共事务、化解矛盾纠纷的意识和能力。

（二）教学内容

在教学中，如何把社会主义核心价值观转化为学生的情感认同和行为习惯？如何让法学学生既有专业的深度，也有行为的温度，成为一名“温暖”的法律人？如何让每个人保有对法律的尊崇，保有对中华优秀文化的自信与对现行制度的信仰？以上是我们思考并力图解决的问题。与时代发展相适应，“推陈出新”是继承法课程思政实施过程中紧紧围绕并抓住的关键词。

1. 牢固树立“勤于课前，懒于课上，思于课后”的新理念

课前，教师要精心设计教学过程，考虑如何导入新课，如何突出重点、突

① 习近平：《在会见第一届全国文明家庭代表时的讲话》，载《人民日报》2016 年 12 月 12 日，第 2 版。

破难点，如何培养学生的四大核心素养（政治认同、科学精神、公共参与、法治意识），如何实现学生知识理解与能力生成的有机结合，如何体现立德树人的根本目标或任务，如何运用议题式教学模式达成活动性学科课程的要求。这些都需要下很大的功夫、付出艰苦的努力才能实现，因此，教师要“勤于课前”。

学生是课堂的主人，是学习的主体。要体现学生德智体地位，教师就必须“懒于课上”，即放手让学生去思考、去判断、去探究、去争论，在活动中思考，在思考中参加活动。从而使学生真正地理解知识、分析和解决问题，升华对知识的认识，获得核心素养的提升。当然，把课堂放给学生并不意味着教师是一个旁观者，对学生在活动中遇到或提出的问题教师要及时予以解疑释惑，做好学生参与活动的领路人。（让学生带着教材走向教师，教师要发挥“于无向时指向，于无法处指法，于无疑处生疑，于无力处给力，于徘徊处点拨”作用。给学生支架，引向心灵深处。）

虽然没有完美的课程，但一节课结束后，总有值得我们思考、反思的地方。本节课成功的经验是什么，亮点有哪些？遗憾有哪些？对此，教师应及时记录下来，为下节课积累经验或汲取教训。

2. 确立“知识迁移中完成了价值塑造”的新视角

本课程以“立德树人”为总体建设目标，引导学生深入社会实践、关注现实问题，培育学生德法兼修的职业素养，深化其对法治理念、法治原则、重要法律概念的认知，提高运用法治思维和法治方式维护自身权利、参与社会公共事务、化解矛盾纠纷的意识和能力。

每次课程均有一次“课前精彩五分钟”的学生演讲和一个互动讨论话题。课前，教师通过微信群把题目发送给学生，让学生分组准备，在课堂上讨论发言，讨论结束后教师评析，学生总结。

例如，在继承法学的第一次教学中，我们讨论的互动话题是“父母主动提出进养老院，你同意吗？”通过讨论，让大家思考：如何理解“孝”的内涵？在老龄化社会如何养老（家庭养老、遗赠抚养、意定监护）等问题，正可谓“知识迁移中完成了价值塑造”。

三、课程思政教学方法与评价方式

(一)教学方法

在传统的教学方法上,采用行动研究法、引入"案例图示层次教学法"、创新"合作学习法"。

1. 行动研究法,全员参与

课前、课中、课后,让学生全程参与,发挥学生主体作用、培养学生创新精神和实践能力、具备扎实的专业理论基础和德法兼修职业素养。

2. 案例图示层次教学法

教师通过出示案例—提出问题—自学讨论—重点讲授—案例分析—实践运用的科学实验流程,以问题为中心,综合运用讲授法、自学法、讨论法、案例法、实践法等多种教学方法和现代化的教学手段,利用有限的课堂教学时间,充分调动学生学习的积极性,促进学生学习能力的培养,使教学达到最佳效果。

3. 合作学习法的新运用

"合作学习"是建构主义学习理论指导下的一种学习策略,是一种古老的教育观念和实践。在"合作学习"目标下,每个学生获得的机会均等,能够充分彰显其主观能动性。学生通过合作互助,达到知识互补、思想共享、疑难共解、共同提高的目的。在自我实践的过程中,学生得到心理上的满足、眼界上的拓宽、专业素养的夯实和分析问题、解决问题能力的增长。

(1)问题式合作学习。教师和学生互相提问、互为解答、互作教师、既答疑解难又能激发学生的学习兴趣。

(2)表演式合作学习。以表演形式激发学生的学习兴趣,培养学生自主探究的学习品质,或将其作为课堂小结,检验学生对所学知识的理解。

(3)讨论式合作学习。学生对某一内容进行讨论,在讨论的过程中实施自我教育,以达到完成教学任务的目的。

(4)论文式合作学习。论文式合作学习是指教师带领学生开展社会调查实践,并指导学生以论文的形式汇报社会实践的结果。

(5)学科式合作学习。将几门学科联合起来开展合作学习,如相关部门法之间的联合比较以及程序法、实体法之间的合作学习。

4. 突出实践性

实践性是法律人才培养的导向，法学教育应当让学生在与法律的亲密接触中触摸法律的“纹理”、解构法律的“材质”、探寻法律的“密码”、感悟法律的真谛。

（二）采用新技术

1. 通过现代技术，拓展校园课堂的外延。课程运用现代技术，将校园课堂和法院审判庭连接起来，实现真正意义上的案例教学；将校园课堂与电台的直播现场连接起来，实现真正意义上的实践教学；将教师和学生通过在线或离线的方式连接起来，实现活动开放式教学。

2. 通过现代技术，拓展课堂教学的内容。课程实时连接法律视频案例，利用多媒体教学画面具有冲击力和信息量大的特点，有效提高学生的学习兴趣和学习效率。

3. 将虚拟仿真技术实际运用于法学实验教学的过程中。教师抽象出相应的实验流程，设计并装载实验项目，完成实体法知识的传授，以及虚拟仿真实验系统相关操作规程的讲解；学生完成法学虚拟仿真实验项目并生成实验报告，教师对其进行指导与评价。

4. 运用现代信息技术，构建法学专业课程教学资源库。教师在网上建立法学专业课程教学资源库，包括教学大纲、电子教案、教学录像和课件库、案例库、试题库、法律法规库、文献库等。

5. 运用现代信息技术，实现教学资源共享。共享范围不仅包括部门之间、本校之间，还包括高校之间、高校与实务部门之间，以及各高校的网络图书馆、各种专业法律网站等，实现横向、纵向合作，加强学术交流。

（三）评价方式

学生学科成绩评价，包括对学生的“知识掌握情况”、“能力发展情况”和“思想道德情感发展情况”三方面进行考查，采取过程评价与结果评价、行为评价与思想评价、能力评价与知识评价相结合的方法。

知识的评价以学期、学年终结评价为主，课堂测试、期中考试为辅，全阶段贯穿;能力的评价以书面案例分析、小组讨论合作参与、实例解决口头表达等多方面相结合;思想情感的评价以学生平时的态度和言行表现,以及参与社会公益活动的情况,根据长期观察的结果进行评价。

评价的指标和权重如下:(1)知识的量与质(40%),包括基础知识的量与质(30%)和扩展性知识的量与质(10%)。(2)能力的量与质(30%),包括基本能力的量与质(20%)和发展性能力的量与质(10%)。(3)思想情感的量与质(30%),包括基本思想道德情感的量与质(20%)和发展性思想道德情感的量与质(10%)。

四、课程思政教学资源及研究开发

继承涉及男女老少、千家万户的切身利益。继承法课程学科知识与思想政治内容彼此渗透,中华民族的优秀传统(中国心)、社会主义核心价值观(中国情)在继承法制度设计和具体司法中得到了很好的诠释与贯彻,二者相向交融,为中国梦的实现起到了积极的作用。

(一)中国心:中华民族的优秀传统在继承法课程中的贯彻

习近平总书记在中共中央政治局第十三次集体学习会上强调:"培育和弘扬社会主义核心价值观必须立足中华优秀传统文化。"[①]在我国人口老龄化问题日趋严峻的今天,更需要大力弘扬中华民族传统美德。

1. 坚持并发扬扶弱济贫、尊老爱幼的传统美德。胎儿利益保护问题是日常生活中常见的问题。实践中,"遗孤"的继承权往往受到特别的关注与保护。胎儿本非真正意义上的"人",不是独立的生命体,不符合法律主体的要件。继承法在涉及胎儿利益保护时,将胎儿视为具有民事权利能力,以此来特别保护胎儿的权益。

2. 尊重善良习俗,培养尊老、养老、爱老的社会风尚。《朱子家训》里面有句话:兄弟叔侄,须分多润寡。意思是说,兄弟叔侄是一家人,要互相帮助,同甘共苦。中国古代的亲属制度是以宗族为本位的,叔侄之间是宗亲。如果

---

① 《习近平:把培育和弘扬社会主义核心价值观作为凝魂聚气强基固本的基础工程》,载《人民日报》2014年2月26日,第1版。

叔辈无后，侄子会将叔叔养老送终，顶门立户。现代社会，叔侄之间是三代以内的旁系血亲，继承法扩大代位继承人范围，不仅为家里的晚辈照顾、关爱老人提供了动力，也加强了亲人间的联系，有助于培养尊老、养老、爱老的社会风尚。

3. 贯彻权利义务相一致原则，弘扬"百善孝为先"的优良家风。继承法确立了遗产分配的原则："同一顺序继承人继承遗产的份额，一般应当均等。对生活有特殊困难又缺乏劳动能力的继承人，分配遗产时，应当予以照顾。对被继承人尽了主要扶养义务或者与被继承人共同生活的继承人，分配遗产时，可以多分。有扶养能力和有扶养条件的继承人，不尽扶养义务的，分配遗产时，应当不分或者少分。"该原则实现了情理法的有机融合，弘扬了团结友爱、孝老爱亲的中华民族传统美德。

（二）中国情：社会主义核心价值观在继承法课程中的贯彻

习近平总书记指出："对一个民族、一个国家来说，最持久、最深层的力量是全社会共同认可的核心价值观。核心价值观，承载着一个民族、一个国家的精神追求，体现着一个社会评判是非曲直的价值标准。"①党的十八大明确提出社会主义核心价值观：富强、民主、文明、和谐，自由、平等、公正、法治，爱国、敬业、诚信、友善。习近平总书记在党的十九大报告中指出，要培育和践行社会主义核心价值观。强化教育引导、实践养成、制度保障，发挥社会主义核心价值观对国民教育、精神文明创建、精神文化产品创作生产传播的引领作用，把社会主义核心价值观融入社会发展各方面，转化为人们的情感认同和行为习惯。

1. "富强"价值观在继承法课程中的贯彻。继承法确立"无人继承遗产的归属"制度："无人继承又无人受遗赠的遗产，归国家所有，用于公益事业；死者生前是集体所有制组织成员的，归所在集体所有制组织所有。""这一规定既实现了物尽其用的初衷，又体现了'国不与民争利'的思想，有利于引导和规范民众的继承观念与继承行为，培育民众良好的国家认同感，进而促进

① 习近平：《青年要自觉践行社会主义核心价值观——在北京大学师生座谈会上的讲话》，载《人民日报》2014年5月5日，第2版。

社会安定团结和社会主义经济的发展。"①

2."文明"价值观在继承法课程中的贯彻。遗产范围的立法模式选择是一国在立法时根据本国的具体国情来进行的,世界上并无一个普适性的立法模式,凡是符合该国国情的立法模式就是应予以选择的模式。现行继承制度改变了列举加概括的立法模式,取消了列举性规定,在概括性规定之后增加了除外规定,可以帮助大家确定自己的遗产范围,有利于引导大家树立明确的财产追求目标,彰显文明之光。

3."和谐"价值观在继承法课程中的贯彻。继承法规定,丧偶儿媳对公、婆,丧偶女婿对岳父、岳母尽了主要赡养义务的,作为第一顺序的法定继承人。此规定有助于建设和谐家庭、和谐社会。

4."平等"价值观反映了《民法典》继承编中男女平等原则。不管是赡养义务的履行,还是继承人的确立、遗产份额的分配,"平等"价值观均得到了充分映射。

5."自由"价值观在继承法课程中的贯彻。"意思自治"是私法的核心,现行继承制度的设计充分体现了继承领域的自治理念,包括被继承人继承方式的选择自由、遗嘱方式的自由、遗赠自由以及签订遗赠扶养协议自由等,此外,继承人继承权放弃制度、遗产债务自愿清偿制度等,均是自由价值的体现。

6."友善诚信"价值观在继承法课程中的贯彻。继承法所确立的被继承人的宽恕权,即继承人虽具有5种丧失继承权的情形存在,但是其悔过并得到了被继承人宽恕与谅解的,仍然可以享有继承权。这不仅是社会主义核心价值观"友善"的充分体现与践行,也是构建"和谐"社会的需要,让法律既有力度,也有温度。

(三)中国梦:老有所养、老有所依、老有所乐、老有所安

"让老年人老有所养、老有所依、老有所乐、老有所安。"②继承法的制度

---

① 姜磊:《德法互动:浅论社会主义核心价值观在继承编的融入与适用》,载中国法律咨询中心2020年9月15日,https://zxzx.chinalaw.org.cn/portal/article/index/id/28640.html。

② 习近平:《在二〇一九年春节团拜会上的讲话》,载《人民日报》2019年2月4日,第1版。

设计也朝着这一目标而努力。

1. 国家治理现代化的理念在继承法制度中得以体现。《民法典》明确规定:“没有继承人或者继承人均放弃继承的,由被继承人生前住所地的民政部门或者村民委员会担任遗产管理人。”“对遗产管理人的确定有争议的,利害关系人可以向人民法院申请指定遗产管理人。”“无人继承又无人受遗赠的遗产,归国家所有,用于公益事业。”这些条款充分体现了国家的担当,体现了对私人自主的必要补充,体现了继承领域公共利益的维护,体现了国家治理的新观念。

2. 建立多主体、多渠道、多方式处理继承纠纷的模式。“家是最小国,国是千万家”,家庭和谐稳定,有助于社会的和谐稳定。婚姻家庭继承关系,涉及男女老少、千家万户的切身利益,继承纠纷的解决,宜“调”不宜“判”,建立综合协调解决机制,形成多元化解决继承纠纷的合力,逐步建立多主体、多渠道、多方式处理继承纠纷的模式,切实维护妇女、儿童、老人的合法权益,打开共赢局面,创造和谐社会。

五、教学实例

(一)实例一:“平等、公平”的社会主义核心价值观

《民法典》关于同一顺序继承人继承的遗产份额的规定:同一顺序继承人继承遗产的份额,一般应当均等。对生活有特殊困难又缺乏劳动能力的继承人,分配遗产时,应当予以照顾。对被继承人尽了主要扶养义务或者与被继承人共同生活的继承人,分配遗产时,可以多分。有扶养能力和有扶养条件的继承人不尽扶养义务的,分配遗产时应当不分或者少分。继承人协商同意的,也可以不均等。

(二)实例二:自由的相对性

遗嘱自由体现了《民法典》意思自治原则,其充分尊重被继承人意愿,阐释民法“以民为本”的宗旨。

任何自由都是相对的、有限制的,遗嘱自由作为继承法确立的一项原则和制度也并不是绝对的。自继承法产生以来,各国对遗嘱自由都进行限制立

法以保障此原则的合理运用。从平衡遗嘱人意愿与其近亲属利益,否定歧视妇女的传统,维护社会公序良俗,维护社会公平等方面考虑,均有必要找到遗嘱自由的“恰当底线”。

(三)实例三:和谐家庭、和谐社会的构建

《民法典》在保留原有法定继承人的范围和顺位规则的基础上,增加规定代位继承人的范围由被继承人子女的晚辈直系血亲扩大到被继承人兄弟姐妹的子女,即以增加代位继承人的方式扩大了法定继承人的范围。

1.《民法典》扩大遗产继承人范围不仅为家庭中晚辈照顾、关爱老人提供了动力,也加强了亲人间的联系,有助于培养尊老、养老、爱老的社会风尚,有助于建设和谐家庭、和谐社会。

2. 中国法律规定,无人继承又无人受遗赠的遗产,归国家所有,用于公益事业;死者生前是集体所有制组织成员的,归所在集体所有制组织所有。扩大遗产继承人的范围可以使人民群众的利益最大化。

六、“继承法学”课程思政元素总览表

课程章节	重要的课程思政元素	相关联的专业知识或教学案例	所属思政维度
第一章 继承制度概述	1. 权利义务相一致; 2. 养老育幼; 3. 意思自治	郎某是位退休老人,老伴早已去世,儿子小郎在国外定居。老人一直由远房亲戚鲁某照顾,鲁某对郎某照顾有加,一直尽心尽力地扶养郎某。数年后,郎某去世。小郎在得知消息后,回国料理了郎某的后事。在继承遗产问题上,鲁某要求适当分配遗产,但遭到了小郎的拒绝。 《民法典》第 1131 条关于酌分遗产人的规定:对继承人以外的依靠被继承人扶养的人,或者继承人以外的对被继承人扶养较多的人,可以分给适当的遗产	情感、精神、意识

续表

课程章节	重要的课程思政元素	相关联的专业知识或教学案例	所属思政维度
第二章 法定继承	1. 男女平等; 2. 对“孝”的理解,不仅在于物质,还在于精神; 3. 优良家风	杨某(女)与杨某某系姐弟关系,杨某某与张某某系夫妻关系。杨某与杨某某的父母去世时遗有平房1处,该平房于2013年以杨某某名义拆迁,又于2015年安置了3处房屋,其中1处登记在杨某某名下,另外2处均登记在张某某名下。杨某向杨某某要求继承房产遭到拒绝,遂向天津市津南区人民法院提起诉讼,要求继承父母1/2的遗产。二人的父母生前未立遗嘱,其他有继承权的继承人亦均表示放弃继承。庭审中,杨某某辩称按农村习俗,房产都是给儿子留的,不能分给杨某	情感、精神、意识、能力
第三章 遗嘱继承	1. 自由; 2. 法治; 3. 公序良俗	广东男子刘某和妻子陈某育有5个孩子,但两人的夫妻关系并不和谐,甚至已经分居。2001年,刘某请了杨某做保姆,二人在日常相处中产生了感情。2015年及2016年,刘某两次向法院提起离婚诉讼,要求与妻子陈某离婚。2017年6月17日,在法院二审审理期间,刘某因突发脑梗死亡。刘某去世后,妻子陈某将此消息登报公告,并于2个月后对刘某遗留的3套旧改回迁房进行继承公证。此后,保姆杨某拿出了2份刘某的遗嘱,要求继承刘某300平方米、价值900万元的房产以及公司股份	情感、精神、意识、能力
第四章 遗赠和遗赠扶养协议	1. 诚实信用; 2. 友善; 3. 弘扬“尊老”“老吾老以及人之老”的传统美德	赵先生与赵老汉是同村村民,两人相识20余年。赵老汉与妻子婚后育有一子,父子两人均为残疾人且生活不能自理。赵老汉妻子去世后,赵先生便主动照顾起二人生活。	情感、精神、意识、能力

续表

课程章节	重要的课程思政元素	相关联的专业知识或教学案例	所属思政维度
		赵先生称,从2005年开始,赵老汉父子俩便与赵先生共同居住生活。赵老汉儿子瘫痪,赵先生负责看护。赵老汉名下有一套房产,赵先生与赵老汉口头达成了遗赠扶养协议,约定父子俩的生活由其照顾,父子俩去世后,赵老汉的房产赠与赵先生,村委会工作人员在场作了见证。2018年,赵老汉去世,赵先生办理了丧葬事宜,后继续照顾赵老汉儿子。2020年,赵老汉儿子也因病去世。赵先生称,其悉心照料赵老汉父子10余年,尽到了生养死葬义务,遗赠扶养关系合法有效,其应当享有继承权利。现房屋仍登记在赵老汉名下,因赵老汉尚有两位兄弟姐妹在世,赵先生遂将二人诉至法院,请求法院判令房屋归其所有。 被告赵老汉的弟弟、妹妹辩称,遗赠扶养协议对双方权利义务明确约定,以书面形式确定,而原告赵先生并未与赵老汉签订书面协议,居委会也没有权利指定监护人。原告赵先生没有与赵老汉一起居住,只是平常照顾做饭,原告收入微薄,赵老汉有退休金,赡养老人都是用赵老汉的钱,原告所做是获得报酬的家政服务,达不到遗赠扶养的标准。因而,不同意将房屋赠与原告。 经法院调解,最终双方达成一致意见,登记在赵老汉名下的房屋归原告赵先生所有,二被告配合赵先生办理房屋过户手续,同时原告赵先生给付二被告补偿款每人15万元	

续表

课程章节	重要的课程思政元素	相关联的专业知识或教学案例	所属思政维度
第五章　遗产的处理	1. 和谐; 2. 友善、诚信; 3. 树立敬老爱幼的观念,互相帮助,维护平等、和睦、文明的家庭关系	张某1与杨某系夫妻关系并生育一子张某2。2014年10月21日至2015年2月6日,杨某向程某前后借款4次,共计人民币110,000元,借款人均为杨某和张某2。2017年10月26日杨某死亡。程某向法院起诉,要求张某1、张某2以杨某的遗产清偿对自己的债务。庭审中,张某1、张某2均当庭表示放弃对杨某遗产的继承。经查明,涉案继承财产为一处房屋,产权登记于杨某名下,张某1为共有人,该房屋由张某1、张某2管理和使用。此外,程某明确表示上述4份借条中张某2的签字,不是张某2本人书写。 一审法院认为,张某1、张某2作为杨某的遗产使用人和保管人,应以杨某的遗产清偿程某的借款本息。 张某1和张某2对一审判决不服,提起上诉。二审法院改判认为,张某1和张某2自愿无条件放弃继承权,对被继承人杨某应当承担的债务可以不负偿还责任,驳回了程某的诉讼请求。 程某不服二审判决,向湖北省高级人民法院申请再审。湖北省高级人民法院再审认为,张某1和张某2实际占有遗产,为遗产代管人,不论其是否放弃继承,都依法应当参加诉讼,并由其在管理使用遗产的实际价值范围内承担还款责任,故撤销一审、二审判决,改判张某1和张某2在判决生效后10日内在管理杨某的遗产(即2017年10月26日杨某死亡时在涉案房屋应属杨某的价值部分)的实际价值范围内偿还程某借款本息	情感、精神、意识、能力

(杜江涌)

“民法精神与社会文明”课程思政教学指南

一、“民法精神与社会文明”课程简介

“民法精神与社会文明”课程立足民法基本原则与社会主义核心价值观的天然契合，以“社会主义核心价值观”为主线、以“民法基本原则”为主题、以“民法具体制度”为布点，设计“走近民法”“以人为本”“权利神圣”“负责任的自由”“公平的艺术”“天道诚信”“法缘良俗”“与自然和谐共生”“恒产恒心”“当事人的法律”“家顺人和”“做有温度的民法人”12章52节课程，体系性讲述民法精神与社会文明，实现专业教育与思政教育的融合。

本课程开设目的是让学生在扎实掌握《民法典》等民事法律及相关司法解释的基础上深入理解《民法典》的基本原则、权利冲突时的价值取舍等基本理论及民法具体制度。

本课程分为线上与线下两部分，线上面向全社会有志学习《民法典》的人群和校内学生，线下主要面向校内选修本课程的学生。线上课程学习网站主要为中国大学MOOC（慕课）和重庆高等教育智慧教育平台。

二、教学目标与教学内容

（一）教学目标

1. 价值目标：优化教学设计使课程思政“内化于心”

价值塑造在学生端应“隐而不彰”，于教师端则“彰彰在目”，本课程通过提高教师自身素质和优化教学设计，将思政元素与教学全过程有机联系；通过“建构式”教学从理论与实践两个维度激活学生主观能动性，建立起自身与他人、社会、民族的联系，感悟法学学科所蕴含的历史使命感、社会责任感及人道主义精神。

2. 知识目标:实现专业教育与思政教育“如盐化水”

为消除课程设计僵化、教师队伍单一、教学资源窄化导致的思想政治教育与专业教育相互隔绝的“孤岛效应”,改善专业课知识与价值引领的“两张皮”现象,法学专业课程思政的开展应以“立德树人、德法兼修”育人理念为指导,“营造情景、透析情理、诉诸情感、洋溢情趣”,重构“事实—情理—法理—法律”的教学线路,结合法治热点、典型案例讲述社会主义核心价值观,使其具体化、实践化,以此增强法学课程思政的主动性、针对性、持续性和亲和力、感染力、说服力。

3. 能力目标:培养学生将社会主义核心价值观“外化于行”

本课程以“线上线下混合式教学”为手段,通过撰写法律意见书、模拟法庭、社会普法等教学活动培养学生价值选择、论辩求真、交流协作、实践应用、预测治理、创新发展能力,使学生切实践行社会主义核心价值观。以“专业教育与思政教育相融合(融合)—增加课程思政教育感染力引导学生德法兼备(接受)—培养将社会主义核心价值观贯彻于实践的能力(应用)”依次递进的目标设计课程教学,实现对学生价值塑造、知识传授和能力培养的紧密融合。

(二)教学内容

1. 课堂设计思路

教学环节	教师活动	学生活动	教材教具
课前	1. 布置课前观看线上教学视频和教材阅读任务,通过在线学习平台后台的学习统计进行分析; 2. 在线上平台发布公告,上传课堂讨论案例、相关论文、类似案例和视频资源; 3. 将学生分组,要求组内讨论该案例并出具法律意见书; 4. 教师、助教线上答疑,参与学生讨论,拓宽学生思路	1. 自主观看教学视频,阅读教材内容; 2. 阅读案例,解析法律关系,学习相关文献,完成法律意见书的写作并上交; 3. 通过在线学习平台向教师提问阅读和学习过程中遇到的问题	在线学习平台、马工程教材《民法学》和《中国民法学》

续表

教学环节		教师活动	学生活动	教材教具
课中	导入	1. 点评学生课前学习情况； 2. 讲解课程相关内容； 3. 通过大案例引导学习，绘制法律关系图简化案例； 4. 介绍课堂讨论规则； 5. 播放课程相关案例报道	1. 检查反思课前学习情况； 2. 梳理案情，厘清法律关系	在线学习平台、智慧教室
	学习目标	1. 让学生了解课程的基础知识； 2. 提高学生案例分析能力、资料收集和消化能力，培养预防式法学人才	1. 掌握学习方向、把握学习重点； 2. 检视自我不足	智慧教室
	课程思政元素	1. 体会民法如何在立法和司法中将以人为本等思政元素具体化； 2. 培育学生将社会主义核心价值观应用于实践的能力	1. 反思自己对社会主义核心价值观理解是否充分； 2. 增强联系社会主义核心价值观解决纠纷的自觉性	智慧教室
	前测	1. 返还教师课前批阅各小组的法律意见书，由各小组循环批阅； 2. 引导各小组就案涉问题进行讨论，并派出代表展示课前讨论成果	1. 展示课前讨论成果； 2. 查找课前学习不足	智慧教室
	参与式学习	1. 对学生回答进行点评，引导学生对小组观点进行反驳； 2. 增加条件进行拓展和追问，引导学生思考社会主义核心价值观对于民法的价值	1. 各小组就案涉问题发表观点并回应其他组的质疑； 2. 进入情景，疏通思路、完善结论	智慧教室
	后测	利用“慕课堂”发起在线讨论，要求全体同学使用 APP 发表观点，并将观点展示于大屏幕，由教师进行点评	通过手机客户端就教师提问在线回答问题，展示学习成果，参与课堂讨论	在线学习平台、智慧教室
	总结	1. 整合、总结知识点，升华教学内容； 2. 对学生线上线下学习情况进行总结，并于线上平台公示表扬表现较好的同学； 3. 预告下堂课内容	了解民法规则背后的精神与社会主义核心价值观之契合	智慧教室、在线学习平台

续表

教学环节	教师活动	学生活动	教材教具
课后	1. 教师和助教在线就相关问题进一步提问,并回应相关疑问; 2. 再次引导修改完善法律意见书; 3. 布置观看视频任务及马工程教材等的预习任务; 4. 公告下节课学习主题并上传相关阅读材料; 5. 对课堂学习效果进行学情调查,以此观测"课程思政"的教学效果,并根据学生反馈进行调整和改进	1. 学生继续查阅相关文献提交法律意见书定稿; 2. 学生在线完成测验; 3. 预习,并准备下节课内容	在线学习平台、马工程教材《民法学》和《中国民法学》

2. 教学重难点

(1)思政元素需要和谐融入。传统的法学课程教育未能使知识传授与价值引领相与为一,思政教育与专业教育各行其是、自说自话。同时思政也由于其与专业的界分而无法把其优势的德性教育贯彻到学生课程教育的全程中。

(2)思政内容适宜深度挖掘。一方面,课堂内外皆有学问,学生培养应将价值引领和人格塑造贯穿学生课内课外全过程;另一方面,教学内容以教材为主,教师主要讲授教材中的既定内容,同时也对教材内容背后的法理、法条背后的立法意图、司法实务的运作样态以及法律人所应坚持的价值理念等内容进行深入讨论。

(3)思政讲授有待系统开展。既有的"课程思政"建设未能充分发挥思政教师与专业教师各自的优势,各专业教师之间也存在理论法与部门法、实体法与程序法、古代法与现代法之间相互割裂,各门任课教师对话艰难,不利于"大思政"育人格局的构建。

3. 重难点处理方法

第一,找准切口。课程思政应以坚定学生理想信念为己任,以爱党、爱国、爱社会主义、爱人民、爱集体为主线,围绕政治认同、家国情怀、文化素养、宪法法治意识、道德修养等优化课程思政内容供给,遵循已有课程知识体系,找准各门课程蕴含的思政元素,有机嵌入、大胆融入课程教育教学,将知识教育同价值观教育结合起来，使价值观教育以塑造基因式融入所有课程，从而起到培根铸魂、启智润心之价值引领作用。

第二，深化课程。课程建设应通过提炼专业知识体系中所蕴含的思想价值与精神内涵，科学合理地拓展专业课程的广度、增加深度与温度，实现深入挖掘各类课程和教学方式中蕴含的思想政治教育资源，寓价值观引导于知识传授和能力培养，从而使各类课程与思政理论课程同向同行，形成协同效应。

第三，充实资源。课程教学应充分运用信息化技术并建立“思想政治教育+法学教育资料库”，充分利用移动电子设备终端、中国大学 MOOC（慕课）、“慕课堂”小程序、超星尔雅、学习通 APP、智慧教室等信息化教学工具，充分运用远程传输、在线沟通、人机交互、多媒体展示等信息化技术。本课程线上教学视频已在中国大学 MOOC（慕课）等多平台上线供学生课前学习，现已建成包括 1000 余个文本文档、300 余个《案说民法典》配套视频。

三、课程思政教学方法与评价方式

（一）教学方法

1. 确立“主线—主题—知识点”的总体框架。教师在备课过程中，可预先确立思政教育的主体内容并以之作为主线，以此为基础发掘专业课程中与之密切关联的知识主题，采取“草蛇灰线”式的编排方式，将思政元素融进知识谱系，实现“价值塑造、知识传承与能力培养”三维度的同频共振。在本课程授课过程中，教师采用“社会主义核心价值（主线）—平等、私权神圣、意思自治等民法基本原则（主题）—‘以人为本’‘为权利而奋斗’‘负责任的自由’等具体章节（知识点）”体系讲述《民法典》七编典型制度。

2. 贯彻四个“心·情”教学理念。学校犹水，师生犹鱼，大鱼前导，小鱼尾随，是从游也。开展课程思政教学，要求提高教师思政素养，以热心、爱心、耐心和信心“心”系课堂，向学生坚定不移地讲述习近平法治思想和社会主义核心价值观；与此同时，通过“启发式、情景化”教学方法“情”动学生，“营造情景、透析情理、诉诸情感、洋溢情趣”。

3. “启发式、情景化”教学方法与“学生视角”教学设计相结合。教师在课堂中尽量多地介绍不同观点，娴熟运用设问、反问、反向推导等启发式教学方法，充分调动学生的积极性与主动性，激发学生的能动参与和深入思考的能力。在教学设计上，教师通过基础知识讲解，让学生理解知识点的基本内容，并通过穿插热点、重点、趣味性案例将专业理论知识通俗化，让学生在这一过程中体会授受知识与思政内容的内在联结。

（二）评价方式

"专业成绩"搭档"思政成绩"，将学生在日常线上学习、互动、写作、演讲、辩论、发言、评阅等情况中体现的思政学习成果纳入测评依据。

从"注重期末一次性考查"到"关注学习全过程综合考查"，在线学习成绩占总评的40%（线上视频占比50%、讨论占比30%、作业占比20%），线下学习成绩占总评的40%（主题自讲占比30%、辩论交互评分占比35%、文书写作占比35%），期末考核成绩占总评的20%（线上占比50%、线下占比50%）。

四、课程思政教学资源及研究开发

教师在授课过程中，结合教学内容和实际需要，可从以下课程思政教学资源中选取、开发、提炼相关课程思政教学元素。

（一）党和国家的政策文件

党和国家的方针、政策蕴藏着丰富的课程思政素材。例如，党的二十大报告、《中共中央关于全面推进依法治国若干重大问题的决定》、《法治中国建设规划(2020～2025年)》、习近平总书记在中共第十九届中央政治局第二十次集体学习中就"切实实施民法典"所发表的讲话等，都是思政元素的重要载体。

（二）司法案例与时事热点

教师根据教学目标，明确课程思政映射点，在案例教学和热点介绍过程中通过"启迪式""建构式"教学模式糅合专业课程与思政内容，通过事实明事理、通过事理明情理、通过情理明法理、透过法理明思政。就具体讲授而言，可穿插"大力弘扬社会主义核心价值观典型案例"及相关热点案例，配套自制短视频，以案例推动启发式、情景化教学，实现思政隐性教育。

(三)中华优秀法律文化

教学过程结合课程内容,围绕中华优秀传统法律文化、新民主主义革命时期红色法律文化和当代优秀的法治事迹,弘扬以爱国主义为核心的民族精神与以改革开放为核心的时代精神。

(四)著名学者的论述与事迹

教师结合法律发展、社会文明状况与授课需要,在授课过程中恰当地引介古今中外有影响力的思想家、法学家、政治家的经典论述或其重大事迹,并引出课程主题,阐述专业知识如何与讲授的课程思政内容相契合,并站在社会主义核心价值观、法治发展和文明进步的立场进行介绍和评述。

五、教学实例

(一)实例一:诚信原则中"真实无欺"之含义解读

诚信是公民个人层面的社会主义核心价值观之一,诚信原则也是民法的基本原则。《民法典》第 7 条规定:"民事主体从事民事活动,应当遵循诚信原则,秉持诚实,恪守承诺。"

案例引入:2007 年,李先生以 30 万元的价格向刘氏夫妇购买了一套二手房,准备将其作为结婚之用。当李先生付清房款准备装修时,从邻居口中偶然得知 3 年前刘氏夫妇的儿子在该房屋中杀害了一个 10 岁的小女孩,并将其残忍碎尸,刘氏夫妇因遭受精神痛苦决定搬迁,并向李先生出售了这套凶宅。李先生心生恐惧,要求刘氏夫妇退房退款,但是却遭到对方的严词拒绝。双方房屋买卖合同已履行完毕,刘氏夫妇已履行交付房屋并配合办理过户登记的义务,李先生要求退房的要求没有理由和依据。

提问 1:如果你是法官,此案当支持哪一方的观点?(教师普遍调查意见,总结法学专业学生与非法学专业学生对该问题看法之差异)

提问 2(针对不同观点展开询问):你的裁判依据是什么?

提问 3(在前一问获得"欺诈"关键词的基础上):如果在房屋中曾经发生凶杀案或类似的"不吉利"事件,卖方是否有义务向买方主动告知该事实?

如果卖方未予说明,是否构成法律上的欺诈?

讲解分析:房屋买卖中的交易标的物是否属于凶宅,是影响交易的重要事实。出卖人理应根据诚信原则,在签订房屋买卖合同之时,将该情况如实告知买受人。出卖方刻意隐瞒这一情况,而使对方在违背真实意思的情况下签订房屋买卖合同,已构成欺诈,应当受到法律的否定评价。因欺诈而订立合同的买受人,可以根据《民法典》第 148 条规定,请求法院或仲裁机构对合同予以撤销。

(二)实例二:活用社会主义核心价值观解决违约方解除合同难题

案例引入:2011 年,湖北安良百货集团有限公司(以下简称安良百货)与武汉麦当劳公司(以下简称武汉麦当劳)签订房屋租赁合同。2014 年 8 月 28 日,安良百货致函武汉麦当劳想为其调整房屋并赔偿损失,武汉麦当劳予以拒绝;从 2014 年 7 月 3 日开始,安良百货在武汉麦当劳餐厅营业高峰时段中断电力供应,导致餐厅无法正常经营,自 2014 年 10 月 1 日起至 2014 年 12 月中旬停止营业。武汉麦当劳将房屋保底租金付至 2015 年 2 月 17 日。安良百货向武汉麦当劳发出解除房屋租赁合同通知书,通知书于 2015 年 2 月 26 日送达武汉麦当劳。2015 年 2 月 17 日,安良百货与浙江美购贸易有限公司签订房屋租赁合同并收回武汉麦当劳租赁的房屋;案外人浙江美购贸易有限公司已在此从事服装及床上用品销售,现武汉麦当劳于安良百货的餐饮设备仍存放于租赁房屋中。

提问 1:本案涉及违约解除合同的问题,请同学们结合上节课讲到的“新宇公司与冯玉梅案”,总结一下此类案件的特征。

提问 2:同学们结合自己总结的特征,思考一下本案应如何处理?

提问 3:请同学们结合社会主义核心价值观进行价值衡量,回答本案应该如何适用法条,并简要说明理由。

讲解分析:社会主义核心价值观要求人民讲诚信,但又不止于诚信。适用原《合同法》第 110 条会导致法院在处理类似案件的时候走向一个极端,即只要符合原《合同法》第 110 条的情况就判决违约方可以解除合同,使违约方解除合同过于容易。因此《民法典》中“不能实现合同目的”这个要件对于此类案件的处理来说,起到了价值衡量的作用。在什么情况下“合同目的”不能实现,影响合同目的不能实现的因素有哪些,都是我们需要注意并且进行综合判断的内容。因此,本案适用《民法典》的规定更能够实现公平正义,更能深刻践行社会主义核心价值观。

(三)实例三:通过讲授建设工程款优先受偿权相关疑难案例阐释以人为本精神内涵

案例引入:2015 年 5 月,A 公司(房地产开发公司)与不具有总承包资质的 B 公司(建筑施工企业)签订总承包合同,约定由 B 公司总承包 A 公司某商住楼的勘察、设计及施工工作,勘察设计费用 800 万元,施工费用按 2008 年《重庆市建筑工程计价定额》《重庆市装饰工程计价定额》《重庆市安装工程计价定额》等结算。在施工过程中,因发包人 A 公司的原因致使承包人 B 公司窝工,导致后者支付窝工期间的工人工资 80 万元、支付窝工期间塔吊等机械租赁费用 200 万元。2017 年 5 月,工程竣工验收合格。A 公司为获得融资,曾于 2015 年 12 月,将在建项目抵押给甲银行并办理登记。在取得房屋预售许可证后,A 公司于 2016 年 9 月 5 日与乙签订商品房预售合同,将其中一套房屋出售与乙,乙给付了全部价款。2017 年 3 月 5 日,A 公司又与丙签订商品房预售合同,将前述同宗房屋出售与丙,丙亦付清价款,并要求 A 公司办理了商品房预售合同登记备案手续。另查明,A 公司在此前与房屋被拆迁人丁达成协议,将前述出售与乙、丙的房屋作为拆迁安置补偿,实物补偿给丁。A 公司未按约给付工程款项、未清偿银行债务,乙、丙、丁均请求 A 公司履行合同,B 公司请求拍卖案涉房屋优先受偿。

提问:B 公司是否享有优先受偿权?总承包合同的效力认定,是否影响其享有优先受偿权?

讲解分析:建筑工程价款优先受偿权的立法目的是保护劳动者的利益。在案例中,无效建筑工程合同中有关费用也已实际发生,应当由发包人予以支付。

提问:就案涉房屋,如何确定 B 公司、甲、乙、丙、丁的权利顺位?

讲解分析:学生可以结合民法的精神——以人为本去思考,建筑工程价款优先受偿权保障的是工人的工资,应当优先保护,但是本案中工人的工资在其生命当中可能只占了一两年的收入积蓄;而买房人若支付了全部或大部分的购房款，其金额可能是买房人的毕生积蓄，甚至是其长辈的全部积蓄。至于门面房，也许工人工资的金额连半个门面都买不到，但可能会解决其当下基本生存的燃眉之急，这时，反映为工人工资的建筑工程价款优先受偿权可能会被优先考虑。

六、“民法精神与社会文明”课程思政元素总览表

课程章节	重要的课程思政元素	相关联的专业知识或教学案例	所属思政维度
第一章　走近民法	民法精神如何与社会文明相契合、推动社会文明波澜壮阔地向前发展	1. 民法的调整对象； 2. 民法是波澜壮阔的社会文明现象； 3. 公法与私法的关系	政治认同、家国情怀
第二章　以人为本	1. 民法人本主义精神与科学发展观中的“以人为本”高度契合； 2. 推进和谐社会的建设，铸就中国梦	1. 从内容维度和时间维度两个方面归纳出的民法人本主义精神； 2. 珍爱生命、呵护生存、尊重人性、促进发展、谋求和谐、崇尚尊严6个层面	政治认同
第三章　权利神圣	1. 权利人角度：为权利而奋斗是其对自己、对社会的义务； 2. 社会角度：强调全社会应尊重并提升为权利而奋斗的法感情和法意识； 3. 执法人角度：点明执法人守护法律并及时输送正义	1. 民法规定的权利类型，（介绍《民法典》人格权编规定的各项人格权利）； 2. 结合具体案例，分析民法对法定权利外的利益之保护	家国情怀、文化素养
第四章　负责任的自由	民众独立自强、勇于追求幸福而又敢于担当，人们在彼此尊重之中和谐相处，走向大同社会	1. 民法上“自由”之含义； 2. 意思自治与权利滥用	家国情怀
第五章　公平的艺术	民法如何通过“中庸”之道，实现利益分配和利益矫正的公平	1. 通过中国传统“中庸”之道理解民法上的利益平衡； 2.《民法典》中的公平观念	政治认同

续表

课程章节	重要的课程思政元素	相关联的专业知识或教学案例	所属思政维度
第六章　天道诚信	民法以诚实信用为其“帝王条款”，将诚信从道德层面纳入法治轨道	1. 诚信精神要求人们言而有信、诚实不欺、权不滥用、爱财有道及避免损害他人； 2. 结合诈捐门、裸居等案件，说明诚实信用原则的法律调整作用	政治认同、家国情怀、文化素养
第七章　法缘良俗	公序良俗作为规范民众行为的准则，正确指引我们不断走向文明，提升全社会文明程度	本章联系《民法典》《消费者权益保护法》的相关规定，以及“祭奠权”纠纷、断绝父女关系等典型案例，阐述了善良风俗、公共秩序、公共利益与社会公德的具体内涵和适用场景	家国情怀、文化素养
第八章　与自然和谐共生	在民事领域贯彻落实习近平生态文明思想，以法治手段引导人与自然和谐共生	本章主要讲述了绿色原则的基本含义、目的与性质，环境污染和生态破坏责任等	政治认同、家国情怀、宪法法治意识
第九章　恒产恒心	让一切创造社会财富的生产要素、资本要素和资源要素物尽其用，是社会主义市场经济体制的本质要求	1. 业主自治——完善业主建筑物区分所有权制度； 2. 确权赋能——落实农村土地“三权分置”； 3. 家有所安——为建设用地使用权续期指明方向； 4. 住有所居——对居住权的创设； 5. 抵押新规——抵押物转让、价款优先权、非典型担保等新规助力优化营商环境	宪法法治意识
第十章　当事人的法律	合同与社会主义核心价值观中的平等、自由、公平、诚信、法治等相联系	1. 合同履行：第三人履行、连带之债以及选择之债； 2. 违约责任：“三金”规则、与有过失、合同解除	宪法法治意识

续表

课程章节	重要的课程思政元素	相关联的专业知识或教学案例	所属思政维度
第十一章　家顺人和	注重家庭、注重家教、注重家风，重视家庭建设与培育和弘扬社会主义核心价值观紧密结合	以《民法典》婚姻家庭编、继承编为主题，主要教授婚姻家庭编原则性规定的修订、对违法婚姻的新增规定、“家庭关系”中的主要变化、离婚制度的主要变革、收养制度中主要的新规定和继承编的主要变化	政治认同、家国情怀、文化素养
第十二章　做有温度的民法人	1. 弘扬中华优秀文化和社会主义核心价值观； 2. 深入贯彻“以人为本”的科学发展观	如何成为有温度的民法人	道德修养

（孙鹏、徐银波）

“婚姻家庭法学”课程思政教学指南

一、“婚姻家庭法学”课程简介

(一)教学对象

“婚姻家庭法学”课程是法学本科专业“法学拓展课程”模块的专业选修课,面向大二年级法学专业本科生开设。

(二)开设目的

本课程旨在培养熟悉婚姻家庭法律政策的人才,帮助法学专业学生掌握婚姻家庭法学的基本理论知识和实践技能,为学生毕业后在法律实务部门处理家事纠纷打下坚实的基础。

(三)主要内容

婚姻家庭法属于民法,民法是私法体系的核心,调整平等主体之间的人身关系和财产关系,婚姻家庭法调整民事主体在婚姻家庭中的人身和财产关系。本课程通过婚姻家庭法学理论教学和课堂实践教学,让学生了解婚姻家庭法的基本概念、基本原则,熟悉婚姻家庭法学的基本制度,包括结婚、夫妻关系、父母子女关系、离婚、收养等,并掌握相关法律的具体适用。

(四)课程特色

“婚姻家庭法学”是法学专业本科生掌握婚姻家庭法律知识的重要专业课程,经过杨怀英教授、邓宏碧教授、陈苇教授等著名婚姻家庭法学专家数十年的教学科研积累和“传帮带”,“婚姻家庭法学”课程现为西南政法大学法学专业本科的专业选修课,重庆市市级精品课程、重庆市高校课程思政示范课程、重庆市高校一流本科课程(线下课程)。“婚姻家庭法学”课程贴近生活、好学有用,广受学生欢迎,每期选修学生在1300~2000名。本课程教学团队优秀,教师队伍中的张力教授、朱凡副教授、杜江涌副教授等授课教师曾获得全国教师创新大赛一等奖,以及市级教学比赛、校级教学比赛各种奖项,并深受学生喜欢。

二、教学目标与教学内容

(一)教学目标

按照西南政法大学法学专业人才培养方案,“婚姻家庭法学”的课程目标为以下三个方面。

1. 知识目标:学生牢固掌握婚姻家庭法学基本原理、基本知识和基本分析方法,掌握检索婚姻家庭法学文献资料和案例的基本方法;

2. 能力目标:学生具备独立获取和更新婚姻家庭法学知识的能力,具备运用婚姻家庭法学理论和方法调查、判断、分析和解决问题的能力。

3. 素质目标:学生具备关注现实问题、解决家事纠纷的务实精神,认同优良家风、家庭美德以及家庭文明建设的价值,形成德法兼备的职业素养以及科学的人生观、价值观、婚恋观和家庭观。

(二)教学内容

1. 课程教学内容

本课程教学内容分为基本概念和原则、结婚制度、家庭关系、离婚制度和收养制度5个知识模块,共10章,分别为婚姻家庭法概述、亲属制度、结婚制度、婚姻的效力、父母子女关系、收养、监护、祖孙关系和兄弟姐妹关系、登记离婚与诉讼离婚以及离婚的效力。本课程教学时间共32学时,其中课堂讲授时长为26学时,实践教学时长为6学时。各章教学时间安排:第一章教学时间4学时;第二章教学时间2学时;第三章教学时间6学时;第四章教学时间4学时(含第一次课堂案例讨论及课堂作业时间);第五章教学时间3学时(含第二次课堂案例讨论或观看教学影片及课堂作业时间);第六章教学时间 2 学时;第七章教学时间 0.5 学时;第八章教学时间 0.5 学时;第九章教学时间 6 学时;第十章教学时间 4 学时(含辅导答疑和总复习时间)。

本课程推荐教材为张力主编:《婚姻家庭继承法学》(第 4 版),群众出版社 2022 年版。推荐参考书为张力主编:《婚姻家庭继承法学案例教程》(第 4 版),群众出版社 2021 年版。辅导用书为中共中央党史和文献研究院编:《习近平关于注重家庭家教家风建设论述摘编》,中央文献出版社 2021 年版。

2. 课堂设计思路及主要教学方法

(1)本课程以课堂讲授为主,课堂实践教学为辅。教师在课堂设计中,引入“对分课堂”教学模式将讲授时间控制在课堂教学时间的 50% 左右。“对分课堂”提倡四元教学,即讲授、独学、讨论和对话。教师结合具体教学内容,将讲授运用在新课引入的要点讲述、演示案例的分析理解、练习作业的评讲以及课程内容总结中,课堂其他时间,用于演示、练习、讨论和自主学习等。

(2)课堂教学采用“启发式”“讨论式”“参与式”等教学方法,引入“对分课堂”、案例式教学、“翻转式”教学、实践模拟以及课后辅导等。

第一,启发式教学。启发式教学是以学生为中心的教学方法,要求教师引导、启迪学生主动积极地发现问题,找到解决方法并转化知识为能力素质。在课堂讲授中,教师用问题引导,用问题深入,用问题验证。法学课程的问题是多种多样的,问题形式以直接设问和用案例提问最常见。问题通常是讲授者自问后稍等片刻即自答,有时也以举手表决或投票的方式让学生参与回答。

第二,案例式教学。课堂案例研讨安排在“结婚制度”和“家庭关系制度”章节的课堂教学中,分为 5 个环节:经典案例选取、学生分组讨论、教师分析点评、学生完成书面作业、教师对作业评价反馈。知识点的案例教学载体形式多样,包括案例教程、判决文书、影视案例,以及教学团队制作的微课和微视频等。

第三,实践模拟教学。本课程的实践教学方法主要是庭审模拟和调解模拟。课程结合家事法特点所开展的离婚调解模拟,能培养学生化解矛盾的实战能力以及德法兼备的职业素养。

第四,课后辅导。课后辅导能够很好地促进课堂教学。教师指导学生参与公益服务站的线上答疑活动，学生收到咨询后先给出解答初稿，教师对其提出修改建议，学生完善解答，教师审阅后发布。同时，教师指导学生申报并完成婚姻家庭法学方向选题的大学生创新创业训练计划项目课题。

3. 教学重难点以及对教学重难点的处理

章节	教学重点	教学难点	对教学重难点的处理
第一章　婚姻家庭法概述	1. 婚姻家庭法的调整对象与特征； 2.《民法典》婚姻家庭编的新变化； 3. 婚姻家庭编的基本原则	1. 重婚的认定； 2. 借婚姻索取财物和彩礼的区别	播放教学团队制作的微视频； 采用案例讨论法开展教学
第二章　亲属制度	1. 亲属的分类； 2. 亲等的计算方法	我国“代”的计算	播放教学团队制作的微课
第三章　结婚制度	1. 婚姻成立的条件程序； 2.《民法典》婚姻家庭编中无效婚姻和可撤销婚姻的新变化； 3. 事实婚姻与同居关系	1. 无效婚姻和可撤销婚姻变化的原因； 2. 如何区分事实婚姻和同居关系	采用案例讨论法开展教学
第四章　婚姻的效力	1. 夫妻人身关系； 2. 我国现行夫妻财产制； 3. 夫妻扶养义务	夫妻婚后财产归属判定	利用教学团队制作的微课分析讲解
第五章　父母子女关系	1. 父母子女关系的种类； 2. 亲子关系确认和否认； 3. 父母子女间的权利义务	不同类型继父母子女间的权利义务关系	采用案例讨论法开展教学
第六章　收养	1. 收养成立的条件； 2. 收养的法律效力； 3. 解除收养的法定条件和后果	不同立法阶段的收养成立条件	采用案例讨论法开展教学
第七章　监护	1. 监护的类型； 2. 法定监护人的范围与顺序； 3. 监护人的职责	1. 意定监护制度理解与适用； 2. 临时监护制度的适用条件	采用案例讨论法开展教学

续表

章节	教学重点	教学难点	对教学重难点的处理
第八章　祖孙关系和兄弟姐妹关系	1. 祖孙间的权利义务； 2. 兄弟姐妹间的权利义务	兄弟姐妹之间扶养的条件	借助电影《我的姐姐》的情与法进行讨论
第九章　登记离婚与诉讼离婚	1. 我国离婚立法的指导思想； 2. 登记离婚的条件和程序； 3. 诉讼离婚中的两项特殊保护； 4. 判决准予离婚的法定事由	1. 设置离婚冷静期制度的必要性； 2. 如何进行离婚诉讼中的调解	1. 以课堂辩论的方式帮助学生理解； 2. 实施调解模拟实践环节
第十章　离婚的效力	1. 离婚对当事人身份关系的效力； 2. 离婚对当事人财产关系的效力； 3. 离婚救济制度； 4. 离婚对父母子女关系的效力	如何认定夫妻共同债务以及如何清偿	采用案例讨论法开展教学

4. 课程成绩评定方式

课程成绩评定由平时成绩（占总评成绩40%）和期末成绩（占总评成绩60%）组成，均采用百分制。出勤和课堂表现占平时成绩的25%，两次案例讨论作业占平时成绩的50%，课堂实践占平时成绩的25%。期末成绩是开卷笔试所得成绩，本课程所有开课学院使用同一试卷、同一时间考查并统一阅卷。期末考查出题遵守四个原则：原则一是“考教分离”，任课教师一般不出题；原则二是题型不少于五种，案例分析不可或缺，确保全面考查学生能力；原则三是“难度分三等”，一般难度的题目占全部试题的50%，有一定难度的题目占全部试题的30%，难度较大的题目占全部试题的20%；原则四是“试卷三查”，出题教师自查，教研室主任二查，分管副院长三查。

三、课程思政教学资源及研究开发

（一）课程思政教学资源

1. 党史系列微视频

法学教授讲党史系列微视频，包括：张力教授的《中国共产党人的家风家教观》，将思政教育和婚姻家庭法课程专业教学相融合，通过深度解读《民法典》第 1043 条鼓励学生明大德、守公德、严私德；激励子孙后代增强家国情怀，努力成长为对国家、对社会有用之才。朱凡副教授的《以史为鉴，治理高价彩礼》，通过介绍中国共产党在历史中对彩礼的综合治理方式，培育学生践行社会主义核心价值观，深入推进移风易俗，利用大学课堂的教学优势以及贴近青年学生的空间优势，帮助学生树立符合社会主义核心价值观的家风家教观，从适婚青年这一主体上切实推进为婚嫁“减负”，为家庭“减压”的中心工作，将为党育人、为国育才落到实处。杜江涌副教授的《中国共产党人婚姻自由思想的法治实践》，围绕中国共产党在解放妇女、赋予妇女更大的婚姻自由中所发挥的积极作用展开讲授，将中国共产党为人民服务的宗旨自觉融入专业课程，做到专业课程中思政教育润物细无声的效果。

2. 课程思政教学视频

（1）革命爱情影剧，比如《刑场上的婚礼》《早春二月》《红色娘子军》《烈火中永生》《柳堡的故事》《永不消逝的电波》等。观摩红色电影后，教师指导学生写影评或者观后感，让学生感受革命爱情的伟大，端正婚恋价值观。

（2）学习经典，百家讲坛之《平“语”近人——习近平总书记用典》第四集《国之本在家》与第五集《报得三春晖》。通过观看以上视频，教师引导学生重视家庭家教家风建设，领会个人和家庭的前途命运是同国家和民族的前途命运紧密结合在一起的；鼓励学生心怀家国，攀登事业高峰；引导学生践行“老吾老以及人之老”的孝道理念，并使“孝道”提升到“为人民服务”的国家治理层面，纳入社会主义核心价值观领域开展学习教育。

（3）最高人民法院录制的《家事如天》系列纪录片，包括四平篇、白城篇、深圳篇、德阳篇、厦门篇、徐州篇、柳州篇共 7 集，记录了全国各地 7 座城市的家事法官们审理家事纠纷案件的风采。同学们通过线上观摩现实生活中的司法调解和司法审判真实案例，对家庭纠纷和家事法官会有更加深入、更加全面的了解。教师引导学生学习家事法官们从“心”出发，为“和”努力的办案态度，弘扬“文明、和谐、友善、法治”的婚姻家庭伦理观念。

3. 课程思政教学改革论文集

石雷副教授主编的教学改革论文集：《婚姻家庭继承法课程思政：思与行》（中国人民公安大学出版社，2023 年版），收录课程团队教师课程思政教学改革论文 10 篇，有助于提升教师课程思政能力。

4. 获奖课程思政教学案例和微课

“婚约与彩礼纠纷处理”教学案例获得 2021 年重庆市思政课程与课程思政（学科德育）高校组优秀案例二等奖；微课获得西南政法大学 2021 年微课教学比赛三等奖。

（二）课程思政教学资源的研究开发

1. 课程思政教学案例库：教学团队承担的重庆市高等教育学会 2021～2022 年度高等教育科学研究课题《婚姻家庭法学“课程思政”教学案例库建设探索》已经完成 60 个课程思政教学案例，该作品正在汇总修改，待出版。

2. 课程思政教学改革课题：石雷副教授 2022 年主持完成的重庆市教委人文社科研究项目“优良家风融入婚姻家庭继承法学课程耦合育人研究”；石婷老师主持的 2022 年重庆市教育科学规划项目“习近平家风观融入家事法课程教学的探索与实践”；陈钊老师主持的 2022 年西南政法大学校级教学改革一般项目“适龄青年婚育观”培养融入家事法教学改革路径研究等。

3. 援藏故事中的精神力量：朱凡副教授的援藏故事向学生传递“特别能吃苦、特别能战斗、特别能忍耐、特别能团结、特别能奉献”的老西藏精神，“一不怕苦、二不怕死，顽强拼搏、甘当路石，军民一家、民族团结”的“两路”精神，“缺氧不缺精神，艰苦不怕吃苦，海拔高境界更高”的援藏精神，有助于培养学生挑战极限、勇创一流的斗志和毅力。

四、教学实例

(一)教学单元:第一章婚姻家庭法概述第三节婚姻家庭法的基本原则和倡导性规定

1. 专业知识:《民法典》第1043条(优良家风条款)第1款明确规定,家庭应当树立优良家风,弘扬家庭美德,重视家庭文明建设。

2. 思政元素:家国情怀。

3. 思政内容:优良家风条款体现了《民法典》的立法目的之一,即弘扬社会主义核心价值观。优良家风传承要求从家庭教育着手提升民族优秀文化的影响力。家是青少年社会化的开端。爱国始于优良家风,积极向上的家庭教育可以帮助青少年建立正确的家国关系,深植家国情怀。"婚姻家庭法学"课程讲授中,可以通过优良家风条款的学习强调优良家风的重要性,引导学生认识家庭教育的重要性,教育学生树立优良家风、弘扬家庭美德的要旨为通过培植清正淳朴的家风,强化个体的社会责任感,增强中华民族的凝聚力。从这个意义上看,优良家风条款中蕴含的首要育人元素就是培育精忠报国的家国情怀。

(二)教学单元:第三章结婚制度第二节婚约

1. 专业知识:最高人民法院《关于适用〈中华人民共和国民法典〉婚姻家庭编的解释(一)》第5条规定。

> 当事人请求返还按照习俗给付的彩礼的,如果查明属于以下情形,人民法院应当予以支持:(一)双方未办理结婚登记手续;(二)双方办理结婚登记手续但确未共同生活;(三)婚前给付并导致给付人生活困难。
>
> 适用前款第二项、第三项的规定,应当以双方离婚为条件。

2. 思政元素:以民为本的执政理念。

3. 思政内容:我国部分地区的高价彩礼已经成为阻碍青年适婚群体结婚的障碍,为此,2019年的中央一号文件首次把高价和天价彩礼归为不良社会风气进行治理,此后,2021年、2022年的中央一号文件都提到了天价彩礼治理工作。2023 年的中央一号文件更是把农村的天价彩礼归为重点领域突出问题进行专项治理。这意味着它已经从不良社会风气演变为制约乡村发展的突出问题。国家花大力气治理天价彩礼问题,一是为了解决长期困扰地方群众的天价彩礼阻碍结婚的问题,解决人民群众的急难愁盼问题,二是为了积极应对人口老龄化的社会现实。

(三)教学单元:第九章登记离婚与诉讼离婚第二节我国登记离婚制度

1. 专业知识:《民法典》第 1077 条规定。

> 自婚姻登记机关收到离婚登记申请之日起三十日内,任何一方不愿意离婚的,可以向婚姻登记机关撤回离婚登记申请。
>
> 前款规定期限届满后三十日内,双方应当亲自到婚姻登记机关申请发给离婚证;未申请的,视为撤回离婚登记申请。

2. 思政元素:保护婚姻家庭的法律制度。

3. 思政内容:《民法典》在编纂过程中新增了离婚冷静期制度。立法机构在编纂过程中之所以最终决定增加离婚冷静期的制度,是因为 20 世纪 80 ~ 90 年代出生的大部分独生子女受社会个体主义、功利主义思潮的影响,冲动离婚的不在少数。为了维护这部分因感情出现危机的婚姻,给当事人一个冷静的时间,因此,《民法典》增设了离婚冷静期制度。这并不会剥夺当事人的离婚自由,对于考虑成熟的当事人而言,等待的 30 日不会给他们造成离婚障碍。部分民众认为这是为了提高生育率而出台的政策,这一看法存在偏颇。其本质仍然是保护婚姻家庭的利益。对当事人的有关具有经济优势的一方当事人可能转移财产等顾虑,则可以通过启动诉讼离婚程序,同时申请财产保全来解决。

五、“婚姻家庭法学”课程思政元素总览表

课程章节	重要的课程思政元素	相关联的专业知识或教学案例	所属思政维度
第一章　婚姻家庭法概述(1)	《民法典》的出台彰显了中国共产党为人民服务的宗旨。通过《民法典》婚姻家庭编的立法,不断完善婚姻家庭制度,保护妇女、未成年人、老年人和残疾人的合法权益	中国婚姻家庭立法的发展演变	1. 知识维度:认同党的政策,我国婚姻家庭制度在党的领导下日臻完善,对妇女、未成年人、老年人和残疾人的保护网日臻紧密; 2. 情感维度:家国情怀
第一章　婚姻家庭法概述(2)	《民法典》对家庭、家风和家庭文明建设进行规范,将家庭教育融入民法典中,以私法的形式对家庭教育活动予以规范。社会主义核心价值观在“婚姻家庭编”的贯彻体现	1.《民法典》第 1043 条优良家风条款; 2.《中国共产党人的家风家教观》; 3.《中国共产党人婚姻自由思想的法治实践》	1. 知识维度:认同党的政策; 2. 情感维度:家国情怀; 3. 行为维度:自觉开展家庭文明建设,传承优良家风,共产党员应引导周围群众明大德、守公德、严私德
第二章　亲属制度	家庭文明建设既要依赖法治手段,也要依赖道德文明建设	1.《民法典》第 1045 条近亲属条款; 2. 亲属法具有伦理性的特点,需要通过亲属伦理协助法律制度对亲属关系进行调整	1. 知识维度:认同党的政策; 2. 情感维度:家国情怀; 3. 行为维度:自觉开展家庭文明建设,传承优良家风
第三章　结婚制度	1. 从 2019 ~ 2021 年,整治高价彩礼已经连续 3 年写入了中央一号文件; 2. 整治高价彩礼既是解决农村地区婚嫁难题的重要抓手,也是推进城乡共同富裕的重要举措	1. 最高人民法院《关于适用〈中华人民共和国民法典〉婚姻家庭编的解释(一)》第 5 条; 2.《以史为鉴,治理高价彩礼》	1. 知识维度:认同党的政策; 2. 情感维度:家国情怀; 3. 行为维度:自觉抵制高价彩礼

续表

课程章节	重要的课程思政元素	相关联的专业知识或教学案例	所属思政维度
第四章　婚姻的效力	男女平等	《民法典》在夫妻姓名权、住所决定权、人身自由权、日常家事代理权、夫妻法定财产制等有关婚姻人身关系方面和财产关系方面都充分体现了男女平等原则	1. 知识维度：认同党的政策； 2. 能力维度：培养学生对夫妻财产制问题的研究，提升创新能力； 3. 情感维度：家国情怀； 4. 行为维度：在个人未来的婚姻生活中贯彻男女平等原则
第五章　父母子女关系	坚持最有利于未成年人原则	为更好保护子女的真实家庭关系，《民法典》第1073条规定了亲子关系异议之诉，但同时附加了“有正当理由”这一条件	1. 知识维度：认同党的政策； 2. 能力维度：培养对亲子关系制度的研究能力； 3. 情感维度：家国情怀
第六章　收养	养育之恩重如山	《民法典》第1118条规定：收养关系解除后，经养父母抚养的成年养子女，对缺乏劳动能力又缺乏生活来源的养父母，应当给付生活费。因养子女成年后虐待、遗弃养父母而解除收养关系的，养父母可以要求养子女补偿收养期间支出的抚养费	1. 知识维度：认同党的政策； 2. 情感维度：家国情怀； 3. 行为维度：在日常生活中践行孝道

续表

课程章节	重要的课程思政元素	相关联的专业知识或教学案例	所属思政维度
第七章　监护	1. 人口老龄化背景下,中国共产党致力于完善老年人权利保护制度; 2. 贯彻落实党对弱势群体的关怀,落实最有利于未成年人原则	1. 2012 年《老年人权益保障法》在第 26 条首次引入了老年人意定监护制度。《民法典》第 33 条将其修改为成年人意定监护制度,扩大了适用范围,更好地保护失能者权益; 2. 为避免未成年人脱离监护,《民法典》新增临时监护	1. 知识维度:认同党的政策; 2. 能力维度:能够帮助老年人撰写意定监护协议,通过意定监护和临时监护制度学习如何通过立法完善制度,更好地为人民群众的利益服务; 3. 情感维度:家国情怀
第八章　祖孙关系和兄弟姐妹关系	老吾老以及人之老,幼吾幼以及人之幼	祖孙间和兄弟姐妹间承担扶养义务的条件	行为维度:传承中国优良家风和孝道文化
第九章　登记离婚与诉讼离婚	1. 保护为国奉献的军人; 2. 保护女性; 3. 维护婚姻家庭	1.《民法典》第 1081 条保护军婚的规定; 2.《民法典》第 1082 条规定女性在怀孕期间、分娩后 1 年内或终止妊娠后 6 个月内,男方不得提出离婚; 3.《民法典》第 1077 条离婚冷静期的规定	1. 知识维度:认同党的政策; 2. 能力维度:学习立法机关出台离婚冷静期中所展现出的创新能力,通过完善立法解决问题; 3. 情感维度:家国情怀; 4. 行为维度:学会稳妥适当地处理家庭纠纷
第十章　离婚的效力	保护妇女儿童合法权益	1.《民法典》第 1085 条离婚后子女抚养规则; 2.《民法典》第 1086 条离婚后探望子女规则; 3.《民法典》第 1087 条离婚财产分割时,照顾子女、女方和无过错方权益的原则判决	1. 知识维度:认同党的政策; 2. 情感维度:家国情怀; 3. 行为维度:学会稳妥适当地处理家庭纠纷

（朱凡、石雷）

“房地产法”课程思政教学指南

一、“房地产法”课程简介

西南政法大学经济法学院于1989年在全国范围内率先开设了“房地产法”课程。历经30多年的发展和改革，本课程逐渐形成了一支有力的师资队伍。2010年经济法学院房地产法教研室建立，2019年经各教研室改组后成为现在的经济法基础理论与房地产法教研室。近年来，“房地产法”课程团队持续开展了一系列教学创新，推动本课程于2019年立项建设在线开放课程，2020年建成校级线上一流课程，2021年被认定为重庆市线上一流课程，2022年被认定为重庆市线上线下混合式一流课程。通过西南政法大学“老中青”三代房地产法学者的薪火相传，“房地产法”课程在持续建设中迭代更新，取得了优良的教学口碑，丰富了西南政法大学的课程体系。

“房地产法”是一门关于房地产权属关系、交易规范和行业管理等基本法律制度的专业选修课。该课程是一门面向大二和大三年级法学专业本科生开设的专业选修课程。本课程将通过解读最新法律法规，分析典型案例，追踪社会热点，探究学术难点，呈现房地产开发、房地产征收、商品房买卖、房屋租赁和物业管理五大板块的主要内容。课程以社会热点问题为切入点，旨在使学生深化对国情、世情的理解和认识，培育预防和化解房地产法律纠纷的能力，培养服务于房地产法律实务与理论研究的高素质法治人才。

二、教学目标与教学内容

（一）教学目标

本课程通过课堂教学和研讨，激发学生对房地产法相关问题的学习兴趣，帮助其系统了解房地产法的知识结构，培养其利用房地产法的相关理论分析实务案例的能力。在教学中，本课程始终将“培养什么样的人、如何培养人以及为谁培养人”放在首位，将“培根铸魂、正本清源、守正创新”贯穿于教学设计与实践的全过程，使学生深化对国情、世情的理解和认识。本课程的主要教学目标如下。

1. 价值目标：课程以习近平法治思想为指导，基于房地产的制度规范、行业发展和产权保障等视角，强化“四个意识”“四个自信”及公共价值取向教育，培养学生服务于社会主义法治建设的责任感和使命感。

2. 知识目标：在房地产法理论与实务的教学过程中，本课程引导学生了解房地产法学的发展概况，明确其研究对象与体系，全面把握房地产法的基本原则等基础理论。本课程使学生充分掌握房地产法的基本概念，理解房地产法律规范与制度架构，领悟理解房地产核心法规的立法精神，形成分析房地产现象的法治思维。

3. 能力目标：本课程培养学生独立思考，团队协作，语言表达等综合能力，使学生能够运用房地产法基本知识预防和化解常见的房地产实务纠纷。通过激发和督促学生的学习潜力，为今后其从事房地产法理论研究和司法实践奠定基础。

（二）教学内容

1. 课堂设计思路

“房地产法”课程团队在整合线上资源和线下教学经验的基础上，通过集体备课等形式重新设计混合式教学课程活动，将线上与线下教学的内容有机串联起来。课程融通了理论与实务，构建起立体化多样态的资源模块。课程团队通过对以往教学内容的重新梳理，将教科书的知识体系转化为专题化的学习过程，依托线上慕课建立了集基础知识、理论前沿、实务疑难于一体的，涵盖教学大纲、视频精讲、课件资源、经典案例、拓展阅读和考核试题等六大部分在内的立体化资源模块。课程坚持立德树人、“三全育人”，以学生为中心、以教师为主导，多方面地深挖本课程的思政元素，采取教学创新、项目驱动、全程考核等方式有序推进，将思政元素融入房地产法的知识点载体，全面贯彻到教学设计和教学方法之中，从而深入阐释“全体人民住有所居”的中国方案，着力培养既具备房地产法基础知识和应用能力，又具有经世济民理想和家国情怀的高素质人才。

2. 教学重难点及对重难点的处理

在团队开展课程思政教学的过程中,主要问题是教学方式依然没有与传统的思政课程区分开来,着力于灌输和宣传,内在的渗透性不足,没有真正实现"如盐入水"、润物无声的良好效果,课程思政的宣导性内容和专业课程本身的体系没有融合。此外,如何衔接线上和线下教学,需要充分、合理运用平时考核机制,将学生参与教学的积极性和质量情况纳入课程成绩体系,以提高学生参与度。

为了克服上述问题,本课程思政以房地产行业的政策性特征为切入点,引导学生深刻理解房地产法的理论基础和制度建构在变化的当今时代所蕴含的重要意义,这既是树立道路自信、理论自信、制度自信、文化自信进程中不可或缺的部分,也是理解我国国内国际双循环的重要意义、营商环境改善的现实价值等制度性安排至为关键的突破点。房地产法涉及人民基本居住需要的满足和国家经济体制的变革,其本身就具有非常丰富的思政元素可待挖掘。通过课程内容与思政元素的深度融合,唤起学生积极向上的学习态度、对于行业的职业担当、经世济民的家国情怀,帮助学生树立坚定的社会主义法治信念,为其将来继续钻研提供不竭的动力。

同时,课程利用中国大学 MOOC(慕课)的线上平台形成云端教学共同体,开展基于线上教学的混合式教学。课程在线慕课紧扣房地产市场发展和住房制度改革中的前沿法治问题,聚焦法律争议点,引导学生自主学习。学生可以学习教学视频、获取线上资源,通过提问、讨论、答疑等进行畅通的教学互动。为更好地服务师生熟练应用技术功能,课程组建了一支由本专业硕士研究生构成的助教团队,对接每一位课程老师。同时,课程还不断优化线上教学支持服务体系,利用反馈数据,实时分析学情并调整教学策略。

三、课程思政教学方法与评价方式

(一)教学方法

在教学中,任课教师根据授课内容和学生特点,灵活采取多种教学方法,引导学生积极思考,尽力拓展学生的知识和能力,充分调动学生的主动性、积极性和创造性。

1. 混合式教学：课程团队通过优化慕课的服务体系建设，推进线上资源更好地“建以致用”，为推动“智慧教学”理念和创建“积极、有效”的互动课堂提供环境支持。

2. 案例式教学：教师通过房地产实务案例的示范，让学生能更直观地学习；应用房地产法的典型案例，借助汇报、研讨等方式，注重启发式教育，增强线上场域与课堂场域中教与学之间的有效互动。

3. 互动式教学：教师充分调动学生参与课堂教学的积极性，结合其对房地产既有的社会生活经验，创造发言机会、设计教学活动，尝试在授课中进行情绪调动，激发并维持其思考。

4. 情景式教学：教师充分利用校内外的设施设备，为学生提供真实的教学实践场景。在课堂上也可以通过角色扮演、情景模拟的方式，将学生带入相应的任务情境。

（二）评价方式

课程创新评价方式，凸显了“以教师为中心”向“以学生为中心”的转变，改变了以往“一考”定成绩的传统方式。为了全面考查学生在知识、能力、素养方面的达成度，课程建立了“线上考核＋线下考核”的全程化考评机制。教学团队在线上建立了动态更新的试题库，通过 6 次单元检测、1 次单元作业、5 次课堂讨论以及 1 次期末检测，帮助学生掌握记忆、理解、应用等知识目标和能力目标。线下考核主要是通过论文或法律文书撰写、经典案例评析等方式挑战房地产法前沿问题，培育学生分析、评价和创造层面的高阶认知。

四、课程思政教学资源及研究开发

本课程以习近平法治思想为指导，结合西南政法大学的办学定位，依托经济法基础理论与房地产法研究室，致力于培养“博学笃行，厚德重法”的新时代复合型法治人才。课程教师均为“全国高校黄大年式教师团队”“全国教育系统先进集体”和“全国党建工作标杆院系”的骨干，传承了老一辈教师良好的师风师德，通过教研活动和教学互动实现了全员思政育人。

（一）教学内容重构：深挖课程思政的元素

房地产行业具有浓郁的时代性、政治性和政策性特色，课程围绕房地产法律实务中的典型案例，寓价值观引导于知识传授和能力培养之中，帮助学生塑造正确的世界观、人生观、价值观。课程通过对地权的逻辑、房地产开发、房地产征收、房地产交易和物业管理等板块的专题式梳理，有机融入土地革命等党史学习教育、爱国主义教育、职业伦理教育、社会科学探索精神教育等内容，以房地产行业的飞速发展展示中国社会经济的巨大进步，从而强化“四个意识”“四个自信”及公共价值取向教育，开阔学生的多学科视野、熏陶法律职业伦理、培养经世济民的家国情怀。

（二）教学资源建设：构建立体化资源模块

课程团队依托经济法基础理论与房地产法教研室的组织保障，通过支部党建和中心工作融合发展、课程思政集体备课、老中青“传帮带”、专项培训等方式，全面提升教师思政建设意识和能力。课程团队共同发挥战斗堡垒的作用，将课程思政落实到目标设计、大纲修订、教案编审各方面，贯穿于备课、授课、教研等环节，形成围绕课程思政的教学交流。同时课程团队对以往教学内容重新进行了规划设计，将教科书的知识体系重构为专题化授课体系，并依托线上慕课建立了集基础知识、理论前沿、实务疑难于一体的，涵盖教学大纲、视频精讲、课件资源、经典案例、拓展阅读和考核试题等六大部分在内的立体化资源模块，其中包含 36 个视频资源（共计时长 433 分钟），74 个非视频资源。

（三）教学方法探索：丰富思政元素的融入方式

课程按照“素材＋元素＋载体＋应用”四要素相结合的模式开展课程思政，尤其注重挖掘思政元素的教材、案例、社会热点事件等素材，将思政元素全方位融入每一个教学阶段。课程团队基于本课程的内容和大一学生的特点，开展多元混合教学模式，灵活创新教学方法和手段，体现知行合一，引导学生积极思考、乐于实践，打造优质课堂。线上教学以有趣案例、社会热点事件激发学生学习兴趣的同时，将思政元素潜移默化融入教学之中。线下教学则通过开展翻转课堂、模拟法庭等一系列教学活动，充分调动学生的积极性和创造力，筑牢学生的价值观。

五、教学实例

（一）房地产法导论

房地产法导论是“房地产法”课程的第一节课，如何体系化地介绍房地产法学的知识概要，在一定程度上决定了学生能否具有继续学习本课的兴趣。课程通过介绍“世界人居日”的由来，启发学生思考住房需要所辐辏的各种社会问题以及房地产法所具有的社会机能，在此基础上，深入阐释党的二十大报告指出的“坚持房子是用来住的、不是用来炒的定位，加快建立多主体供给、多渠道保障、租购并举的住房制度”。通过分析房地产业为什么会成为我国的支柱性产业，教师引导学生思考房地产法的产权保障、行业管理和交易规范三项主要的制度功能，理解房地产宏观调控政策与房地产法律适用之间的互动关系，由此树立学生坚定的社会主义法治信念，并塑造学生良好的价值观。

（二）土地使用权出让制度

首先，课程通过导入电影《美人鱼》关于土地开发的片段，用精彩的情节引发学生的求学兴趣。其次，课程结合我国城镇化大发展的用地需求和粮食安全保障之间的紧张关系，引导学生正确认识我国土地出让制度的优势和问题，使其对长期以来的建设用地制度改革有所了解，并努力探索未来的制度完善之道，由此树立起学生的法律职业责任感。再次，课程通过分析国土资源部（2018 年改为自然资源部）《招标拍卖挂牌出让国有土地使用权规定》对三种竞争性出让方式适用范围与效力的规定，引导学生认识到建设用地使用权公开出让的重大意义和当下面临的各种挑战。最后，教师组织学生研讨“时间集团公司诉浙江省玉环县国土局土地使用权出让合同纠纷案”，辨析实务案例中土地出让过程中要约与要约邀请的区别，使学生加深对相关概念的理解。

（三）商品房预售制度

课程在教学中适时融入结合短视频呈现的社会热点事件，引导学生重视实务，结合所学知识分析争议焦点。首先，通过正确认识期房交易方式具有的各种风险和补救方式，使学生理解商品房预售许可证制度的社会价值。按照司法解释的相关规定，无证预售的买卖合同原则上无效，但此种规定也引发了不少争议。通过课前发放“紫杉庄园案”完整判决书资料，教师归纳总结争议焦点，引导学生自主探寻答案。其次，教师在课中利用翻转课堂展示、分组讨论及课堂辩论的方式来深化学生理解学习内容。基于“紫杉庄园案”二审裁判要旨，课程阐明社会主义核心价值观融入裁判文书释法说理的必要性和重要性，无缝融入课程思政，并且在思考深度上层层推进。最后，课程立足房地产预售制度的存废两方面，将微观体验与宏观情怀融为一体，细化具有专业特色的课程思政。

六、“房地产法”课程思政元素总览表

课程章节	重要的课程思政元素	相关联的专业知识或教学案例	所属思政维度
第一章　房地产法导论	1. 情感层面：通过展示我国房地产的发展成就和未来面临的挑战，激发学生的家国情怀及使命担当，坚定“四个自信”； 2. 价值层面：通过法律实务案例的分析和思考，塑造学生的法治理念、规则意识和公平正义观	1. 重点：房产与地产的关系；房地产与相关概念之间的区别；房屋所有权的不同类型。 2. 深入拓展：在学生理解基本概念和制度框架的基础上，课程帮助其深入领会房地产的社会文化意义，对新中国成立后政府解决广大人民的居住需要的巨大成就产生情感共鸣，同时也对当前房地产市场面临的挑战产生思考。 学生在学习房地产法律制度的体系构成与制度功能的基础上，结合具体的房地产实务案例，深入理解房地产法的产权保障功能、交易规范功能和行业管理功能	政治认同

续表

课程章节	重要的课程思政元素	相关联的专业知识或教学案例	所属思政维度
第二章　房地产用地法律制度	党的十八大以来,关于城市土地与农村土地交易的论述,及推进农村土地制度改革,集体经营性建设用地入市的可行性与必要性	1. 重点:土地所有权的二元性;国有建设用地使用权不同性质;不同用途的土地。 2. 难点:如何通过举示集体土地上房屋交易与国有土地上房屋交易案例来解释两种交易的不同风险及风险规避方法;解释清楚国家土地所有权与集体土地所有权权能差别及其形成原因及发展方向。 3. 深入拓展:我国国有农用地与林业用地的改革方向;集体经营性建设用地入市对土地征收制度的影响	宪法法治意识
第三章　房地产开发法律制度	“要坚持房子是用来住的、不是用来炒的”定位,稳地价、稳房价、稳预期的政策导向,房地产精准调控的含义	1. 重点:施工合同法律关系;建设工程款优先受偿权。 2. 难点:土地出让合同的性质、土地出让方式的创新、如何改进并完善施工合同分包制度。 3. 深入拓展:开发者资质管理制度的改革方向;土地出让制度的改革与地方财政收入的关系;建筑法如何扩大自身的调整范围。 4. 案例研讨:长春泰恒房屋开发有限公司与长春市规划和自然资源局建设用地使用权纠纷案	政治认同
第四章　房地产征收法律制度	一方面,通过讲解房地产征收制度的发展历程,让学生真切体会到社会主义法治的巨大进步,寓价值观引导于知识传授和能力培养之中。另一方面,引导学生关注农	1. 重点:征收的概念与特征;公共利益原则;正当程序原则;公平补偿原则。 2. 难点:社会主义法治进程中征收制度的理念更新;公共利益的认定难点;商业开发与公共利益之间的辩证关系;征收与补偿的关系;征收补偿的标准内涵。	宪法法治意识

续表

课程章节	重要的课程思政元素	相关联的专业知识或教学案例	所属思政维度
	村征地制度的改革问题，树立法律人的家国情怀和职业理想	3. 案例分析：王某某等3人诉吉林省长春市九台区住房和城乡建设局紧急避险决定案（最高人民法院典型案例）；赵某诉重庆市沙坪坝区国土资源局、重庆大川集团房地产开发有限公司土地行政管理案（最高人民法院公报案例）	
第五章　商品房预售法律制度	中央及地方商品房预售制度中的资金监管规则是为保障购房者合法权益而作出的必要制度安排，其目的是促进房地产市场健康稳定发展，使之更加符合社会主义市场经济规律	1. 重点：商品房预售的概念与特点；商品房预售的基本条件；商品房预售的立法设置相关条件的背景。 2. 难点：对商品房预售制度的评价。 3. 深入拓展：商品房预售制度的国际经验；商品房预售制度存废争论	家国情怀
第六章　商品房按揭法律制度	首先，通过介绍商品房按揭制度在我国的发展和完善，并且深度剖析背后的中国问题，加强学生的政治认同和国家意识。让学生感悟我国住房快速发展和社会主义法治保障的过程性和先进性，从而深刻理解按揭制度的中国化及其本土特色。其次，通过对按揭法律关系的分析和疑难问题的讲解，培养学生的学术志向。最后，通过对商品房按揭的风险分析，培养学生法律职业伦理的认知	1. 重点：本节课的教学重点在于让学生掌握商品房按揭的基本概念，能够分析其中复杂的法律关系，包括买房人的权利义务、开发商的权利义务和按揭银行的权利义务。 2. 难点：分别基于买房人的视角和基于银行的视角，分析商品房按揭的法律、经济等风险，并且能够进一步上升到社会整体利益和经济平稳发展的角度，理解商品房按揭可能造成经济危机的风险。 3. 深入拓展：从制度逻辑上剖析按揭的法律控制，结合管理学、经济学的知识综合分析预售款的事前和事中监管和法律纠纷的事后处理	家国情怀

续表

课程章节	重要的课程思政元素	相关联的专业知识或教学案例	所属思政维度
第七章　商品房买卖法律制度	党的十八大以来，我国高度重视房地产领域所反映出的各种问题，党中央把“实现全体人民住有所居目标”作为一项重要改革任务，有力推动了房地产买卖领域问题的解决。引导学生坚定“四个自信”，将社会主义核心价值观内化为精神追求，坚持以房屋买卖市场的问题为导向，立足中国实际，分析解决房屋买卖纠纷	1. 重点：房屋买卖合同的效力；房屋买卖合同的变更及解除。 2. 难点：商品房交易类型林林总总，如何让学生运用购房合同的基础知识，管中窥豹、举一反三，分析不同交易类型的购房合同的效力，是本讲的难点。 3. 深入拓展：作为买房者，如何谨慎购房，维护自己的合法权益；购房合同陷阱的法律规制完善路径	文化素养
第八章　房屋租赁法律制度	党的十八大以来，“房住不炒”的理念已深入人心，在此理念指导之下，中央各部门及各地政府积极试点“租购同权”，即承租人与业主在社会公共服务方面的同权、在共享小区资源方面的同权。本节课通过承租人权利之保护，可进一步引申出“租购同权”这一话题，让学生理解国家在保障公民居住权方面所作的有益探索	1. 重点：房屋租赁以及房屋租赁合同的概念、特征；房屋租赁合同的内容与要件；合同当事人的权利与义务。 2. 难点：房屋转租以及房屋租赁中的特殊规则，是本节课的教学难点。 3. 拓展深化：住房租赁合同登记制度；租购同权是幻想还是现实	政治认同

续表

课程章节	重要的课程思政元素	相关联的专业知识或教学案例	所属思政维度
第九章 物业管理法律制度	物业纠纷是社区基层治理中的一个难点问题。本章旨在引导学生理解业主自治的重要功能与价值意蕴，了解现实中常见的典型物业纠纷，并探索物业管理法律制度的完善之道，继续思考我国的基层社会治理的制度化法治化问题	1. 重点：业主、业主委员会和物业服务公司之间的关系；业主委员会的成立。 2. 难点：如何理解物业管理和物业服务之间的关系，物业管理与业主自治之间的关系，是本讲的难点。 3. 拓展深化：业主自治的现实困境；业主自治、居民自治与社区综合治理	道德修养

（杨惠、马勇）

“消费者保护法”课程思政教学指南

一、“消费者保护法”课程简介

本课程是本科生通识选修课程之一，主要面向全校各专业的本科阶段学生，旨在依托教学活动，以习近平新时代中国特色社会主义思想为指导，引导学生坚持以人民为中心的发展思想和消费者至上的理念，通过帮助学生掌握消费者保护法的基本概念、基本理论和基本体系，熟悉消费者保护领域的有关法律、法规和政策，引导学生深入经济法治实践、关注现代消费维权，培育学生德法兼修、诚实守信的职业素养，提高学生运用法治思维和法治方式维护自身权利、参与社会公共事务、化解矛盾纠纷的意识和能力。课程以消费者保护法知识为载体，强化政治引领和思想育人，既紧扣时代发展又回应学生关切，既具备深厚学术积淀又有效激发学生求知欲望，全面实现课堂主渠道功能发挥的最大化，主要内容包括消费维权的概述及其学习方法、消费争议解决、消费安全权与知情权、消费公平保护、消费售后服务、消费侵权的破解、衣食住行中的消费维权、平台经济中的消费维权、金融消费中的消费维权、消费维权的方式与技巧等专题。本课程的特色在于：坚持学生中心，重在自我建构；坚持方法多元，重在育人创新；坚持过程考核，重在能力提升。

二、教学目标与教学内容

（一）教学目标

本课程坚持马克思主义的立场观点方法，以立德树人为指引，深入挖掘课程思政元素，将习近平新时代中国特色社会主义思想融入课堂进行讲授，以国家层面的价值目标引导学生深入经济法治实践、关注现代消费维权，培育学生德法兼修、诚实守信的职业素养，最终着眼于学生的“德法兼修”与全面成长,全面实现价值塑造、知识传授、能力培养的有机统一。

(二)教学内容

1. 课堂设计思路

本课程以习近平新时代中国特色社会主义思想为指导,通过以“问”带“学”、以“点”带“面”的知识板块设计,在维持消费者保护法基本理论逻辑框架的同时,借助消费维权的经验性、场景化特点,为学生打造一个逻辑周延而不失实践指向、深浅相宜又不失整体严谨的知识树体系。通过强化政治引领和思想育人,本课程在内容设计上尤其突出了课程育人价值,围绕人民至上、法治教育、诚信正义等方面挖掘思政元素,提升学生对消费者权益保护制度的认识、理解与运用,引导学生积极利用法律作为武器,在生活中保护自己的合法权益,形成学生们“看得见”的思政效果。

2. 教学重难点及对重难点的处理

本课程的教学重点是在“消费者权利—经营者义务”的分析框架下,深入挖掘习近平新时代中国特色社会主义思想、社会主义核心价值观、中华优秀传统文化、法律职业伦理等思政元素。消费者问题的产生是消费者保护法产生的底层逻辑,而权利义务的特殊配置构成了消费者保护法的基本特征。学生对这一原理的认识将直接影响学生对整个消费者保护法的掌握程度,与此同时,如何寻找其中的思政元素也是一个挑战。

本课程的教学难点是专业知识与思想价值之间的深度融合问题。在课程思政教学实践中,教师容易把课程思政片面理解为游离于传统教学之外的附加行为,有时并未根据教学模式的变化而全面更新自己的授课技巧,没有认真研究“将课程目标由知识传递转变为价值引领”的引导启发式授课技巧,没有揣摩如何调动课堂讨论氛围和引导学生将实现个人价值与国家发展、民族复兴紧密相连,导致课程思政实践中生搬硬套和“贴标签”空洞说教的现象仍然存在。针对上述教学重点、难点,本课程始终围绕“学”来展开教学活动,既紧扣时代发展又回应学生关切,引导学生学会自主构建消费者保护法的知识体系,从零散的知识碎片化转向消费者保护法理论框架的建立,从“要我学”逐渐转向“我要学”,从只关注“消费者权利是什么”转向“如何消费维权”,最大限度地激发学生的内在潜力与学习动力,使教育过程真正成为学生自主自觉的学习活动和知识建构与自我建构的过程。例如，在讲授消费者权利时，课前教师可以要求学生阅读一定数量的文献资料，指引学生认识消费者的具体权利，查找生活中的消费侵权问题，形成问题意识；课上注重师生互动，讲清各项消费者具体权利的前世今生，指引学生从公平、诚信、正义的角度来看待消费者权利在实践中被侵害的情景；课后通过总结归纳，指引学生深化对多途径维护消费者权益的认知。

三、课程思政教学方法与评价方式

（一）教学方法

在遵循教学规律的基础上，本课程特别强调要注重师生互动、案例教学和现代信息技术应用，既充分发挥“消费者保护法”课程本身的专业特色，又结合习近平新时代中国特色社会主义思想提炼出法治素养、社会责任、文化自信等要素，把知识教育同价值观教育、能力教育进行有机融合。同时，本课程借助启发式、探究式、讨论式、参与式的教学方式，在课堂上特别注重课堂话语传播的有效性，强调社会主义法治人才培养中的“德法兼修”，不断提升学生对法学专业课程学习的专注度，也指引学生从认知、情感和行为层面实践对党的创新理论的政治认同、思想认同、情感认同。具体而言，本课程从以下三个层面探索与实践：

一是采用对话教学法、案例教学法、互助教学法等先进教学方法，全面提升课堂教学的“鲜活度、灵活度和实用度”，引导学生结合国情民情与社会经济发展实践开展自主式学习，并使其获得法律知识与实操技能的过程成为学会学习和学会思考的过程。

二是注重“理论分析”、“法条诠释”和“实务操作”的有机融合，通过对最高人民法院指导案例、“3·15”典型案例的研讨，增强学生对我国现有的消费者保护规则与应用的理解能力与实践能力。

三是强调“事实重演”、“证据呈现”和“程序把控”的结合，通过消费维权典型案例的讨论，将抽象的理论知识和生动的案例连接起来，在事实、证据、程序、细节等多个环节将理论知识和案例情境予以结合，从而提升学生消费维权的实操能力。

(二)评价方式

为了突出对学生的价值性塑造,本课程对学生的考核评价日趋多维全面。不同于过往主要以终结性评价为主的考核方式,本课程在评价方式上采取多类型、多层次,课前和课后结合的评价方式,突出多维、多层、全面的评价与考查,强化德智并举和过程评价,特别是在过程性评价中强化对学生法律职业能力的考查,如法律规范的诠释、法律事实的还原、法律逻辑的推理、法律职业的表达等。考核形式也可以多元丰富,包括文献阅读、讨论及发言、案例评析等。借助考核方式的多元化改革,可以大大提升本科生参与课程教学的积极性、主动性与学习效果。同时,在评价内容上,本课程将育人效果评价从单一的专业知识维度,向人文素养、职业胜任力、社会责任感等多个维度延伸,强调知识传授与价值观教育的同频共振,既关注学生对消费者保护法课程知识本身的学习,又考查学生对习近平新时代中国特色社会主义思想的认知,从而实现知识教育与价值观教育、能力教育的有机结合。

四、课程思政教学资源及研究开发

(一)教学资源

法学专业课程本身就蕴含着丰富的思政元素,具有明显的价值倾向、家国情怀。“消费者保护法”课程通过深度挖掘和提炼消费者保护理论中所蕴含的思想价值和精神内涵,在教学内容中有机融入“增进民生福祉是发展的根本目的”“让人民群众有更多的获得感、幸福感、安全感”“保护人民人身权、财产权、人格权”“加快形成消费者自由选择自主消费的现代市场体系”等重大思想论断,全面回应“着力构建市场机制有效、微观主体有活力、宏观调控有度的经济体制”的民生诉求,科学合理拓展课程的广度、深度和温度,增加课程的知识性、人文性、回应性,提升课程的引领性、时代性和开放性。

例如,在讲授消费者主权时,课程聚焦以人民为中心的发展思想,通过分析典型案例,引导学生明确人民至上的理念,进一步强调社会主义法治人才的历史责任与社会使命。又如,在讲授“经营者履行法定或约定义务”时,课程结合社会主义核心价值观和中华优秀传统文化,向学生重申诚信是市场经济的核心和我国传统文化的重要理念,强调市场经济不仅是法治经济也是信用经济,为学生全面认识与理解“完善市场经济体制,夯实诚信经济基础”等内容提供理论支撑。

(二)研究开发

首先,课程教学进一步凸显社会主义核心价值观。通过集体备课、专题研讨和互相听课的方式,确保每名教师都能充分挖掘本课程所蕴含的思政教育元素和所承载的思政教育功能,把思想政治教育与专业技术技能统一起来。其次,课程教学进一步培养学生的法治意识和对中华优秀传统文化的继承。中共中央、国务院印发的《新时代爱国主义教育实施纲要》明确指出,要推动爱国主义教育贯穿国民教育和精神文明建设全过程。作为通识选修课,本课程内容应当充分体现时代性,教师在专业知识传授中也应当注重主流价值观引领,由近及远、由表及里、引人入胜地引导学生理解社会制度的历史性变革和国家取得的历史性成就,让爱国主义成为当代青年的坚定信念和自觉行动。最后,课程思政教学进一步突出理论面向与实践面向的结合。课程思政要求把教师的政治态度、政治认同融入专业课程教育教学中,寓价值观引导于知识传授之中,使学生在渴望求知的兴奋、愉悦和暗示下接受熏陶。因此,课程思政教学资源的研发要跳出“静态”“孤立”的课程思政建设观,要既重视课程思政的文本取向,也重视课程思政的实践取向,更重视课程思政的人本取向,把课程打造成为学习内容丰富多样、师生关系和谐平等的平台,有效启发学生自觉认同,促进学生自由全面发展。

五、教学实例

(一)实例一:社会主义核心价值观之“诚信”

1. 教学内容

本专题是“消费售后服务”,主要知识点为:(1)消费者的“后悔权”;(2)经营者的瑕疵担保义务;(3)惩罚性赔偿;(4)食品药品领域“知假买假”的认定。

本专题的课程思政元素为:无论是消费者的“后悔权”,抑或经营者的瑕疵担保义务，都有利于发扬我国社会主义核心价值观中的诚信价值。消费者的“后悔权”可以看作消费者知情权、选择权的延伸，一方面要求消费者在主张这一权利时应当本着诚实守信之原则；另一方面也是从消费端加强对经营者诚信经营的约束。而惩罚性赔偿则是经营者违反诚信原则后，法律给予其的负面评价。

2. 教学目标

（1）知识与技能：学生认识“后悔权”并了解其构成要件，同时掌握“后悔权”适用除外的情形；理解经营者的瑕疵担保义务的概念及其内容；掌握惩罚性赔偿的内涵、适用条件以及计算方法；理解在食品药品领域可以“知假买假”的原因。

（2）过程与方法：通过课堂讲授和案例讨论结合的教学方法，本课程让学生认识与理解“后悔权”、经营者的瑕疵担保义务、惩罚性赔偿，培养学生收集资料、案例分析、方案准备、总结归纳、抽象概括的能力，以及发展学生的竞争法治意识和实际操作能力。

（3）情感、态度与价值观：通过上述教学重难点对“诚信”这一思政元素的挖掘，组织学生讨论“知假买假”行为对社会的诚信氛围造成的影响，以及对于大学生诚实守信意识培养的影响。

3. 重点难点

（1）教学重点：准确掌握消费者后悔权适用的要点以及适用除外的情形；惩罚性赔偿的适用要件以及计算方法。

（2）教学难点：“后悔权”的法理基础以及适用过程中“不宜退货”“应当完好”“另有约定”的解释；惩罚性赔偿适用的要件；为什么在食品药品领域可以“知假买假”。

4. 教学案例

（1）代表性案例

2022 年 3 月 10 日，孙某从某酒行购买山东某酒业公司生产的金箔酒 6 箱，共计 36 瓶，价款 14，328 元，次日该酒行出具增值税电子发票，孙某全程拍摄视频保留证据并授权委托律师处理该买卖合同纠纷。

同年 3 月 13 日，孙某与市民王某某在金街某超市，孙某指认涉案金箔酒后，王某某从货架上取下并购买涉案金箔酒 5 瓶。次日，孙某向市场监管部门举报,要求依法查处金箔酒生产和销售行为并对孙某给予举报奖励。

2022 年 4 月 1 日,孙某以经营者和生产者为共同被告向人民法院提起民事诉讼,要求被告退还货款 14,328 元并主张 10 倍赔偿。孙某的依据是国家市场监管总局、国家卫生健康委、海关总署于 2022 年 1 月 29 日发布的《关于依法查处生产经营含金银箔粉食品违法行为的通知》,该通知第 1 条规定“食品生产者不得采购使用金银箔粉生产加工食品”。

(2)案例选取说明

普通商品领域的“知假买假”索赔,或如本案中的原告非出于食用目的购买食品、药品的,因其购买行为不属于为生活消费需要购买商品,其不具备消费者主体资格,不能要求惩罚性赔偿。但食品、药品领域的“知假买假”行为,因其所涉领域的特殊性,许多生效判决并没有以职业打假人牟利性打假而否定其在食品、药品领域中的消费者身份,其要求赔偿的行为一般不为法律所禁止。本案涉案产品在 2016 年生产时是合法的,但在《关于依法查处生产经营含金银箔粉食品违法行为的通知》发布后,酒行的经营即违法,应当停止出售。

设计目的:通过案例式教学,使学生充分理解食品药品领域惩罚性赔偿的运用。

5. 教学设计

(1)学生分组与准备

本课程将教学班分为 9 小组,每组大约 8 人。所有学生在课前均需根据指定的参考资料进行认真研读,围绕教师提出的思考问题梳理出拟要学习部分的基本概念、主要理论争议与实践难题,特别是要结合现实生活中的“后悔权”、经营者瑕疵担保义务以及惩罚性赔偿的适用问题进行思考,并在课中和课间与教师进行沟通、交流。

经过课前准备,学生基本可以全面掌握本专题的主要难点与重点,能够有效地跟随教师的指引进行相关问题的研讨与分析。

(2)课中互动

在学生提前充分准备的基础上,教师按照《消费者权益保护法》的理论逻辑,针对消费售后服务专题需要特别关注的问题,如“反悔权”的适用除外问题、惩罚性赔偿的适用要点,通过案例逐一进行讲授。在讲授过程中,主讲教师随机抽点不同小组的同学就相关问题进行解释与说明。同时,根据教学设计,主讲教师安排各小组采取团队的形式进行课堂展示,并确保课堂展示环节全面覆盖所有同学。

(3)课后讨论与知识扩展

思政启发:试分析“惩罚性赔偿”制度对于弘扬中国特色社会主义核心价值观中的公正价值的作用。

专业应用:一是简述“商品完好”的判断标准;二是《消费者权益保护法》规定消费者是为生活消费而购买产品,而职业打假人明显是“知假买假”,不是为了消费(简述职业打假人的法律性质);三是简述适用惩罚性赔偿的3种情形。

(二)实例二:党的二十大报告之“全面推进科学立法、严格执法、公正司法、全民守法”

1. 教学内容

本专题主要内容是消费争议的解决,主要知识点为:(1)消费争议的赔偿主体;(2)消费争议的赔偿内容;(3)消费争议的解决方式。

本专题的课程思政元素为:我国立法对消费争议解决过程中的相关主体、解决方式和法律责任的规定,赋予了我国消费者完备的法律维权武器,也给予了法院、消费者保护协会等纠纷解决机构在消费争议解决过程中的行为依据,这也是贯彻落实党的二十大报告之“全面推进科学立法、严格执法、公正司法、全民守法”的基本要求。

2. 教学目标

(1)知识与技能

学生了解消费争议中赔偿主体的认定,并掌握消费争议的解决路径,能够灵活运用所学知识。

(2)过程与方法

本课程通过课堂讲授和案例讨论相结合的教学方法,让学生认识与理解消费争议的责任认定及其解决路径,培养学生收集资料、案例分析、方案准备、总结归纳、抽象概括的能力,发展学生的竞争法治意识和实际操作能力。

(3)情感、态度与价值观

本课程引导学生深入消费实践、关注争议解决的现实问题,体验消费者保护法知识与现代市场体系的联系,关注社会民生问题,运用所学知识解决生活中的消费争议问题,并从中获得正向的价值体验。

3. 重点难点

(1)教学重点:准确认定消费争议的责任主体;5 种消费争议解决路径的优缺点。

(2)教学难点:网络消费场景下的相关责任的划分;精神损害赔偿的前提与基础;消费争议解决路径的灵活运用。

4. 教学案例

(1)代表性案例

消费者刘先生在某电商平台上的某自营店铺抢购了 2 瓶单价为 1499 元的“茅台飞天酱香型白酒”。付款后,电商平台 APP 系统显示下单成功。但 4 分钟后,刘先生突然收到平台短信,显示订单已取消并已完成退款。当刘先生与平台客服人员沟通时,客服人员称,订单取消是系统审核自动拦截而非人工操作,订单取消后无法恢复,建议刘先生重新预约抢购。刘先生向“12315”消费者投诉举报热线投诉,要求平台补足货品数量,但协商无果。

刘先生认为,电商平台单方取消并删除已经支付完成的订单构成违约,故将该电商平台 APP 的开发者 A 公司诉至北京互联网法院,要求 A 公司继续履行合同,并赔偿其经济损失 1 元。但被告 A 公司辩称,其不是该电商平台 APP 的经营者及销售者,该电商平台 APP 的实际经营者为其关联公司 B 公司,因此其不属于适格被告。

(2)案例选取说明

网络购物的渠道日益丰富,但如果发生消费纠纷,分清责任主体的难度也在增加。网络上商品或服务的进入端口纷繁复杂,而 APP 在公示商品或服务的提供者身份方面存在诸多问题:有的网店经营者已经易主,却未进行公示;某些平台的自营店铺,实际服务的提供者并非平台本身……在上述情况中出现消费纠纷时,消费者应该怎么办?这是很多学生在生活消费中常常困惑的问题。随着网络消费市场的快速发展,消费新模式、新业态不断出现,因责任主体不明而导致维权“一波三折”的现象不时发生,故该案具有典型性和代表性。

5. 教学设计

(1)学生分组与准备

本课程将教学班分为9小组,每组大约8人。所有学生在课前均需根据指定的参考资料进行认真研读,围绕教师提出的思考问题梳理出拟要学习部分的基本概念、主要理论争议与实践难题,特别是要结合现实生活中的消费场景,就遇到的消费争议及其如何解决进行思考,并在课中、课间与教师沟通和交流。

经过课前准备,学生基本可以全面掌握本专题的主要难点与重点,能够有效地跟随教师的指引进行相关问题的研讨与分析。

(2)课中互动

在学生提前充分准备的基础上,教师按照《消费者权益保护法》的理论逻辑,针对消费争议解决专题需要特别关注的问题,如网络平台消费的维权问题,消费争议解决路径的适用要点,通过案例,逐一进行讲授。同时,教师通过模拟侵权场景,引导学生识别侵犯消费者权益的主体范围、责任内容,确保所有同学真正理解并掌握知识点。

(3)课后讨论与知识扩展

思政启发:结合以民为本的法治理念,分析在消费纠纷中,消费者协会调解的制度优势。

专业应用:一是试探讨消费者协会作出的调解协议是否具有法律效力;二是结合司法、执法实践,讨论我国精神损害赔偿的衡量标准。

(三)实例三:金融消费领域的“发展与安全”

1. 教学内容

本专题是金融消费的法律问题,主要内容为:(1)“现金贷”“校园贷”乱象与规制;(2)金融消费纠纷的解决机制;(3)“现金贷”乱象的问题根源。

本专题的课程思政元素为:经历强监管后,我国互联网信贷领域逐渐步入规范化、制度化发展的轨道,金融消费者权益得到一定程度上的维护。在新的发展时期,如何促进这一领域健康发展,需要落实习近平法治思想,坚持以法治为引领和保障,贯彻新发展理念,用“科学立法、严格执法、公正司法、全民守法”的方针指引法治实践。

2. 教学目标

(1)知识与技能:使学生认识“现金贷”“校园贷”并了解其危害,掌握从消费者保护法的角度看金融消费纠纷的解决机制;认识“现金贷”乱象问题的根源,并思考法律应如何规制。

(2)过程与方法:本课程通过课堂讲授和案例讨论相结合的教学方法,让学生认识与理解“现金贷”“校园贷”的法律规制路径,培养学生收集资料、案例分析、方案准备、总结归纳、抽象概括的能力,发展学生的消费维权意识和实际操作能力。

(3)情感、态度与价值观:随着我国经济发展取得重大成果,人们的物质水平有了极大丰富、消费观念发生转变,在年轻人群体中,越来越多的人选择超前消费、贷款消费。本课程通过对“现金贷”“校园贷”乱象的分析和介绍,引导学生形成正确的消费理念,认识金融消费过程中的发展与安全问题,增强自身抵御消费诱导、识别消费陷阱的能力。

3. 重点难点

(1)教学重点:金融消费纠纷的解决机制。

(2)教学难点:“现金贷”乱象的问题根源及其法律规制。

4. 教学案例

(1)代表性案例

案例一:某大学生借款 5 万元(对方要求扣除 2000 元上门费和 8000 元中介费,实际到手 4 万元),并按照对方要求出具了借款 9 万元的借条。对方告知,若按时还款无须按借条借款数额返还。随后因为一次次的“借新还旧”,最终该大学生背上了超 100 万元的负债。

案例分析:利用学生资金需求的急迫性和法律意识的缺乏,诱骗其开出远超其实际借款金额的借条。

案例二:2017 年 4 月,广州某教育机构通过“培训课程费”为由诱骗大学生参加“即分期”贷款,致使 270 名学生惨遭诓骗。

案例分析:此类“校园贷”诈骗实为诈骗分子通过虚假宣传的方式诱骗学生参加贷款缴费。

案例三:某大学生通过网络向他人借款 3000 元,月息 270 元。对方要求该大学生提供全身裸体照片及视频、身份证和家属电话号码作为贷款抵押和担保。该大学生按要求提供后,对方以照片和视频人像不像同一人为由拒绝放款,并向该大学生及其家人勒索1000元,否则将该大学生裸照发至网上。此事件造成该大学生心理极大压力,被迫休学。

案例分析:“裸条贷”往往给借贷者造成心理上的压力,致使借贷人不堪其扰而采取极端做法。

案例四:某大二学生郑某向同校学生王某借款2000元。王某以创业为名,游说郑某当他的代理人,每发展一个同学就能拿1000元提成。此后2个月,郑某发展了20多个下线,下线又继续发展下线,按照逐层提成的方式郑某获利5万余元。后王某、郑某被公安机关以诈骗罪立案拘留。

案例分析:不法分子借助“校园贷”平台,利用传销方式进行逐级敛财,涉案学生同时也是受害人。

(2)案例选取说明

当前,一些非法“校园贷”机构为逃避监管,不断变换花样,更换“马甲”,抓住学生思想单纯、社会经验不足、缺乏金融知识等特点,打着就业培训、职业介绍等名义,诱骗学生贷款,使学生深陷“校园贷”陷阱。上述典型案例可以反映现在“校园贷”的一些基本套路,可以为同学们认识“校园贷”,并从法律角度思考相关问题提供场景。

5. 教学设计

(1)学生分组与准备

本课程将教学班分为9小组,每组大约8人。所有学生在课前均需根据指定的参考资料进行认真研读,围绕教师提出的思考问题梳理出拟要学习部分的基本概念、主要理论争议与实践难题,特别是要结合现实生活中的金融消费场景,就遇到的金融消费争议及其如何解决进行思考,并在课中、课间与教师沟通和交流。

经过课前准备,学生基本可以全面掌握本专题的主要难点与重点,能够有效地跟随教师的指引进行相关问题的研讨与分析。

(2)课中互动

在学生提前充分准备的基础上,教师按照《消费者权益保护法》的理论逻辑,针对金融消费争议解决专题需要特别关注的问题,如“现金贷”“校园贷”的运行模式问题、金融消费纠纷如何解决问题,通过案例,逐一进行讲授。

同时,教师通过模拟侵权场景,在慕课讨论区就“我身边的‘校园贷’”话题展开讨论,引导学生识别“现金贷”“校园贷”的危害以及法律规制,确保所有同学真正理解并掌握知识点。

(3)课后讨论与知识扩展

思政启发:结合国家、学校和家庭三者的角色,简要阐述如何培育大学生正确的消费者理念与“金钱观”。

专业应用:一是梳理“校园贷”中的侵权行为并提出对应的维权措施。二是思考我国在金融消费者保护方面的最新发展。

六、“消费者保护法”课程思政元素总览表

课程章节	重要的课程思政元素	相关联的专业知识或教学案例	所属思政维度
第一章　消费维权的概述及其学习方法	1. 我国法治与社会主义市场经济发展的辩证关系; 2. 党的二十大报告指出:“充分发挥市场在资源配置中的决定性作用,更好发挥政府作用。”	1. 消费者的认定; 2. 消费者受保护的利益; 3. 国家对消费者进行倾斜性保护的缘由与意义	宪法法治、政治认同
第二章　消费争议解决	1. 我国全面推进“科学立法、严格执法、公正司法、全民守法”的新时代社会主义法治的建设方针; 2. 党的十八届四中全会指出以民为本,立法为民,贯彻社会主义核心价值观的理念和要求	1. 消费争议的赔偿主体; 2. 消费争议的解决方式; 3. 精神损害赔偿的前提与基础,以及“严重精神损害”的衡量边界	宪法法治、道德修养
第三章　消费安全权与知情权	1. 党的二十大报告提出:“我们要坚持以人民安全为宗旨”; 2. 学生结合自身的消费经历去思考在商场的不同场景中,经营者应当尽到的风险警示义务与赔偿责任	1. 商场安全保障义务; 2. 虚假广告; 3. 信息安全	政治认同、宪法法治

续表

课程章节	重要的课程思政元素	相关联的专业知识或教学案例	所属思政维度
第四章　消费公平保护	1. 我国经济体制改革必须要破除不公平竞争的市场乱象； 2. 树立维权意识，弘扬社会正气	1. 强制交易行为； 2. 消费格式条款； 3. 个人信息的法律保护	政治认同、道德修养
第五章　消费售后服务	社会主义核心价值观中的诚信价值	1. 消费者的"后悔权"； 2. 经营者的瑕疵担保义务； 3. 惩罚性赔偿； 4. 王海"知假买假"案例	道德修养
第六章　消费侵权的破解	1. 爱国主义情怀； 2. 规则意识、程序意识和法治意识	1. 产品侵权责任； 2. 消费品召回制度； 3. 网购中的消费者权益保护	政治认同、宪法法治
第七章　衣食住行中的消费维权：衣食篇	1. 党和国家对人民群众生命和健康的重视； 2. 国家宏观调控和市场规定的相关措施	1. 保健品乱象、"毒疫苗"的法律规制； 2.《食品安全法》中的惩罚性赔偿； 3. 疫苗乱象的问题根源； 4. 老坛酸菜"用脚踩"、"权健保健品"案例	政治认同
第八章　衣食住行中的消费维权：住行篇	"严格执法"是全面推进依法治国，建设社会主义法治国家的重要部分	1. 旅游消费维权； 2. 物业服务中的消费维权	宪法法治
第九章　平台经济中的消费维权	1. 坚定"四个自信""两个维护"； 2. 国家治理体系和治理能力的现代化	1. 虚假好评的法律规制； 2. 大数据"杀熟"中的消费维权问题； 3. 消费者的个人信息保护； 4. 数字平台治理	政治认同

续表

课程章节	重要的课程思政元素	相关联的专业知识或教学案例	所属思政维度
第十章　金融消费中的消费维权	1. 传承勤俭节约美德； 2. 习近平法治思想之“坚持全面推进科学立法、严格执法、公正司法、全民守法”	1. “现金贷”“校园贷”乱象及其规制； 2. 金融消费纠纷的解决机制	道德修养、宪法法治
第十一章　消费维权的方式与技巧	1. 以调解方式减轻诉讼压力，体现社会主义制度优越性； 2. 规则意识、程序意识和法治意识	1. 消费者公益诉讼； 2. 维权技巧与证据收集	宪法法治、政治认同

（王怀勇、钟颖）

“环境危机管理法”课程思政教学指南

一、“环境危机管理法”课程简介

“环境危机管理法”课程是西南政法大学经济法学院（生态法学院）资源与环境法教研室，面向西南政法大学法学专业本科生所开设的专业拓展课，课程学分2学分、教学总学时为32课时。

“环境危机管理法”课程的开设目的在于，培养能够学思践悟习近平新时代中国特色社会主义思想，德才兼备且具生态环境大局观，具有扎实的理论基础和熟练的职业技能的复合型、应用型、创新型生态文明法治人才。使学生在全面了解并掌握生态环境突发事件的客观样态、发生机理、应对策略，国内外生态环境应急管理法律制度的状况、内在原理、运行方式的基础上，具备以法治思维、法治手段有效应对和处置生态环境突发事件的能力。

“环境危机管理法”课程的主要内容包括：生态环境危机的客观样态及形成机理，生态环境危机管理与应对的基本原理，生态环境应急管理法律制度的功能、基本框架、发展历程与运行原理，生态环境突发事件预防与应急准备法律制度、监测与预警法律制度、应急处置与救援法律制度、事后恢复与重建法律制度、法律责任体系的核心内容、基本原理与实践。

“环境危机管理法”课程的主要特色体现为：一是本课程与“习近平生态文明思想概论”“能源与气候变化应对法学”共同组成了国家级一流本科课程“环境资源法学”的配套延伸拓展课程体系，系西南政法大学资源与环境法教研室围绕生态文明法治主题打造的“大思政”课程思政专业课课程群的重要组成。二是本课程具有丰富的课程思政资源，习近平新时代中国特色社会主义思想体系中的习近平生态文明思想、习近平法治思想以及总体国家安全观等重要论述为课程提供了丰富的思政资源。三是本课程为国家“新文科建设”的领头羊和排头兵。“环境危机管理法”的课程内容具有跨学科特点，其以法学知识为主体，结合生态学、环境科学、环境经济学等交叉学科的前沿知识，系法学专业课程体系中具有“文理交融”特点的“新文科”课程。

二、教学目标与教学内容

（一）教学目标

1. 价值目标：“环境危机管理法”课程以习近平新时代中国特色社会主义思想为指导，围绕落实立德树人这一高等教育的根本任务，以生态环境突发事件应对法律制度为中心的知识体系、理论体系和方法体系为课程教学的核心内容，结合建设人与自然和谐共生的现代化实践中的生态环境突发事件应对实例，通过带领学生准确分析并理解生态环境应急管理体制的变革与生态文明建设的内在关联，进而深刻领会习近平总书记提出的“有效防范生态环境风险”“着力提升突发环境事件应急处置能力”[①]要求在生态文明建设中的重要意义，最终引导学生在认同的基础上，自觉弘扬和践行社会主义核心价值观，通过对环境应急管理制度背后中国智慧的深入学习和理解，切实增强“四个自信”，实现对学生价值观的培育和塑造。

2. 知识目标：“环境危机管理法”循序渐进、由浅入深地构建知识目标体系。首先，本课程使学生准确掌握我国环境应急管理体制的演进、现有环境应急管理体制的基本样态；其次，引导学生理解和分析我国环境应急管理体制的演进历程与我国经济社会发展之间的内在关联；再次，要求学生在掌握我国环境应急管理体制的基础上，通过阅读文献、规范检索等方式，对比、分析我国环境应急管理体制与其他国家环境应急管理体制的差异，并结合各国国体、政体、国家结构形式等特点剖析存在差异的具体原因；最后，使学生整合信息，精确把握环境应急管理体制的变革与生态文明建设的内在关联，运用党和国家最新的政策文件进一步解读和理解环境应急管理体制发生变革的原因和未来发展趋势，最终系统掌握满足生态文明建设实践需求的知识体系、理论体系和方法体系。

---

① 习近平：《推动我国生态文明建设迈上新台阶》，载《求是》2019 年第 3 期。

3. 能力目标:"环境危机管理法"力图使学生掌握分析复杂问题的方法论,进而切实提升学生认识世界、改变世界的能力,能够有效应对未来类型多样、形态复杂的各类生态环境突发事件;引导学生把国家、社会、公民的价值要求融为一体,明大德、守公德、严私德,提高个人的爱国、敬业、诚信、友善修养,自觉把小我融入大我,不断追求国家的富强、民主、文明、和谐和社会的自由、平等、公正、法治,将社会主义核心价值观内化为精神追求、外化为自觉行动。最终培养出一批观念正确、思维严谨、技能过硬的复合型、职业型、创新型和应用型的高素质一流法治人才。

(二)教学内容

1. 课程设计思路

本课程采取讲授和实践相结合的授课方式,依照理论联系实际,理论促进实践的正确思路开展教学。从现实案例的剖析入手,教学融入中国特色社会主义和中国梦教育、社会主义核心价值观教育、法治教育、劳动教育、心理健康教育以及中华优秀传统文化教育,坚定学生理想信念,指导学生运用马克思主义的世界观和方法论,认识环境应急管理体制及相关社会现实问题。本课程运用整体性思维、系统性思维将前述教育内容融入每一个学时,力求以课次为单位,一次课程覆盖一个主题,使学生在学习我国应急管理体制的某一大方面时能够结合社会现状、上升理论高度。

具体来说,每一次授课前,教师均要对教学的重点难点进行预先设计,将积极引导学生理解习近平新时代中国特色社会主义思想、把握国家重大战略、践行当代青年的时代责任作为教学活动的重中之重。教师采用课前预习案例的方式激发学生学习热情,让学生自行探索案例背后的知识体系,激励其在课上提出疑问并阐述自身初步见解,而后通过教授教学重点引导学生思考并解决前述疑问,通过给予学生解决问题的成就感促成教学工作顺利开展的良性循环。

2. 教学重难点

一是如何结合课程教学内容有效挖掘融合课程思政教育资源。"环境危机管理法"作为法学专业选修课程,其课程思政教学的重点侧重在专业知识、理论和方法的传授过程中,实现价值观的同频共振。故而,如何围绕课程核心知识、理论和方法体系，挖掘并有效融合思政教育资源，并且在教学设计、教学过程以及考核评价各个环节中将其全面融入，避免课程思政内容与专业教学内容"两张皮"现象是整体教学工作中的重点和难点。

二是处理好本课程教学内容与"环境资源法学"以及其他法学核心课程教学内容之间的关系。一方面，本课程内容实质上系"环境资源法学"教学内容中环境资源法基本制度中"环境应急管理制度"的深化与延伸；另一方面，本课程内容与"宪法学""行政法与行政诉讼法学"等其他法学核心课程教学内容存在高度关联。考虑到本科人才培养方案中课程开设的时间顺序等诸多因素，如何避免教学内容缺乏前期支撑或者教学内容简单重复等问题，也是影响本课程教学质量的重要关键因素。

三是如何改变教学模式，切实提升课程教学质量，实现学生在知识掌握、价值认同以及能力训练层面的有效提升。落实立德树人根本任务，必须将价值塑造、知识传授和能力培养三者融为一体、不可割裂。传统以"知识传递"为核心的教育教学模式，已无法有效满足价值塑造和能力培养两方面的要求，如何创新教学模式、提升课程教学质量，真正落实立德树人的根本任务，成为必须在教学过程中解决的重难点。

3. 对重难点的处理

首先，立足"环境危机管理法"课程教学的核心内容，着重借助案例教学法的方式和途径挖掘并融合课程思政元素。在课程思政教学活动中，思政元素必须与专业课程内容衔接匹配，尽力做到思政元素与课程知识、理论及方法体系的有效融合。"环境危机管理法"课程内容具有极强的实践性特征。在国内外环境突发事件应急管理实践中，出现了大量值得分析、学习的案例。这些案例中不仅蕴含着大量课程所涉的专业知识、理论与方法，还映射了不同的生态环境突发事件应急处理方案背后不同国家所秉持的价值观念与思维模式，而对于价值观念和思维模式的塑造则正是思政元素在本课程教学过程中应用的重点领域。因此，应着重通过在案例教学活动中对案例的选择、加工和挖掘，实现思政元素挖掘与课程教学内容的深度有效融合。与此同时，在课程考核的过程中，通过团队研究任务、案例分析报告为主要考核手段，将案例素材及其所蕴含的思政资源全面融入课程考核体系中。

其次，立足"环境危机管理法"课程教学的核心内容，系统考量课程在整体法学专业本科生培养方案中的地位。本课程开课时间为第3学期,开课时学生仅完成"法理学一""中国宪法学""习近平法治思想概论"等相关法学专业基础课程的学习,尚未完成与本课程内容关联度较高的"习近平新时代中国特色社会主义思想概论""环境资源法学""行政法与行政诉讼法学"等思政课程及法学专业主干课程的学习。学生尚未形成系统的法学知识、理论和方法体系,也未对中国特色社会主义法治观念和实践形成系统性的认识。故而,基于"环境危机管理法"专业拓展课的定位,在课程内容设置以及课程思政教学工作中,课程应当侧重对学生观念塑造、实践探究以及思维训练等方面的培养。其一是在教学内容设置过程中,应当适度补充诸如习近平生态文明思想、环境问题的形成原因、权力法定与公民基本权利保护等基础性内容。其二是在课程教学中运用案例教学方法,使学生能够更加直观地从不同国家的生态环境突发事件处置方式中分析、感知不同观念对处置方案选择的影响,进而理解诸如"以人民为中心的发展思想"以及法治思维、法治观念、制度保障等因素,在生态环境突发事件处置中的重要意义。其三是在课程教学中补充信息检索、文献检索、案例检索等方法层面的教学内容,在支撑案例教学方法运用的同时,为学生掌握系统性法学专业学习的相关技能奠定基础。

最后,立足"环境危机管理法"课程教学的核心内容,确立以中国特色社会主义法治观念塑造为中心,以"发现问题—分析问题—解决问题"的思维训练为主线的教学模式。"环境危机管理法"主要涉及突发事件应对法律体系以及生态环境法律体系,聚焦于生态环境突发事件应对相关法律制度。课程知识容量相较于法学专业基础课、主干课而言较少,有条件通过以思维训练为主的课堂教学模式开展课程教学。课程围绕案例场景展开教学组织工作,通过案例引入带领学生进入案例场景,发现案例场景处理中所需要解决的问题;通过案例分析组织学生剖析案例结构,理解解决案例场景处理问题所需要考量的因素以及应对的可能路径;通过拟制决策引导学生全面考量案例场景,体会案例应对过程中决策形成的过程以及不同方案背后的观念、思维的差异。最终使学生正确理解和把握习近平新时代中国特色社会主义思想,系统掌握其对整体生态环境突发事件应对法律制度及理论的影响。

三、课程思政教学方法与评价方式

(一)课程思政教学方法

1. 讲授法:通过讲述课程理论知识、示范案例分析思路等方式进行知识传授,培养学生的思政意识和思考能力。资源与环境法教研室在每一节课课前均要对授课内容进行更新和准备,汲取最新的思政内容,与授课内容进行显性或隐性的结合,使学生享有蕴含最新思想政治的教育资源。

2. 互动式教学法:教学采用问答、讨论等形式,鼓励学生积极参与课堂,增强学生自主思考和表达能力。同时,教学将讲授法与互动式教学法相结合,针对在课堂互动中学生所展现出的论证思路,教师再通过讲授自身经验的方式对其进行正向引导——授人以鱼不如授人以渔,让学生对方法论的使用有更深刻的感知。

3. 研究式教学法:课程通过引导学生独立或小组研究某一主题或问题,培养学生的探究精神和创新能力。教师事先圈定学习范围、推荐参考资料,指定某一个或某几个小组对此内容进行预习并在课堂上向其他同学展示本组的预习成果。随后采取学生互评或者教师点评的形式评议前组课堂展示的优缺点,达到全班学生共同参与、共同进步的教学效果。

4. 实践教学法:课程通过实践活动,如社会实践、实验、实习等方式,帮助学生深入了解理论知识,增强学生的实践能力和实践经验。教育不能局限于第一课堂,要灵活运用西南政法大学现有的成熟的"第二课堂",例如"习近平新时代中国特色社会主义思想大学生讲习所"的社会实践活动、大学生创业创新实践活动。

5. 案例式教学法:课程通过案例分析,让学生深入了解实际问题,促进学生思维能力和实际应用能力的发展。警惕文科课堂被局限于理论层面的学习,让案例承担架起理论学习与实践应用之间的桥梁的作用,增添学生自主学习的动力,增强其联系现实、运用理论的能力。

(二)评价方式

1. 课堂表现,检验预习情况。通过抽问及课前电子问卷的形式既能检验学生对课程的预习效果,又能帮助授课教师把握后续内容的讲授节奏。学生的预习效果越好,课程的讲授节奏则可以越快。

2. 小组讨论,检验课上学习。合理利用小组讨论的形式充实课堂上的发言,能使整个课堂头脑风暴范围最大化,每个小组组内碰撞产生的结论或疑问,都可能是破解难题的关键点。通过这种方式,让学生在课上最大化消化课程内容,同时启发思考。

3. 学生互评,增加参与度。对问题的看待是多视角、多主体的,让学生同时作为论证人和评价人,主动从其他角度去看待同一问题,培养其多维度思考能力,同时提高学生的参与感和获得感。

4. 学生自评,促进自我认知。传统教学评价工作更多立足教师对学生的评价,缺乏对学生自我认知、自我评价能力的训练,在成绩评定环节中引入学生自我评价的环节,并且确定其在成绩评价中的相应权重,在提升学生参与度的同时,提升学生的自我评价、自我反思的能力。

5. 课后作业,检验学习效果。复习巩固与学习同等重要,课后作业的评价能够督促学生对课上内容进行复习,同时检验学生的学习效果。评价课后作业的结果,对下一节课的回溯知识环节、讲授方式方法的有效性判断均有借鉴意义,此举有利于不断修正课程授课方式,增强授课效果。

四、课程思政教学资源及研究开发

(一)课程思政教学资源

1. 课程思政理论资源。习近平新时代中国特色社会主义思想是马克思主义在当代中国的创新发展,是马克思主义中国化的重要组成部分。习近平生态文明思想是中华优秀传统生态文化的当代传承和深入发展。“环境危机管理法”课程思政建设应当以习近平新时代中国特色社会主义思想作为价值论与方法论指引,着重将习近平法治思想中所蕴含的法律观、法治观作为课程思政教育主流意识形态的话语表达,取材中国生态文明建设相关的法治事件和法治人物,将“环境危机管理法”课程思政讲深、讲透、讲活。

2. 课程思政文献资源。中共中央文献研究室编:《习近平关于全面依法治国论述摘编》,中央文献出版社 2015 年版;中共中央宣传部编:《习近平新时代中国特色社会主义思想学习纲要》，学习出版社、人民出版社2019年版；《习近平法治思想概论》编写组编：《习近平法治思想概论》，高等教育出版社2021年版；中共中央宣传部、中华人民共和国生态环境部编：《习近平生态文明思想学习纲要》，学习出版社、人民出版社2022年版；习近平：《论坚持人与自然和谐共生》，中央文献出版社2022年版等。

3. 课程思政案例资源。在国内外生态环境突发事件应对实践中，存在大量鲜活生动的生态环境突发事件应对案例。一方面，通过国内外生态环境突发事件案例的剖解与分析，能够发掘中国在生态环境突发事件应对实践中的中国智慧、中国方案和中国经验；另一方面，通过国内外生态环境突发事件案例的剖解与分析，对于国外实践中的经验予以借鉴，对于国外实践中的现实教训给予高度关注以达有效规避。

（二）教学资源的研究开发

一是内化课程思政，培养家国情怀。习近平新时代中国特色社会主义思想为"环境危机管理法"课程思政提供了取之不尽、用之不竭的智慧源泉，"环境危机管理法"教学团队应当通过集体备课、交叉评价、公开课建设以及与马克思主义学院"结对共建课程思政"等形式，使"习近平新时代中国特色社会主义思想概论"及相关课程中的内容与"环境危机管理法"课程内容无缝衔接、互相增益，培养具有"家国情怀、专业素养"的新时代生态文明法治人才。

二是完善教学内容，响应"新文科"建设。结合习近平新时代中国特色社会主义思想中的相关要求以及教育部《新文科建设宣言》和教育部、中央政法委《关于坚持德法兼修实施卓越法治人才教育培养计划2.0的意见》等文件的要求，"环境危机管理法"教学团队应当发挥学科的交叉专业优势，紧密结合生态学、环境科学等前沿知识打造具有"文理交融"特点的"新文科"课程，从而培养适应新时代要求、具有自信心、自豪感和自主性的应用型复合型文科人才。

三是创新思政模式，优化教学方法。"环境危机管理法"教学团队应当以干扰、抑制和影响学生学习"环境危机管理法"课程思政内容的学习欲望和学习质量的消极因素为靶点，通过"靶向施策—对标验证"的靶向教学方法，合理选择使用讨论式教学、讲授式教学、案例式教学和讲座式教学等不同的教学方法，将课程思政内容讲深、讲透、讲活，助力学生水平达到一流生态文明法治人才培养目标。

五、教学实例

（一）实例一：2018年国务院机构改革对环境应急管理体制的影响

1. 教学目标：使学生掌握2018年国务院机构改革对于环境应急管理体制的调整，把握和了解应急管理部、生态环境部和自然资源部在突发生态环境事件应对中的职责划分。

2. 组织方案：材料阅读、小组讨论、发言展示、教师总结。

3. 阅读材料：（1）2018年国务院机构改革方案。（2）应急管理部、生态环境部、自然资源部“三定方案”。

4. 核心问题：（1）国务院机构改革对环境应急管理体制产生了哪些宏观影响？（2）生态环境部与相关部门在环境应急管理中的职权是如何分配的？（3）不同部门各自在环境应急管理中负责哪些具体工作？

5. 教学重点：（1）引导学生通过官方、权威的途径获取阅读材料；（2）重点关注学生阅读、归纳相关材料信息的系统性、全面性和准确性。

（二）实例二：环境应急管理体制发展与提高生态环境风险应对能力的关系

1. 教学目标：引导学生通过分析环境应急管理体系前后的变化，判断新旧管理体制权力和职责配置的差异，分析新旧管理体制对生态环境风险应对能力的影响。

2. 组织方案：材料阅读、小组讨论、发言展示、教师总结。

3. 阅读材料：习近平总书记指出：“有效防范生态环境风险。生态环境安全是国家安全的重要组成部分，是经济社会持续健康发展的重要保障。图之于未萌，虑之于未有。要始终保持高度警觉，防止各类生态环境风险积聚扩散，做好应对任何形式生态环境风险挑战的准备。要把生态环境风险纳入常态化管理,系统构建全过程、多层级生态环境风险防范体系,严密防控垃圾焚烧、对二甲苯(PX)等重点领域生态环境风险,推进'邻避'问题防范化解,破解涉环保项目'邻避'问题,着力提升突发环境事件应急处置能力。要加强核与辐射安全监管,健全监管体系,完善监管机制,提升监管能力,确保万无一失。"①

4. 核心问题:(1)新旧管理体制在权力配置的差异为何?(2)新旧管理体制对于生态环境风险应对能力的影响为何?

5. 教学重点:(1)引导学生比较新旧管理体制下部门权力和职责配置的差异;(2)分析不同权力和职责配置模式下对生态环境风险应对能力的影响。

(三)实例三:生态文明建设要求对环境应急管理体制发展的影响

1. 教学目标:教学使学生了解生态文明建设的新要求,并尝试分析其对环境应急管理体制发展的潜在影响。

2. 组织方案:材料阅读、教师讲授、点名提问。

3. 阅读材料:(1)习近平:《推动我国生态文明建设迈上新台阶》,载《求是》2019 年第 3 期。(2018 年 5 月 18 日习近平总书记在全国生态环境保护大会上的讲话);(2)《习近平在全国生态环境保护大会上强调　全面推进美丽中国建设　加快推进人与自然和谐共生的现代化》。

4. 核心问题:(1)习近平总书记的相关讲话对生态文明建设提出了哪些新要求?(2)生态文明建设的相关要求对环境应急管理体制的发展有何影响?

5. 教学重点:习近平生态文明思想立足国内,放眼全球,立足当下,放眼长远,深刻回答了"为什么建设生态文明、建设什么样的生态文明、怎样建设生态文明"的重大理论和实践问题。为包括环境应急管理在内的生态环境法治实践提供了明确的指引,并形成了由生态历史观、生态价值观、生态发展观、生态民生观、生态系统观、生态法治观、生态行动观与生态共赢观的系统框架,上述理论观念对环境应急管理体制改革的目标、方法、路径以及具体方

---

① 习近平:《推动我国生态文明建设迈上新台阶》,载《求是》2019 年第 3 期。

案都提出了新的要求。

六、“环境危机管理法”课程思政元素总览表

课程章节	重要的课程思政元素	相关联的专业知识或教学案例	所属思政维度
绪论	习近平在全国抗击新冠疫情表彰大会上的讲话中指出:“准确把握疫情形势变化,立足全局、着眼大局,及时作出统筹疫情防控和经济社会发展的重大决策,坚持依法防控、科学防控,推动落实分区分级精准复工复产,最大限度保障人民生产生活。”[1]	我国应急法制是如何应对新冠疫情的?采取了何种措施,法律依据为何?	习近平新时代中国特色社会主义思想教育
第一章 应急管理法制面面观	1. 习近平总书记在《充分发挥我国应急管理体系特色和优势积极推进我国应急管理体系和能力现代化》的发言中强调,“要坚持依法管理,运用法治思维和法治方式提高应急管理的法治化、规范化水平,系统梳理和修订应急管理相关法律法规,抓紧研究制定应急管理、自然灾害防治、应急救援组织、国家消防救援人员、危险化学品安全等方面的法律法规,加强安全生产监管执法工作。”[2] 2. 党的二十大报告明确了推进包括应急管理在内的国家安全体系和能力现代化的总体要求。应急管理是国家治理体系和治理能力的重要组成部分,与生态文明建设、	应急立法的价值是什么?我国的应急征用制度的立法完善。 我国应急法律制度体系处于不断健全完善的进程之中,在“十四五”时期是“1+2+N”的规划体系,“1”是《“十四五”国家应急体系规划》,“2”是《“十四五”国家安全生产规划》和《“十四五”国家综合防灾减灾规划》,“N”包括消防、矿山、危险化学品安全和防震减灾、装备发展、应急力量建设等规划	习近平新时代中国特色社会主义思想教育

续表

课程章节	重要的课程思政元素	相关联的专业知识或教学案例	所属思政维度
	社会治理、城市治理、基层治理等一道构成中国式现代化的新型治理工具箱		
第二章　环境应急管理体制	习近平总书记在党的二十大报告中强调:“完善志愿服务制度和工作体系。”	通过应急志愿者服务的相关事例,引导学生思考:应急志愿服务与普通志愿服务有无区别	社会主义核心价值观教育
第三章　应急预案与危机预控	习近平总书记在《充分发挥我国应急管理体系特色和优势积极推进我国应急管理体系和能力现代化》的讲话中强调:“要发挥好应急管理部门的综合优势和各相关部门的专业优势,根据职责分工承担各自责任,衔接好‘防’和‘救’的责任链条,确保责任链条无缝对接,形成整体合力。”[3]	了解松花江水污染事件,分析此次污染事件的应急处理机构、过程,进而思考应急管理机构和环境保护机构是何关系,二者的发展沿革有着怎样的关联	习近平新时代中国特色社会主义思想教育
第四章　环境应急处置中的法律问题	“群众路线”是中国共产党长期革命和建设经验的总结,是毛泽东思想活的灵魂的基本方面之一,是党的科学的领导方法,是历史唯物主义的生动体现	环境应急决策与环境领域的群众路线的关系	中华优秀传统文化与“四史”教育
第五章　应急处置后的相关法律问题	1. 习近平总书记在党的二十大报告中指出:“坚持走中国人权发展道路,积极参与全球人权治理,推动人权事业全面发展。”	1. 从我国《宪法》所确立的公民的生存权,来探讨社会救助权、社会保险权、社会福利权之间的关系与范围。 2. 分析党纪处分、政务处分责任以及党政领导干部问责制之间的关系	宪法法治教育

续表

课程章节	重要的课程思政元素	相关联的专业知识或教学案例	所属思政维度
	2. 习近平总书记指出:“中国人自古就认为:‘民以食为天。’中国是世界上最大的发展中国家,解决好13亿多人的吃饭问题是中国发展第一位的任务。”[4] 3. 习近平总书记对切实做好安全生产工作高度重视,并强调“党政同责、一岗双责、失职追责”原则[5]		
第六章　案例研究与实证调查	实践和认识的辩证关系原理及方法论	实证分析和理论运用的正确方法论	马克思主义基本原理教育

[1]《习近平在全国抗击新冠肺炎疫情表彰大会上的讲话》,载《人民日报》2020年9月9日,第2版。

[2]《习近平:充分发挥我国应急管理体系特色和优势　积极推进我国应急管理体系和能力现代化》,载《人民日报》2019年12月1日,第1版。

[3]《习近平:充分发挥我国应急管理体系特色和优势　积极推进我国应急管理体系和能力现代化》,载《人民日报》2019年12月1日,第1版。

[4]《习近平为米兰世博会中国馆开馆发表欢迎辞》,载中国政府网,https://www.gov.cn/xinwen/2015-05/01/content_2856143.htm。

[5]《树立安全发展理念　坚持人民利益至上——各地各部门贯彻落实习近平总书记做好安全生产工作重要指示精神综述》,载中国政府网,https://www.gov.cn/xinwen/2015-08/20/content_2915949.htm。

(周骁然、赵爽)

“外国刑法”课程思政教学指南

一、“外国刑法”课程简介

“外国刑法”课程是法学院刑法学科的重要专业课程。该课程是一门选修课程，课程学分 2 学分，教学时长 32 学时。该课程的授课对象是法学本科生，且是二年级的具有一定法学基础的本科学生。该课程的主要旨意在于培养精通“域外法”和具有国际化能力的法学人才，并对接社会主义法学事业接班人这一目标的培养。

“外国刑法”课程具有鲜明的特色。第一，本课程以“域外”刑法为内容。从内容看，外国刑法是刑法学的重要内容，尽管在授课的比较分析中会涉及中国刑法，但较少直接讲授中国刑法内容。第二，具有“两性一度”（高阶性、创新性和挑战度）的特点。其高阶性不仅表现在因涉及国家较多而使其内容异常丰富，而且还表现在内容具有较高的学术性和问题意识。其创新性表现在以“域外”为场域，以国际化视角扩张刑法知识体系，培养学生的国际化法学能力。其挑战度表现为尽管域外刑法的规范、理念、原则或价值等与中国刑法有相似内容，但差异却更为明显，从而会给学生的认知、理解和接受带来困境。第三，本课程助力“涉外法人才”培养。“外国刑法”课程让学生了解德国、日本、美国、英国、法国、韩国等国家的刑法知识以及其法文化背景、发展历史、经典案例等，助力学生精通他国法律。第四，本课程具有“国际化”倾向。“外国刑法”课程实际上是刑法学发展国际化的产物，其为刑法学国际交流奠定基础，促进刑法国际交流的发展。

二、教学目标与教学内容

（一）“外国刑法”的教学目标

“外国刑法”课程依据西南政法大学“建设全国一流、国际知名、特色鲜明、优势突出的研究型高水平大学”的办学定位，基于法学专业人才培养目标和社会需求，坚持立德树人以及知识、能力和素质的融合，培育社会主义法治建设需要的刑法学人才。综上之因，课程目标包括：知识目标、能力目标和价值目标。课程依托西南政法大学法学院、刑法学科、外国与比较刑法研究中心，根据课程内容和特点，选择恰当的方法实现以下目标。

1. 知识目标。以共识性的刑法学的知识框架为线索，即以“基本原则—总则—分则”为框架体系，但以外国刑法的知识点为主要内容，借助多元化的教学方法，完善学生的刑法学知识体系，提升学生对域外刑法的核心知识与前沿理论的认知。

2. 能力目标。“外国刑法”课程是以知识为内容，提升学生的国际化能力，拓展学生的国际化视野，塑造学生的批判性、实践性与创新性思维，提升学生的比较和辨析能力，培养学生理性与客观的认知能力。

3. 价值目标。本课程贯彻“以专业知识进行思政”的理念，以专业知识挖掘思政元素，以学生的未来与发展为导向，培养学生的国际化法学素质，塑造学生的家国情怀以及法律正义感，孕育学生德法兼修的人文精神，培养学生法律职业和社会责任感。

（二）“外国刑法”的教学内容

“外国刑法”课程的框架体系为：“基本原则—总则—分则”，该框架体系包括的主要内容可分为十五章。其中，基本原则两章，总则八章，分则五章。各章的主要内容如表1所示：

表1 “外国刑法”的框架和主要内容

编次		章次	主要内容
第一编	基本原则	第一章	罪刑法定原则、罪刑均衡原则、人道主义原则等
		第二章	宪法限制原则
第二编	总则	第三章	刑法的效力
		第四章	法益保护原则/危害原则
		第五章	全球最低刑事责任年龄
		第六章	符合性/犯罪本体论
		第七章	不法性/正当化事由
		第八章	有责性/可宽恕事由
		第九章	未完成犯罪有责性
		第十章	共同犯罪
第三编	分则	第十一章	侵犯生命健康犯罪
		第十二章	侵犯性权益犯罪
		第十三章	侵犯财产权益犯罪
		第十四章	侵犯社会权益犯罪
		第十五章	侵犯国家权益犯罪

(三)“外国刑法”的课堂设计思路

“外国刑法”课程的课堂教学设计采取“BOPPPS”教学模式,即将每堂课的教学内容切分,然后融入导入(bridge in)、目标(objective)、前测(pre – assessment)、参与式学习(participatory learning)、后测(post – assessment)、总结(summary)6 个环节。教师所要做的是:(1)在“导入”阶段,结合预习和前期学习导入讲授的内容;(2)在“目标”宣示阶段,告知和导航学生学习或思政目标,从而让学生明晰授课的主旨;(3)在“前测”阶段,根据学生预习内容以提问方式测试学生;(4)在“参与式学习”阶段,利用启发式提问、小组报告、辩论、学生讨论等方法,促使学生主动学习、积极互动及深入思考;(5)在“后测”阶段,让学生分组讨论,集思广益;请学生代表发表观点,再让有不同意见的学生发表观点;(6)在“总结”环节,由教师或让学生对授课内容和学习情况等予以总结。课程思政活动或思政元素,也分别融入这几个环节,从而实现“全过程”育人。

(四)“外国刑法”教学的重点和难点

“外国刑法”课程以“基本原则—总则—分则”为线索,涉及域外主要国家的刑法的主要内容。教学的重点和难点为:

1. 教学重点。宪法对刑法的限制、法益保护原则、危害原则、刑法的效力、客观要素、主观要素、全球最低刑事责任年龄、未完成犯、共同犯罪、正当化事由/不法性、可宽恕事由/有责性、侵犯生命健康罪、侵犯性犯罪、侵犯财产犯罪、侵犯社会管理犯罪、侵犯国家犯罪等。

2. 教学难点。罪刑法定原则/合法性原则比较、法益保护原则/危害原则比较、严格责任、共同犯罪、刑事责任构成要素比较、正当化事由/不法性比较、可宽恕事由/有责性比较、全球最低刑事责任年龄制度、谋杀罪、法定强奸罪、夜盗罪、缠绕罪、诈骗罪等。

三、课程思政的教学方法与评价方式

“外国刑法”课程作为一门“涉外法”课程,以及作为提升学生知识、能力和素养的课程,秉承“立德树人”、国际化导向和本土性意识,并通过多元教学方法和合理评价方式,全面践行课程思政。

(一)该课程之课程思政的多元教学方法

1. 历史分析法。域外刑法及其相关知识的发展和演化,反映了其对应的社会、文化等变化,这些变化不仅引起了规范、原则、学说等变化,而且还引起了理念或价值的变化。本课程通过历史分析法,将域外刑法及其知识点的历史脉络中存在的思政元素挖掘出来,并通过讲授其内涵、价值、原因等与思政内涵发展相融合,从而让学生深度认知域外刑法。

2. 体系分析法。域外各国刑法均有体系,且各个知识点之间有内在联系。只有通过体系分析法,将域外刑法内容置于其所在的法律体系,以整体观察其发展、发挥的作用以及发挥作用的条件等,才能透彻了解域外各国刑法的运行机理。而以体系分析透视域外刑法的内在机制和规律,以之帮助学生进行系统化认知域外刑法。

3. 案例分析法。虽然学生无法直接接触域外刑法的司法情况,但域外刑法的典型案例却是其司法实践的浓缩。并且,其案例的各个维度的要素也隐含了价值、理念、实践技能、思辨和职业操守等。所以,本课程以案例分析法提升学生的职业操守和实践德行。

4. 引导讲授法。某些思政理念蕴含在一些域外刑法的知识中,尤其是规范、学说、原则等背后实际上有法理、哲学、道德等根据。这些均是重要的思政元素,教师在授课时引导学生进行深度思考,并把这背后的根据讲授给学生,以引导讲授法帮助学生领会思政元素,提升学生的认知高度和层次。

5. 比较辨析方法。在域外刑法中,比较法是极为重要的方法。课程在明晰比较目的、比较前提和比较背景的情况下,对域外刑法的规范、理论、原则、学说以及司法进行深度比较,并以此为基础进行辨析。凭此,可逐渐培养、塑造学生的刑法学意识。

(二)课程思政的评价方式

1. 评估课程思政含量。教学目标、教学大纲、教材、教学内容、教学方法是课程的重要元素。这些要素对践行和贯彻课程思政,发挥了重要作用。教师通过对教学目标、大纲的思政情况和含量进行考评,能知晓思政的实践效度。

2. 学生自己评价。学生自己对自己的学习和思考进行评价。具体方法包括让学生记日记、写心得、发表观点、填写表格、进行小组讨论和交流,从而让学生参与评价和体会,检验思政的效度。

3. 教师自己评价。教师不仅主导课程思政教育,还负责对学生的思政学习及其表现进行评价。评价依据主要为考试、作业、论文和观察课堂表现等。这些依据包含对哲学根据、职业理念、法治精神、本土化意识等思政维度的考查。

4. 思政专家评价。课程思政是一种教学理念和教学方法,与纯知识授课有所不同。进行课程思政实践和研究的专家在课程思政方法、运行与效度提升等方面,积累了大量的经验和规范化的标准。让思政专家进行评价,能进一步完善、提升和优化课程思政。

5. 问卷调查分析。问卷调查是一种需要搜集大量信息和样本，并依靠收集的大规模信息和样本来获取关于特定主题的数据的方法。“外国刑法”课程思政也同样可使用这种方法。在问卷调查的基础上，教师对信息和样本等进行研究、分析，由此可制定更好的思政教决策。

四、课程思政教学资源及研究开发

“外国刑法”的课程思政借助专业知识和思政元素实现对学生的全面培养。课程思政需要思政内容作为支撑，这就需要教师不断提炼和发掘思政教学资源，以实现课程思政建设。

（一）课程思政教学资源

1. 合理与充分利用“课堂”教学。“外国刑法”之课程思政采取“全课程育人”方式，即在“课前—课中—课后”都贯彻课程思政。这使课程思政教学变成了一个动态过程，借助教学要件的思政育人、课堂教学的有机渗透与课后“三观”的人生思考等，使其形成一个有机闭环。

2. 利用教学内容等课程元素载体。教学目标、教学大纲、教材和教学内容等，都是课程的主要元素。这些元素均可承载思政元素，其既能实现显性思政，又能实现隐性思政。

3. 习近平法治思想的融入与贯通。本课程意在通过外国刑法讲授，完善学生刑法知识体系，通过比较与辨析建设和完善中国刑法。讲授过程需要融入习近平法治思想，其价值、原则、方向就是本课程课程思政的重要资源。

4. 中国法治建设的导向、规划与政策。中国法治建设的理念、价值导向、原则等，均是该课程思政的重要内容。

5. 中国刑法的立法与司法实践。课程思政是理论与实践的结合，除了理论等层面的资源外，中国刑法的实践也能为本课程的课程思政提供资源，尤其是本土化理念、借鉴的可行性、实践运行机制的差异等，均是课程思政的实践维度的重要元素。

（二）课程思政的践行与研发

“外国刑法”课程一直坚持课程思政，并通过实践与研发使课程思政具有“活源头”。秉承立德树人之旨意，“外国刑法”就全面贯彻课程思政，并持续研发课程思政内容。

1.“外国刑法”课程元素作为课程思政的主战场。“外国刑法”的教学大纲、教学目标、教学内容、教材等融入思政元素，作为承载课程思政之主要任务，是课程思政的主战场。

2.教师队伍是“外国刑法”课程思政的主力军。“外国刑法”课程思政建设的关键在教师，教师是实施教书育人的主体，也是课堂教学的第一责任人，其会以真学、真信、真懂、真用的意识，以知识、价值和信仰等，在课程思政中发挥主力军作用。

3.课程思政研究是“外国刑法”思政的主要助力。课程思政建设需要理论支持，重视课程思政的深度研究，能引领课程的顺利进行，并以此解决理论困境、梳理思政理念、强化思政立场等。

4.多元与多维课程思政知识点的挖掘和提炼。“外国刑法”的“多元”思政挖掘包括宏观与微观两个层面的内容。首先，宏观层面的思政内容挖掘分层级进行：第一级，理想信念教育的思政元素；第二级，专业精神教育思政元素；第三级，创新精神教育思政元素；第四级，人生哲理思政元素。其次，微观层面的三个思政内容挖掘：第一，具体专业内容层面的思政元素挖掘；第二，思政教育方面的思政元素挖掘；第三，特色思政元素挖掘。

5.课程思政的系统化和规范化建构。“外国刑法”课程思政克服随意性、分散性，通过一定的组织形式和逻辑线索，使课程思政走向内在的系统化以及认知、设计和运行规范的规范化。

五、课程思政教学实例

以“紧急避险”、“刑事责任构成要素”和“正当防卫”的课程思政为教学实例。教师首先对教学的学情、指导思想和教学方法等进行介绍，然后对“紧急避险”、“刑事责任构成要素”和“正当防卫”的课程思政教学，以图表形式进行展示。

(一)学情和指导思想

本课程授课对象是西南政法大学二年级法学专业本科生。参与学习的学生已经完成了对中国刑法学(总论、分论)的学习,具备了学习刑法基本知识背景、一定的刑法思维和刑法法治意识。课程教学充分调动学生学习的积极性与主动性,增加其专业知识和国际化能力。课程教学遵循教育规律,以习近平法治思想为指导思想,育人育心。因此,本课程教学将课程内容和思政有机统一,秉承“德智共育、外学内练”,实现知识、能力和素质的有机融合。

(二)教学目标、方法与模式

本课程教学把培养德智全、能力多、基础厚的懂域外刑法的国际化法学人才作为核心目标,强化学生参与教学环节,确保教学活动满足创新驱动和一流人才培养的要求。在教学方法上,主要采取传统讲授法、案例教学法、比较法和课堂讨论法。课堂设计模式上,主要以“BOPPPS”方式设计教学环节,且思政也融入“课前—课中—课后”阶段。

(三)思政与专业相融的三个教学实例

现以“刑事责任构成要素”、“正当防卫”和“域外最低刑事责任年龄”的专业与思政内容为主线,以“BOPPPS”教学模式进行教学设计:具体内容上,以德国、美国及其与中国对应刑法知识为主;教学方法上,采取比较、讲授、案例等方法;思政理念上,培养学生的全球视野、社会责任、法律正义和中国立场。

1. 教学案例一:德美正当防卫及其与中国的比较

主要讲授德国刑法和美国刑法规定的正当防卫内容,对二者及其与中国刑法对应规定进行比较。在此基础上,教师以本土化意识、客观理性的认知意识,进行课程思政教学。具体设计如表 2 所示。

表 2　德美正当防卫及其与中国的比较课程设计

<table>
<tr><th>教学环节</th><th>教学与学习任务</th><th>思政任务或
思政元素</th></tr>
<tr><td>课前预习</td><td>1. 教师布置教学/思政内容与预习任务；
2. 学生查阅中国“于欢案”的事实和判决；
3. 学生预习《德国刑法典》《美国模范刑法典》法条规定</td><td rowspan="2">思考：正当防卫的价值和意义？</td></tr>
<tr><td>导言</td><td>1. 教师以“于欢案”引出正当防卫知识点；
2. 学生陈述“于欢案”事实和司法判决</td></tr>
<tr><td>教学目标</td><td>知识目标：掌握德/美正当防卫的内容；
能力目标：认知/辨析德/美正当防卫能力</td><td>素质目标：评价能力、职业/道德、价值素质</td></tr>
<tr><td>前测</td><td>1. 教师检查学生预习情况；
2. 学生反馈预习与习得情况</td><td>陈述：正当防卫的价值和意义</td></tr>
<tr><td rowspan="4">参与式学习</td><td>《美国模范刑法典》的正当防卫
1. 讲授《美国模范刑法典》第 3. 01 条的规定；
2. 讲授和学习《美国模范刑法典》正当防卫的类型：自我防卫、防卫财产、防卫他人、防卫住宅/城堡法</td><td rowspan="4">1. 宏观思政元素：正当防卫应体现“邪不压正”；
2. 微观思政元素：以防卫者标准实现防卫权本位；
3. 特色思政元素：城堡法扩张的法文化依据</td></tr>
<tr><td>《德国刑法典》的正当防卫
1. 讲授和学习《德国刑法典》第 32 条第 2 款规定；
2. 讲授和学习《德国刑法典》正当防卫成立要素</td></tr>
<tr><td>中国刑法的正当防卫
学生复述或回顾中国《刑法》第 20 条的规定及其构成要素</td></tr>
<tr><td>比较与分析
1. 讲授德国与美国刑法之正当防卫比较；
2. 讲授德国与中国刑法之正当防卫比较；
3. 学生分析美国正当防卫/城堡法的特色</td></tr>
</table>

续表

教学环节	教学与学习任务	思政任务或 思政元素
后测	以提问方式检测学生的习得情况	家国情怀：评析和反思中国《刑法》规定的正当防卫
总结	1. 德美刑法正当防卫的差异； 2. 英美基于“法益”类型化正当防卫的意义； 3. 英美刑法正当防卫立法更精细	
课后作业	小论文：是否参考以及如何在本土化意识下参考域外法律制度	评估与检测思政效度
反馈与回应	回答提问和批改小论文	

2. 教学案例二：德美刑事责任构成及其与中国的比较

本课程主要讲授德国和美国刑事责任的内容，并对其二者及其与中国刑法对应规定进行比较，在此基础上以本土化意识、客观理性的认知意识，进行课程思政。具体设计如表 3 所示。

表 3　德美刑事责任构成及其与中国的比较课程设计

教学环节	教学与学习任务	思政任务或 思政元素
课前预习	1. 教师布置教学/思政内容与预习任务； 2. 学生预习美国的双层次模式的内容； 3. 学生预习德国的三阶层模式的内容	思考：刑事责任构成要素（条件）的价值和意义？
导言	教师介绍刑事责任基本构成要素（条件）	
教学目标	知识目标：掌握德/美刑事责任要素的内容； 能力目标：认知/辨析德/美刑事责任构成要素的能力	素质目标：评价能力、职业/道德、价值素质
前测	1. 教师检查学生预习情况； 2. 学生反馈预习与习得情况	陈述：刑事责任构成要素（条件）的价值和意义

续表

教学环节	教学与学习任务	思政任务或思政元素
参与式学习	美国刑法的双层次模式： 1. 讲授和学习犯罪本体要件（客观要素和主观要素）； 2. 讲授和学习抗辩事由（正当化事由、可宽恕事由）	1. 宏观思政元素：施加刑事责任的条件体现了保障人权和刑法人道主义理念； 2. 微观思政元素：正当化事由与可宽恕事由的法理根据； 3. 特色思政元素：双层次刑事责任要素的刑事一体化特色
	德国刑法的三阶层模式： 1. 讲授和学习符合性要素； 2. 讲授和学习不法性要素； 3. 讲授和学习有责性要素	
	中国刑法的四要件模式： 学生阐述和评析中国刑法四要件构成	
	比较与分析： 1. 比较和分析符合性要素与犯罪本体要素； 2. 比较和分析不法性要素与正当化事由； 3. 比价和分析有责性要素与宽恕事由要素	
后测	以提问方式检测学生的习得情况	话语主体性意识：理性、客观评价域外刑法话语
总结	1. 德美刑法刑事责任要素无实质差异； 2. 英美的双层次模式吻合其刑事司法制度	
课后作业	小论文：反思和评析四要件与三要件的理论争鸣	评估与检测思政效度
反馈与回应	回答提问和批改小论文	

3. 教学案例三：域外最低刑事责任年龄及其与中国的比较

最低刑事责任年龄（以下简称最低刑龄）是大多数国家刑法涉及的内容，但具体差异较大。该课程以 193 个国家的最低刑龄为内容，全面梳理其具体情况、明晰其差异，以助学生对全球视野下的最低刑龄有较为全面的认知。课程通过让学生把握中国最低刑龄的立法变化及主要内容，以本土化意识、国际化视野、人道主义理念进行课程思政。具体设计如表 4 所示。

表 4 域外最低刑事责任年龄及其与中国的比较课程设计

<table>
<tr><th>教学环节</th><th>教学与学习任务</th><th>思政任务或思政元素</th></tr>
<tr><td>课前预习</td><td>1. 教师布置教学/思政内容与预习任务；
2. 学生了解全球最低刑龄制度概况</td><td rowspan="2">思考：刑法规定最低刑龄之目的和价值</td></tr>
<tr><td>导言</td><td>《刑法修正案(十一)》修正内容</td></tr>
<tr><td>教学目标</td><td>知识目标：域外各国最低刑龄的内容；
能力目标：认知/评价各国最低刑龄规定</td><td>素质目标：全球视野、全面性的认知</td></tr>
<tr><td>前测</td><td>1. 教师检查学生预习情况；
2. 学生反馈预习与习得情况</td><td>陈述：刑法规定最低刑龄之目的和价值</td></tr>
<tr><td rowspan="4">参与式学习</td><td>国际性文件关于最低刑龄的内容：
《儿童权利公约》《欧洲人权与基本自由保障公约》《经济、社会及文化权利国际公约》《美洲人权公约》《日内瓦四公约关于保护国际性武装冲突受难者的附加议定书(第一议定书)》《禁止酷刑和其他残忍、不人道或有辱人格的待遇或处罚》《联合国少年司法最低限度标准规则》</td><td rowspan="4">1. 宏观思政元素：最低刑龄是保护儿童的“盾牌”；
2. 微观思政元素：最低刑龄以刑事责任能力为依据体现惩罚的正当性；
3. 特色思政元素：恶意补足年龄制度的人文精神</td></tr>
<tr><td>全球最低刑龄规定情况：
1. 把“0”或“0—”年龄段作最低刑龄的国家；
2. 把 6～11 岁作最低刑龄的国家或州；
3. 把最低刑龄规定为 12 岁的国家；
4. 把最低刑龄规定为 13 岁的国家；
5. 最低刑龄规定为 14 岁及以上的国家</td></tr>
<tr><td>中国最低刑龄制度的内容</td></tr>
<tr><td>全面评析全球的最低刑龄：
1. 应结合《刑法》和其他规定认知最低刑龄；
2. 结合最低刑龄数字的内容评价最低刑龄；
3. 重视其他国家最低刑龄的动态发展；
4. 重视各国针对少年儿童犯罪措施之不同</td></tr>
<tr><td>后测</td><td>通过学生讨论检测学生的领悟情况</td><td rowspan="2">国际化素质：较全面知晓域外刑法知识真实情况</td></tr>
<tr><td>总结</td><td>1. 全球最低刑龄的差异与共识；
2. 融合最低刑龄数、少年司法与处置措施，评价最低刑龄制度是否合理与公正</td></tr>
</table>

续表

教学环节	教学与学习任务	思政任务或思政元素
课后作业	论文：试析中国对域外最低刑龄误读的缘由	评估与检测思政效度
反馈与回应	回答提问和批改论文	

六、“外国刑法”课程思政元素总览表

课程章节	重要的课程思政元素	相关联专业知识或教学案例	所属思政维度
第一章　基本原则	1. 人道主义精神； 2. 公正平等精神	1. 罪刑法定原则/合法性原则； 2. 罪刑均衡原则； 3. 刑法平等原则等。 思政实例：以合法性原则的实践维度及实现机制，引导学生理解其价值和意蕴	公平正义
第二章　宪法对刑法的限制	1. 刑法应遵守法治精神； 2. 宪法限制刑法之根据	1. 大陆法系国家宪法限制刑法； 2. 英美法系国家宪法对刑法的限制。 思政实例：以宪法推翻立法和司法案例的实例，引导学生理解宪法限制刑法的法治意义	宪法精神
第三章　刑法的效力	刑罚权效力范畴体现了维护国家主权精神	1. 属地管辖原则； 2. 属人管辖原则。 思政实例：以属地管辖原则的设立目的，引导学生思考其与国家主权的辩证关系	家国情怀
第四章　法益保护/危害原则	1. 客观评析法益保护原则； 2. 客观评析危害原则	1. 法益保护原则； 2. 危害原则。 思政实例：比较法益保护与危害原则，培养学生的批判与思辨能力	批判与思辨

续表

课程章节	重要的课程思政元素	相关联专业知识或教学案例	所属思政维度
第五章　全球最低刑事责任年龄	1. 最低刑龄的人道主义； 2. 弹性最低刑龄正当性； 3. 保护弱势群体	1. 英美恶意补足年龄制度； 2. 全球最低刑龄的数值分布。 思政实例：以全球最低刑龄的梳理，培养学生国际化视野	国际化视野
第六章　符合性/犯罪本体论	1. 犯罪客观要素的法治性； 2. 犯罪主观要素的法治性	1. 犯罪的客观构成要素； 2. 犯罪的主观构成要素。 思政实例：以犯罪主观要素法定化，引导学生知晓其法治意义	法治精神
第七章　不法性/正当化事由	1. 正当防卫不惩罚的公正性； 2. 紧急避险不惩罚的正义性	1. 正当防卫及其构成要素； 2. 紧急避险及其构成要素。 思政实例：以正当防卫的价值和根据，引导学生领悟“邪不压正”的正义理念	公平正义
第八章　有责性/可宽恕事由	1. 精神病者无责的合理性； 2. 意外事件无责的合理性	1. 精神病事由； 2. 胁迫的有责性问题； 3. 醉态的有责性问题。 思政实例：以精神病者犯罪被宽恕，引导学生认知刑法的宽容与人道	人道主义
第九章　未完成犯罪	1. 未遂/预备惩罚根据在于主观表征的恶性； 2. 主观恶性消减是减免中止刑责的根据	1. 未遂犯、预备犯； 2. 中止犯； 3. 共谋犯/教唆犯。 思政实例：以未遂犯/预备犯与中止犯的惩罚差异及其根据，引导学生领悟主观恶性在刑法中的道德价值	道德情操

续表

课程章节	重要的课程思政元素	相关联专业知识或教学案例	所属思政维度
第十章　共同犯罪	德日、英美与中国惩罚共同犯罪的刑法制度，既有差异也有共性，中国刑法共犯制度颇具特色	1. 德日刑法的共犯体系； 2. 英美刑法的共犯体系。 思政实例：比较中国与域外共犯体系，引导学生理性和客观评价中国和域外刑法	文化自信
第十一章　侵犯生命健康犯罪	刑法禁止危害生命/健康的行为，是保护基本人权	谋杀罪、伤害罪、过失杀人罪、暴力罪、威胁罪、缠绕罪等。 思政实例：以谋杀与过失杀人罪等保护生命的犯罪，引导学生理解刑法发挥保障人权的旨意	保护人权
第十二章　侵犯性权益犯罪	刑法禁止危害性权益，以体现对生命、健康的尊重与关爱	强奸罪、法定强奸罪、性骚扰罪、强制猥亵罪、对儿童性滥用罪等。 思政实例：以强奸罪、对儿童的性虐待罪等，阐述对妇女尊严与特殊主体性权利的保护	仁爱与尊严
第十三章　侵犯财产权益犯罪	刑法禁止危害财产权的行为，是对他人的尊重	抢劫罪、盗窃罪、诈骗罪、夜盗罪、强盗强奸罪等。 思政实例：以财产权的重要性及刑法对其进行的保护，引导学生领悟不侵犯他人权益以尊重他人的基本道德	尊重他人
第十四章　侵犯社会权益犯罪	刑法禁止侵害社会管理等社会权益的行为是保护集体的正当秩序	建立恐怖组织罪、煽动民众罪、引诱罪、暴力抗拒执法罪等。 思政实例：以社会权益及刑法对其进行的保护，引导学生深度认知“集体”的价值	集体主义

续表

课程章节	重要的课程思政元素	相关联专业知识或教学案例	所属思政维度
第十五章　侵犯国家权益犯罪	刑法禁止侵害国家的行为,是保护国家的安全	叛国罪、间谍罪、谋反罪、提供虚假情报罪、危害国防机密罪等。 思政实例:以侵犯国家犯罪的危害,引导学生深度认识爱国的价值	爱国主义

（姜敏、肖敏）

“刑法总论疑难案例研讨”课程思政教学指南

一、“刑法总论疑难案例研讨”课程简介

本课程是赓续西南政法大学实务育人传统、接棒学校国家一流本科课程“刑法学总论”理论教学、强化学生实务应用能力培养的实践选修课。本课程紧紧围绕“刑法学总论”重点难点，精选典型疑难案例、精心设计研讨问题，帮助学生巩固、深化、扩展“刑法学总论”重难点学习，培养和提高学生刑法学理论阐释能力与实践应用能力，坚持知识、能力、素质有机融合，服务新时代“德法兼修”一流法治人才培养建设目标。本课程学分 2 学分、教学时长 32 学时，面向全校法学专业本科生开设。

本课程专题涵盖刑法基础论、犯罪论和刑事责任论，具体包括刑法基本原则、刑法解释、刑法效力、犯罪概念与但书、犯罪构成要件、正当防卫、故意犯罪停止形态、共同犯罪等多个专题。

本课程以“社会主义核心价值观”统领课程德育建设，将课程思政目标与专业知识目标、能力培养目标并举，创设“天理国法人情一体化三融合”的教学模式，以“情理法融合”为所有案件研讨主线，使每一个疑难案件的研讨都于法有据、于理应当、于情相容，彰显司法为民立场和中国特色社会主义刑事司法的独特优势，最终实现“德法兼修”一流法治人才培养目标。

二、教学目标与教学内容

（一）教学目标

1. 知识目标，包括：（1）巩固、深化学生对本课程各专题所涉刑法基础论、犯罪论与刑事责任论重难点问题的理解；（2）拓展学生对《刑法》总论重要概念、原则、制度、规定的认识和掌握程度；（3）使学生深入理解情理法融

合理念对正确处理刑事案件的重大理论与实践价值。

2. 能力目标,包括:(1)使学生具备理论联系实际,解决具体《刑法》适用问题的思考、论辩、表达、沟通能力;(2)使学生形成解决实务问题的刑法思维;(3)使学生具备能够触类旁通、创新思辨、解析类案的高级思维能力和解决疑难刑事案件的法律综合应用能力。

3. 价值目标

本课程坚持知识、能力、素质有机融合,围绕政治认同、家国情怀、法治意识、道德修养和文化素养五大思政板块,努力培养造就更多具有坚定理想信念、强烈家国情怀、扎实法学根底的“德法兼修”高素质法治人才,实现法学专业为党育人、为国育才的根本教育目标。

(1)培养具有扎实法学根底的青年法治人才。刑法学是实践性很强的学科,其以实现刑事司法公平正义为价值追求。本课程思政的首要目标是培养刑法学专业知识掌握扎实、法学思维缜密和法律实践应用能力良好的青年法治人才,为实现司法公平正义提供优秀专业人才支持。

(2)培养具有强烈家国情怀的青年法治人才。家国情怀是根植于中华民族深层的文化基因。在首要目标的基础上,本课程思政意在培养青年学子建设法治中国的使命感与责任感,引领学生立志将个人成长自觉融入法治中国建设中,为全面建设法治中国添砖加瓦,建功立业。

(3)培养具有坚定理想信念的青年法治人才。理想信念是法治人才的精神支柱。在前述目标的基础上,本课程思政意在培养坚持中国道路、致力于全面建设法治中国伟大事业的青年法治人才。

(二)教学内容

1. 课堂设计思路。本课程通过“三环节一体化”研讨式学习,培养强化学生刑法学知识实践转化应用能力,培育德法兼修高素质法治建设人才。课堂设计以“育才、育人”为主旨展开,借助有准备的课前讨论,课堂教学通过研讨式、论辩式讨论展开师生多维互动,从而实现课前自育、课堂互育、教师引领共育的效果。

2. 教学重难点及处理。本课程研讨专题、案例选取和研讨问题,都围绕刑法学总论重难点予以设计;以教案明确各专题重难点,通过针对性案例及问题，逐一展开对重难点的研讨、辨析。

三、课程思政教学方法与评价方式

（一）教学方法

本课程引导学生以正确适用中国刑法、实现司法公平正义为目标导向，将疑难案件置于国法、天理、人情中综合考量，以“情理法融合”为所有案件研讨主线，努力实现最佳法律效果、政治效果、社会效果的统一，彰显中国特色社会主义刑事司法的独特优势。

在教学方法上，本课程一方面将思政目标与知识、能力目标并举为三大教学目标，另一方面将社会主义法治理念、习近平法治思想、社会主义核心价值观、中共中央办公厅和国务院办公厅《关于加强新时代法学教育和法学理论研究的意见》（以下简称《两办意见》）、最高人民法院和最高人民检察院工作报告等重要文件与疑难案件研讨紧密结合，把关联度最强的思政内容精心设计为案件研讨问题的有机组成部分，通过课前自育、课堂互育与教师引领共育、课后延伸再育三环节有机结合，从而实现本课程思政融入的规范性、系统性、深入性。

（二）评价方式

本课程思政教育效果反馈与评价机制主要通过三种方式展开：一是通过课前提交的案件研讨报告看效果，了解学生对融合了思政内容的研讨问题如何认识；二是通过课堂多维互动论辩看效果，观察学生在现场环节是否遵循“情理法融合”研讨主线，是否存在研讨主线“时有时无”“自相矛盾”等问题，直观了解学生对思政内容的理解、认同与运用程度；三是通过期末收获总结看效果，判断“情理法融合”学法用法理念是否已经深入学生头脑，学生对社会主义核心价值观是否已经内化于心、外化于行，“德法兼修”高素质法治人才是否已经被学生锚定为自我成长目标。经由静态、动态多角度展现，实现本课程思政效果可知、可见、可评。

四、课程思政教学资源及研究开发

（一）以课程思政为引领的教案

全面贯彻和体现课程思政目标、元素、融入点、融入效果的本课程教案，是开展本课程思政教学的核心资源。

（二）教材、参考辅助资源

线上资源为中国大学 MOOC（慕课）西南政法大学《刑法学总论》视频教学资料。

线下资源包括参考教材和其他辅助资源：

1. 参考教材：（1）石经海、余捷主编：《刑事疑难案例实务教程》，中国人民大学出版社 2013 年版。（2）《刑法学》编写组：《刑法学》（上册 · 总论），高等教育出版社 2019 年版。（3）石经海、刘湘廉主编：《刑法总论导学教程》，法律出版社 2021 年版。

2. 辅助资源：与各研讨主题相关的重要著作、期刊论文等。

（三）思政教学资源研究开发

本课程配套教材《刑法重点问题案例实务教程》，其特色和亮点在于，将刑法学专业知识和课程思政有机融合，贯穿“情理法融合”主线，可作为教学配套用书，进一步发挥育人、育才作用。

五、教学实例

（一）许霆盗窃案

1. 课程思政教学目标：目标包括：（1）坚定学生对运用我国已有刑法规定实现刑罚公正的制度自信、对司法纠错能力的信心，强化学生追求司法公正的法治理念；（2）增强学生法治意识，教育学生树立正确的金钱观、是非观、交友观；（3）引导学生树立正确的法律职业价值观，激发学生建设法治中国的使命感。

2. 课程思政元素融入设计

专业知识	思政元素	教学设计
许霆案无罪论多种观点的根本缺陷	社会主义法治理念、习近平法治思想,努力让人民群众在每一个案件中感受到公平正义的司法追求	通过介绍该案引发的巨大社会反响,使学生感受到公平公正处理案件的重大社会意义
构成盗窃罪的根本原因	社会主义核心价值观(诚信、友善、法治、公正)、《两办意见》"加强理想信念教育和社会主义核心价值观教育""做社会主义法治的忠实崇尚者、自觉遵守者、坚定捍卫者"	通过对盗窃罪行为手段"秘密性"和犯罪客体"他人财产权利"的重点解读,使学生感受到刑法规定本身蕴含的公平正义理念,坚定"君子爱财,取之有道"的行为底线,认识到法律尊严不可侵犯。人民法院判决认定许霆行为构成盗窃罪,就是在捍卫法律尊严,运用刑法打击盗窃犯罪具有正当性和合理性
原一审判决量刑不当的根本原因	社会主义法治理念、习近平法治思想(依法治国、人民主体地位、执法为民、公平正义、坚持依法治国与以德治国相结合)、《两办意见》"加强理想信念教育和社会主义核心价值观教育"	通过对许霆案纵向和横向的对比,深入剖析判决引发不满的原因,理顺民意、舆论、公众认同与司法判决之间的关系,促使学生深刻认识法官职业角色所承担的重大社会责任,树立未来职业角色正确荣辱观,认识到司法判决只讲"合法"不讲"合理"的现实危害,促使学生立志成为专业素质过硬的社会主义法治建设高水平接班人
重审一审判决量刑依据及得到社会认同的根本原因	社会主义法治理念、习近平法治思想(依法治国、人民主体地位、执法为民、公平正义、坚持依法治国与以德治国相结合)	通过对量刑合法内涵、罪刑法定原则与罪刑相适应原则关系的进一步解读,促进学生对我国司法进步的肯定,促使学生坚定对我国司法纠错能力的信心,坚定对全面运用刑法规定实现刑罚公正的制度自信

续表

专业知识	思政元素	教学设计
同类案件中如何“举一反三”实现罪刑相适应	社会主义法治理念、习近平法治思想(依法治国、执法为民、公平正义、坚持依法治国与以德治国相结合)、《两办意见》“加强理想信念教育和社会主义核心价值观教育”	通过对于德水案及万字判决书的介绍,使学生更进一步理解罪刑相适应原则的重大理论与实践价值,自觉将追求刑罚公正内化于心,努力成长为具有坚定理想信念、强烈家国情怀、扎实法学根底的法治人才,让人民群众在每一个案件中感受到司法的公平正义

（二）陆勇销售假药、妨害信用卡管理案

1. 课程思政教学目标:目标包括:(1)引领学生认识到《刑法》对保障公民自由、维护社会秩序的重大价值,坚定依法治国、建设法治中国信念;(2)引领学生坚定以人民为中心、法治服务人民的中国特色社会主义法治基本立场;(3)引领学生增强法治建设使命感、责任感,夯实、提高法律专业素养和能力;(4)引领学生成长为信念坚定、心怀家国、根底扎实的高素质法治人才。

2. 课程思政元素融入设计

专业知识	思政元素	教学设计
犯罪概念、犯罪特征的内涵及相互关系	1. 社会主义法治理念; 2. 习近平法治思想,努力让人民群众在每一个案件中感受到公平正义的司法追求	通过电影《我不是药神》切入,使学生感受到公平公正处理案件的重大社会意义
不构成销售假药罪的根本原因	1. 社会主义法治理念(依法治国、执法为民、公平正义、坚持依法治国与以德治国相结合); 2. 习近平法治思想(坚持法治为人民服务,用法治保障人民安居乐业,努力让人民群众在每一个案件中感受到公平正义的司法追求)	通过对“销售”“假药”两大关键词的刑法教义学重点解读,使学生在了解销售假药罪的基础上,更进一步理解销售假药罪的犯罪构成特征,特别是客观行为特征和犯罪客体特征,并对假药认定的法律依据予以明确;对2015年《药品管理法》第48条对假药范围规定的合理性与不足展开深度辨析,引

续表

专业知识	思政元素	教学设计
		导学生进一步思考行政违法性与刑事违法性的关系、销售假药罪犯罪客体中主要客体和次要客体的关系、刑事违法性和应受刑罚惩罚性的关系，帮助学生将公平正义理念与刑法学专业知识结合并加以运用，严格区分行政违法和刑事犯罪
妨害信用卡管理罪适用“但书”出罪的根本原因	1. 社会主义法治理念； 2. 习近平法治思想（依法治国、人民主体地位、执法为民、公平正义、坚持依法治国与以德治国相结合）； 3. 最高人民法院、最高人民检察院工作报告中关于刑事案件办理必须坚持天理国法人情相统一的思想与论述； 4.《两办意见》关于“健全法律职业伦理和职业操守教育机制”，“培育学生崇尚法治、捍卫公正、恪守良知的职业品格”论述； 5. 慎刑、恤刑、人本主义思想	通过对妨害信用卡管理罪构成要件的深入解读，帮助学生透彻理解该罪涉及本案的客观行为方式、本罪犯罪客体的内涵，使学生在把握个罪特征的基础上，能够将犯罪概念及“但书”作为个案中个罪认定的指引和约束准则，深入剖析该案披露及电影传播引发巨大争议的原因，理顺民意、舆论、公众认同与司法判决之间的关系，促使学生深刻认识法官职业角色所承担的重大社会责任，坚持国法天理人情相统一，牢固树立新时代社会主义司法理念，牢牢站稳人民立场，坚决纠正机械司法、就案办案等错误做法，努力实现案件办理政治效果、法律效果、社会效果有机统一
不起诉决定书、释法说理书得到社会认同的根本原因	1. 社会主义法治理念； 2. 习近平法治思想（依法治国、人民主体地位、执法为民、公平正义、坚持依法治国与以德治国相结合）； 3. 最高人民法院、最高人民检察院工作报告中关于刑事案件办理必须坚持天理国法人情相统一的思想与论述；	通过对不起诉决定及释法说理书的进一步解读，巩固增强坚持刑事案件天理国法人情相统一的刑事法治理念；促进学生对我国司法进步的肯定，坚定学生对全面运用刑法规定实现罪与非罪准确认定的制度自信，促使学生立志成为专业素质过硬的社会主义法治建设高水平接班人

续表

专业知识	思政元素	教学设计
	4.《两办意见》关于“健全法律职业伦理和职业操守教育机制”,“培育学生崇尚法治、捍卫公正、恪守良知的职业品格”的论述; 5. 慎刑、恤刑、人本主义思想	
同类案件中如何“举一反三”准确把握罪与非罪的界限	1. 社会主义法治理念; 2. 习近平法治思想(依法治国、人民主体地位、执法为民、公平正义、坚持依法治国与以德治国相结合); 3. 最高人民法院、最高人民检察院工作报告中关于刑事案件办理必须坚持天理国法人情相统一的思想与论述	通过对具体案例及判决书的介绍,使学生深入理解犯罪概念与“但书”在指导个罪司法认定中的重大理论与实践价值,自觉将准确界定罪与非罪公正理念内化于心,努力塑造成长为具有坚定理想信念、强烈家国情怀、扎实法学根底的法治人才,让人民群众在每一个案件中感受到司法的公平正义

(三)于欢故意伤害案

1. 课程思政教学目标:目标包括:(1)引领学生增强社会主义法治理念、尊重他人权利,正确处理个人与社会关系,遵守社会秩序,做遵纪守法公民,鼓励见义勇为、弘扬正气;(2)强化刑法对保障公民合法权利的重大价值认识,坚定依法治国、建设法治中国信念;(3)引领强化社会主义核心价值观、坚持国法天理人情相统一的司法理念对司法公正指引作用的认知与信念;(4)持续强化学生崇尚法治、捍卫公正、恪守良知的法律职业品格,增强法治建设使命感与责任感。

2. 课程思政元素融入设计

专业知识	思政元素	教学设计
正当防卫的刑法规定、立法变化	1. 社会主义法治理念; 2. 习近平法治思想,努力让人民群众在每一个案件中感受到公平正义的司法追求	通过介绍该案及其反响,使学生感受到公平公正处理案件的重大社会意义

续表

专业知识	思政元素	教学设计
本案具备正当防卫前提条件、时间条件、对象条件、主观条件的原因	1. 社会主义法治理念（依法治国、执法为民、公平正义、坚持依法治国与以德治国相结合）； 2. 习近平法治思想（坚持法治为人民服务，用法治保障人民安居乐业，努力让人民群众在每一个案件中感受到公平正义的司法追求）； 3. 社会主义核心价值观（敬业、诚信、友善、平等、法治、公正）； 4.《两办意见》关于“健全法律职业伦理和职业操守教育机制”，“培育学生崇尚法治、捍卫公正、恪守良知的职业品格”论述； 5. 最高人民法院、最高人民检察院工作报告中关于刑事案件办理必须坚持天理国法人情相统一的思想与论述	通过对《刑法》设立正当防卫制度的目的、正当防卫前提条件、时间条件、对象条件、主观条件的重点解读，使学生修正关于人为限制不法侵害强度的错误认识，引导学生从《刑法》设立正当防卫制度、创设公民正当防卫权利的根本原因出发，准确合理界定“不法侵害”的内涵与外延； 引导学生以正当防卫制度体现的“法不能向不法让步，正不能向不正低头”精神内核为指引，支持、鼓励人们勇于抗击不法侵害，保护合法权利； 引导学生充分认识、坚决破除正当防卫制度在过去实践中形成的思维与做法痼疾，坚决纠偏，坚决反对“唯结果论”“谁能闹谁有理”“死者为大，只要死人就占理”等混淆是否善恶对错、有违常识常情常理的观念认知与做法
本案成立防卫过当的根本原因	1. 社会主义法治理念； 2. 习近平法治思想（依法治国、人民主体地位、执法为民、公平正义、坚持依法治国与以德治国相结合）； 3. 最高人民法院、最高人民检察院工作报告中关于刑事案件办理必须坚持天理国法人情相统一的思想与论述	通过对防卫过当成立条件的深入解读，帮助学生彻底理解本案成立防卫过当的根本原因，促使学生深刻认识法官职业角色所承担的重大社会责任，坚持国法天理人情相统一，牢固树立新时代社会主义司法理念，努力实现案件办理政治效果、法律效果、社会效果有机统一。 理顺民意、舆论、公众认同与司法判决之间的关系，牢牢站稳人民立场，坚决纠正机械司法、就案办案等错误做法

续表

专业知识	思政元素	教学设计
本案一审判决激起社会争议、二审判决得到社会认同的根本原因	1. 社会主义法治理念； 2. 习近平法治思想(依法治国、人民主体地位、执法为民、公平正义、坚持依法治国与以德治国相结合)； 3. 最高人民法院、最高人民检察院工作报告中关于刑事案件办理必须坚持天理国法人情相统一的思想与论述； 4.《两办意见》关于“健全法律职业伦理和职业操守教育机制”,“培育学生崇尚法治、捍卫公正、恪守良知的职业品格”论述	通过对两审判决的进一步解读,进一步巩固增强坚持刑事案件天理国法人情相统一的刑事法治理念;促进学生对我国司法进步的肯定,坚定学生对全面运用刑法规定实现正当防卫制度正确适用的制度自信,促使学生立志成为专业素质过硬的社会主义法治建设高水平接班人
同类案件中如何“举一反三”准确把握犯罪行为与正当防卫、防卫过当的界限,防卫过当如何量刑适当	1. 社会主义法治理念； 2. 习近平法治思想(依法治国、人民主体地位、执法为民、公平正义、坚持依法治国与以德治国相结合)； 3. 最高人民法院、最高人民检察院工作报告中关于刑事案件办理必须坚持天理国法人情相统一的思想与论述	通过对具体案例及法律处理的介绍,使学生深入理解正当防卫制度在保护公民合法权利方面的重大理论与实践价值,自觉将“法不能向不法让步,正不能向不正低头”理念内化于心,努力成长为具有坚定理想信念、强烈家国情怀、扎实法学根底的法治人才,让人民群众在每一个案件中感受到司法的公平正义

六、“刑法总论疑难案例研讨”课程思政元素总览表

课程章节	重要的课程思政元素	相关联的专业知识或教学案例	所属思政维度
第一讲　罪刑法定原则与刑法解释	1. 社会主义法治理念(依法治国、执法为民、公平正义,坚持依法治国与以德治国相结合); 2. 习近平法治思想(坚持法治为人民服务,用法治保障人民安居乐业,努力让人民群众在每一个案件中感受到公平正义的司法追求); 3. 社会主义核心价值观(敬业、诚信、友善、平等、法治、公正); 4.《两办意见》关于“健全法律职业伦理和职业操守教育机制”,“培育学生崇尚法治、捍卫公正、恪守良知的职业品格”的论述	1. 肖某某投寄虚假炭疽案; 2. 于某某非法经营案; 3. 李某组织卖淫案	法治意识、道德修养、家国情怀、政治认同、文化素养
第二讲　罪刑相适应原则的理解与适用	1. 社会主义法治理念(依法治国、执法为民、公平正义,坚持依法治国与以德治国相结合); 2. 习近平法治思想(坚持法治为人民服务,用法治保障人民安居乐业,努力让人民群众在每一个案件中感受到公平正义的司法追求); 3. 社会主义核心价值观(敬业、诚信、友善、平等、法治、公正); 4.《两办意见》关于“健全法律职业伦理和职业操守教育机制”,“培育学生崇尚法治、捍卫公正、恪守良知的职业品格”的论述; 5. 坚定我国司法纠错的制度自信	1. 许霆盗窃案; 2. 于德水盗窃案	法治意识、道德修养、家国情怀、政治认同、文化素养

续表

课程章节	重要的课程思政元素	相关联的专业知识或教学案例	所属思政维度
第三讲 《刑法》效力的理解与适用	1. 社会主义法治理念（坚决维护宪法法律权威，依法维护人民权益、维护社会公平正义、维护国家安全稳定，为实现“两个一百年”奋斗目标、实现中华民族伟大复兴的中国梦提供有力法治保障）； 2. 习近平法治思想（要加快涉外法治工作战略布局，协调推进国内治理和国际治理，更好地维护国家主权、安全、发展利益。要强化法治思维，运用法治方式，有效应对挑战、防范风险，综合利用立法、执法、司法等手段开展斗争，坚决维护国家主权、尊严和核心利益）	1. 袁某某、包某某骗取出境证件案； 2. 邵某某制造毒品案	法治意识、政治认同
第四讲 犯罪概念及“但书”的理解与运用	1. 社会主义法治理念（依法治国、执法为民、公平正义，坚持依法治国与以德治国相结合）； 2. 习近平法治思想（坚持法治为人民服务，用法治保障人民安居乐业，努力让人民群众在每一个案件中感受到公平正义的司法追求）； 3. 社会主义核心价值观（敬业、诚信、友善、平等、法治、公正）； 4.《两办意见》关于“健全法律职业伦理和职业操守教育机制”，“培育学生崇尚法治、捍卫公正、恪守良知的职业品格”的论述； 5. 慎刑、恤刑思想	1. 陆勇销售假药、妨害信用卡管理案； 2. 王某某非法经营案	法治意识、道德修养、家国情怀、政治认同、文化素养

续表

课程章节	重要的课程思政元素	相关联的专业知识或教学案例	所属思政维度
第五讲　不作为犯罪的理解与认定	1. 社会主义法治理念(依法治国、执法为民、公平正义,坚持依法治国与以德治国相结合); 2. 习近平法治思想(坚持法治为人民服务,用法治保障人民安居乐业,努力让人民群众在每一个案件中感受到公平正义的司法追求); 3. 社会主义核心价值观(敬业、诚信、友善、平等、法治、公正); 4.《两办意见》关于"培育学生崇尚法治、捍卫公正、恪守良知的职业品格","推动中华传统优秀法律文化创造性转化、创新性发展"的论述	1. 宋某某故意杀人案; 2. 李某某故意杀人案	法治意识、道德修养、文化素养
第六讲　刑法中因果关系的理解与认定	1. 社会主义法治理念(依法治国、执法为民、公平正义、坚持依法治国与以德治国相结合); 2. 习近平法治思想(坚持法治为人民服务,用法治保障人民安居乐业,努力让人民群众在每一个案件中感受到公平正义的司法追求); 3. 社会主义核心价值观(敬业、诚信、友善、平等、法治、公正)	1. 张某过失致人死亡案; 2. 张某等绑架致人死亡案; 3. 贺某某非法行医案	法治意识、道德修养
第七讲　自然人与单位犯罪主体的认定	1. 社会主义法治理念(依法治国、执法为民、公平正义、坚持依法治国与以德治国相结合); 2. 习近平法治思想(坚持法治为人民服务,用法治保障人民安居乐业,努力让人民群众在每一个案件中感受到公平正义的司法追求); 3. 社会主义核心价值观(敬业、诚信、友善、平等、法治、公正)	1. 王某某抢劫案; 2. 叶某以危险方法危害公共安全案; 3. 王某某虚开增值税专用发票案	法治意识、道德修养、家国情怀

续表

课程章节	重要的课程思政元素	相关联的专业知识或教学案例	所属思政维度
第八讲　主观罪过的理解与认定	1. 社会主义法治理念(依法治国、执法为民、公平正义、坚持依法治国与以德治国相结合); 2. 习近平法治思想(坚持法治为人民服务,用法治保障人民安居乐业,努力让人民群众在每一个案件中感受到公平正义的司法追求); 3. 社会主义核心价值观(敬业、诚信、友善、平等、法治、公正)	1. 沈某某盗窃案; 2. 周某某过失致人死亡案	法治意识、道德修养、家国情怀、政治认同
第九讲　正当防卫的理解与认定	1. 社会主义法治理念(依法治国、执法为民、公平正义,坚持依法治国与以德治国相结合); 2. 习近平法治思想(坚持法治为人民服务,用法治保障人民安居乐业,努力让人民群众在每一个案件中感受到公平正义的司法追求); 3. 社会主义核心价值观(敬业、诚信、友善、平等、法治、公正); 4.《两办意见》关于“健全法律职业伦理和职业操守教育机制”,“培育学生崇尚法治、捍卫公正、恪守良知的职业品格”的论述	1. 于欢故意伤害案; 2. 于某某正当防卫案	法治意识、道德修养、家国情怀、政治认同
第十讲　故意犯罪停止形态的理解与认定	1. 社会主义法治理念(依法治国、执法为民、公平正义); 2. 习近平法治思想(坚持法治为人民服务,用法治保障人民安居乐业,努力让人民群众在每一个案件中感受到公平正义的司法追求); 3. 社会主义核心价值观(敬业、诚信、友善、平等、法治、公正)	1. 林某某敲诈勒索案; 2. 花某盗窃案	法治意识、道德修养、家国情怀

续表

课程章节	重要的课程思政元素	相关联的专业知识或教学案例	所属思政维度
第十一讲　共同犯罪的理解与认定	1. 社会主义法治理念(依法治国、执法为民、公平正义); 2. 习近平法治思想(坚持法治为人民服务,用法治保障人民安居乐业,努力让人民群众在每一个案件中感受到公平正义的司法追求); 3. 社会主义核心价值观(敬业、诚信、友善、平等、法治、公正)	1. 陈某某、余某某故意杀人案; 2. 张某等强奸、强制猥亵妇女案	法治意识、道德修养、家国情怀

(蔡英)

“刑法分论疑难案例研讨”课程思政教学指南

一、“刑法分论疑难案例研讨”课程简介

“刑法分论疑难案例研讨”系面向全校法学本科学生开设的专业选修课，教学总学时32学时，课程学节3学分。以课程思政建设为引领，充分利用“线上线下混合式”教学模式，通过教师独立思考和共同讨论甄选的主题全真（本课程中的“全真”是指案例素材，包括能够反映案件发生与诉讼全过程的起诉书、判决书以及侦查卷宗等）刑事疑难案例，经由主题全真案例的类案延伸和个罪知识图谱化，增强法学本科学生独立处理刑事疑难案例的能力，培养“德法兼修”的法学本科学生。

本课程前身为2009年西南政法大学面向法学本科学生开设的“刑事疑难案例分析”（刑法与刑事诉讼法双师同堂）。作为校级“精品课程”，本课程探索出了“刑法理论与实践双（多）师同堂”、案例课“反转式”等重要教学方法，并从2018年更名为“刑法分论疑难案例研讨”。本课程充分吸收慕课建设有益经验，于2022年成功上线中国大学MOOC（慕课）平台，目前已经运行三个周期，学习人数接近6000人，线上师生互动发帖积极，评分达到4.8分（满分5分），为创新课程教学模式、改革学生评价机制奠定坚实的基础。

本课程立足前期改革成果，开启探索融合“双师同堂”“反转式”等教学手段在内的“线上线下混合式”教学模式，课程先后被认定为“西南政法大学课程思政”教学示范团队（2021年）、重庆市一流课程（线上线下混合式）（2023年）。

二、教学目标与教学内容

(一)教学目标

因应新时代法学教育发展之需,以课程思政建设为引领,本课程充分践行教育部《高等学校课程思政建设指导纲要》的精神,紧紧锚定西南政法大学"培养德才兼备、具有政法特色、熟悉和坚持中国特色社会主义法治体系并能够满足经济社会需求的复合型、职业型、创新型和应用型高素质一流法治人才"的人才目标,立足在校法科学生知识上的"短"(对于刑事司法过程中的"天理人情国法"关系的认识比较缺乏)、"浅"(偏重知识性记忆,知识碎片化严重,刑事理论与实践断裂,实践能力差)、"散"[缺乏系统性思维,刑法与刑事诉讼法(刑事证据法)、民法等知识割裂]等现实,充分挖掘学生潜能,本门课程目标如表1所示。

表1　"刑法分论疑难案例研讨"课程目标

根本目标	以课程思政建设为引领,通过独立思考和共同讨论甄选的全真刑事疑难案例,增强法学本科学生独立处理刑事疑难案例的能力,培养"德法兼修"的法学本科学生
知识目标	通过"线上线下混合式"教学,巩固学生有关《刑法》总则的知识,提前了解刑事诉讼(刑事证据)法知识,深化对于常见高发犯罪的理解,掌握解释和适用罪名的基本方法
能力目标	逐渐弥合刑法与刑事诉讼法知识、刑事法理论与实践的断裂,初步建立"刑事证据—案件事实—法律评价"的案例分析思路,实现"刑事一体",提升法学本科学生知识的复合性、职业性、创新性和应用性
素养目标	引导学生理解、坚守与自觉运用"常情、常识、常理"(良知)平衡刑事案件中的"天理人情国法",提高学生参与社会治理的能力

(二)教学内容

涵盖《刑法》分则常见高发罪名,本课程共设十个专题,通过"全真主题个案+类案延伸"的方式开展课堂教学。以"全真主题个案"为支撑,充分挖掘课程思政元素,精准确定专题的重、难点,并对重点与难点对应的知识进行充分讨论、深度讲授,逐渐弥合刑法与刑事诉讼法知识、刑事法理论与实践的断裂,实现"刑事一体",提升法学本科学生知识的复合性、职业性、创新性和应用性。

1. 教学设计思路

本门课程教学过程设计坚持"任课教师引领、学生为主体",融入"反转式""多师同堂"等多种教学手段,采用"三环节教学、全过程育人"的"线上线下混合式"教学模式(见图1)。

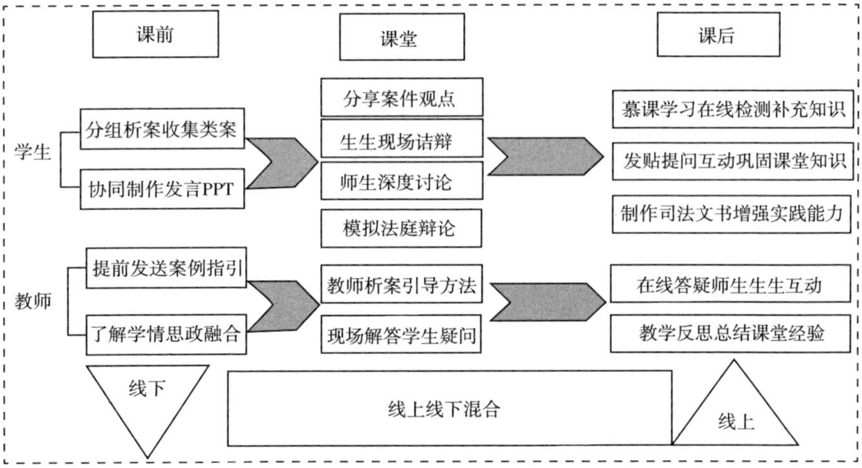

图1 课程教学过程设计

(1)课前环节

教师提前1周发放全真刑事疑难案例和课前准备指引(包括"课程思政元素融入点")。各小组组长负责组织成员根据指引自行收集法条、司法解释、规范性文件,讨论形成初步意见,并制作发言PPT。组员讨论情况由小组组长计入平常成绩。

(2)课堂环节

步骤1:各小组按照顺序进行课堂集体发言,先由小组代表发言,然后由持不同意见的小组成员发言。

步骤2:在发言小组发言过程中或者发言完毕,其他小组同学对发言小组的同学进行现场追问,发言小组进行回答。教师作为课堂参与者引导、总结小组发言。

步骤3:在所有小组发言完毕后,由持不同的观点学生相互辩论(可以视情况开展模拟法庭辩论)。

步骤4:教师析案并总结。

(3)课后环节

学生自主学习在线课程"刑法分论疑难案例研讨"并完成在线单元测试。若有新的问题,可以在线提出来与教师、其他学生互动,及时融合《刑法》总则知识,巩固《刑法》分则知识,补充刑事诉讼(证据)法等知识,增强分析案件的能力。

2. 教学重难点和课程思政元素表

1	危害公共安全罪:孙某某以危险方法危害公共安全罪 重点:孙某某的行为定性 难点:证据裁判原则的理解与适用 课程思政元素:准确把握犯罪构成,合理定罪量刑,树立"证据裁判"观念
2	危害公共安全罪:赵春华非法持有枪支案 重点:赵春华的行为定性 难点:理解并运用"常情、常识、常理"依法合理判定案件 课程思政元素:熟悉犯罪构成,尝试运用"常情、常识、常理"平衡"天理人情国法"
3	破坏社会主义市场经济秩序罪:潘某信用卡诈骗案 重难点:拾得他人信用卡的理解与适用 课程思政元素:依法判定潘某行为,寻找此类行为的合法边界
4	侵犯公民人身权利犯罪:刘某强奸(中止)案 重难点:运用证据证明刘某的主观罪过内容 课程思政元素:理解刑事证据规则,运用"常情、常识、常理"依法合理判定本案
5	侵犯财产罪:李某某诈骗案 重点:诈骗罪的构成要件要素 难点:偷换二维码获得他人财产的刑法评价 课程思政元素:结合最新刑法理论探寻此类行为的刑罚边界
6	侵犯财产罪:王某某抢夺案 重点:盗窃罪、抢夺罪的实践界分 难点:抢夺行为的实践认定 课程思政元素:依法认定王某某的行为,理解刑法最后手段性

续表

7	妨害社会管理秩序罪:马某某等人组织、领导、参加黑社会性质组织案 重点:黑社会性质组织的四个特征 难点:黑社会性质组织与恶势力组织的实践界限 课程思政元素:把握我国常态化扫黑除恶的刑事政策
8	贪污贿赂罪:毋某某受贿案 重难点:受贿罪的数额认定 课程思政元素:把握我国"反腐败"的刑事政策
9	渎职罪:崔某某等玩忽职守案 重难点:三被告人玩忽职守行为与重大损失之间是否具刑法上的因果关系 课程思政元素:国家机关工作人员履职的刑罚边界
10	模拟法庭:李某某等贩卖毒品案 重难点:全面阅卷,运用证据证明事实并评价李某某等人的行为性质 课程思政元素:把握我国禁毒的刑事政策

3. 重点和难点处理

(1)提炼每个专题的重点和难点。在课前,教学团队准确提炼每个专题的重点和难点并于课前发送至教学微信群或者慕课平台,作为学生在分组讨论案例和收集类案过程中重点解决的问题。

(2)任课教师的深度讲授。任课教师综合评估学生在全真案例的课前分组讨论、课堂发言和现场诘辩等环节掌握重点和难点知识的情况。结合这一学情,任课教师在发表个人意见过程中对学生未能掌握的重点问题和不能应对的难点问题进行深度讲授。

(3)通过课后慕课学习、测试和答疑"反刍"重点知识并有效突破教学难点。本课程课后的慕课内容、试题选择以及答疑互动环节的设计均围绕教学重难点问题展开,以促进学生对《刑法》总则和分则知识的融合,巩固强化学生《刑法》分则知识,以有效突破教学难点问题。

三、课程思政教学方法与评价方式

(一)教学方法

本课程以课程思政目标为指导,增强学生坚守与运用"常情、常识、常理"(以下简称"三常")依法处理刑事疑难案件的能力,春风化雨般实现

“‘三常’修业”；精心选择全真刑事疑难案例，通过“任课教师参与、学生为中心”的全新教学模式实现“刑事一体”，锤炼并增强学生的高阶能力；运用现代教育信息技术，学生独立学习在线课程，有机整合“在线课程和线下教学”两种资源，充分实现“三环节教学、全过程育人”。

为了避免“课程思政”的硬融入和表面融入，通过包括专题所涉的“课程思政元素”的“课前指引”引领学生，任课老师在引导学生课堂发言、诘辩和发表个人意见过程中有机融入课程思政元素，实现“润物细无声”。

（二）评价方式

通过数年锲而不舍的探索，本课程逐渐形成了适用于“线上线下混合式”教学模式的“过程动态考核和学生互相评定”相结合学生评价机制（见图2）。

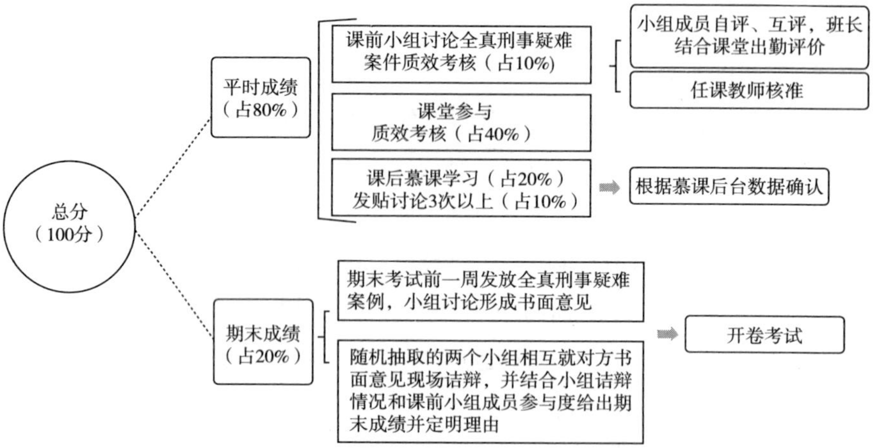

图2　课程成绩评定方式

四、课程思政教学资源及研究开发

通过数年持续建设，目前本课程拥有比较丰富的教学资源。具体如下：

1. 线下教学资源：马工程教材《刑法学总论》、《刑法学分论》、《刑法总论导学教程》、《刑法分论导学教程》、最高人民法院或最高人民检察院的指导性案件（刑事部分）、常见高发犯罪的类案数据库与所涉高层次研究论文参考文献的资料等。课程拟利用院校资金支持，完成、出版并优化适用于本课程的(数字)教材。

2. 线上教学资源:本课程在中国大学 MOOC(慕课)平台共设 10 个专题,涵盖《刑法》分则中高发常见罪名,视频总时长 450 分钟。课程的作业和单元测验习题共 100 余道,考试题库题目总数 100 余道,其他非视频达到 100 件。

课程以校级课程思政示范团队和市级一流课程建设为契机,增加新类型、优质的全真刑事疑难案例,拟将全真刑事疑难案例数量增至 30 个。课程慕课资源则借助所在单位的政策和经费支持,优化视频表达形式与内容,拟将视频数量增至 40 个,总时长超过 600 分钟,并继续邀请马克思主义学院的教师共同挖掘优化刑事疑难案例的课程思政元素并将其有机融入慕课中。

五、教学实例

(一)第二专题:危害公共安全罪——赵春华非法持有枪支案

在研讨“赵春华非法持有枪支案”时,任课教师向学生厘清认定刑事案件过程中“天理人情国法”的关系,引导学生自觉运用“三常”去判断案件的方法与路径,把国家、社会、公民的价值融为一体,运用法治思维和法治方式的能力解决刑事疑难案例。

1. 在课前指引中,教师引领学生了解主题案例中存在的“天理人情国法”的冲突,学生在课前分组讨论中分析这一冲突形成的根本原因并尝试运用“三常”依法适用法律,提出平衡“天理人情国法”之道。

2. 在课堂小组发言过程中,任课教师结合一审、二审法院判决认定的事实追问学生案件的细节,提示《刑法》适用过程中不能僵硬理解和运用《刑法》文本,而是应当运用“三常”去解释《刑法》文本,合理认定赵春华的行为,实现案件“政治效果、法律效果和社会效果”的统一。

3. 学生自主学习在线课程“刑法分论疑难案例研讨”、完成在线单元测试过程中,就“三常”理论及其运用提出疑问,并与教师和其他学生互动,从而加深其对“三常”理论的理解,以此增强分析案件的能力。

(二)第六专题:侵犯财产罪——王某某抢夺案

这一专题涉及的比较刑法知识较多。如何通过王某某抢夺案及类案诠释我国《刑法》的相关规定并提炼刑事司法实践经验成为本专题教学过程中课程思政亟待解决的问题。直击这一问题,通过充分讨论、诘辩和讲授王某某抢夺及类案,学生就此类行为的社会危害性和应受刑罚惩罚性独立发表观点并充分诘辩,立足我国现在的刑事司法实践经验和《刑法》合理判定此类行为的性质,进一步理解《刑法》的"不得已性",从而牢固树立法治观念,增强刑事法理论自信。

1. 在课前指引中。教师引领学生了解主题案例所涉及的我国《刑法》规定的多个罪名,学生在课前分组讨论中熟悉这些罪名并尝试结合我国刑事司法实践对案件作出初步判定。

2. 在课堂小组发言过程中,任课教师结合一审、二审法院判决不同的认定思路、本案涉及的刑行民交叉问题追问学生,在发表个人意见过程中进一步分析我国《刑法》规定的诈骗、抢夺、寻衅滋事等犯罪的构成,引导学生逐步理解《刑法》"不得已性"的内涵及其在个案认定中的具体运用,让学生关注我国刑事司法实践及其研判思路,增强刑事法理论与实践自信。

(三)第十专题:李某某等贩卖毒品案

这一专题在西南政法大学模拟法庭开展教学活动,旨在运用课程教学模式,引领学生运用刑事法知识来分析刑事疑难案例,从案例中寻找行为边界,理解和把握我国禁毒刑事政策。

1. 在教学第二周,教师将包括侦查卷宗在内所有案件素材发送给全体同学,由学生分组阅读讨论并形成倾向性意见。

2. 任课教师首先指导学生自行组织"模拟法庭",在前期掌握的刑事诉讼法尤其是刑事证据法基础上,学生提前熟悉刑事案件庭审程序,实现"刑事一体"。

3. 学生在课后需要制作刑事司法文书,强化"刑事证据—案件事实—法律评价"的案件分析思维,提升释法说理的能力。

通过"模拟法庭"这一教学方式,学生独立地运用刑事法知识依法认定李某某行为的定性,从而理解与把握我国的禁毒刑事政策。

六、“刑法分论疑难案例分析”课程思政元素总览表

课程章节	重要的课程思政元素	相关联的专业知识或教学案例	所属思政维度
第一专题、第二专题　危害公共安全罪	熟悉犯罪构成,树立“证据裁判”观念,尝试运用“三常”平衡“天理人情国法”	孙某某以危险方法危害公共安全案、赵春华非法持有枪支案以及其他类案	家国情怀、宪法法治意识、文化素养
第三专题　破坏社会主义市场经济秩序罪	依法判定潘某行为,寻找此类行为的合法边界	潘某信用卡诈骗案及类案	道德修养
第四专题　侵犯人身权利、民主权罪	理解刑事证据规则,运用“三常”依法合理判定本案	刘某强奸(中止)案及类案	家国情怀和宪法法治意识
第五专题、第六专题　侵犯财产罪	结合最新刑法理论探寻此类行为的刑罚边界;依法认定王某某的行为,理解刑法最后手段性	李某某诈骗案、王某某抢夺案及类案	家国情怀、政治认同、文化素养、道德修养
第七专题　妨害社会管理秩序罪	把握我国常态化扫黑除恶的刑事政策	马某某等组织、领导、参加黑社会性质组织案及类案	政治认同
第八专题　贪污贿赂罪	把握我国反腐败的刑事政策	毋某某受贿案及类案	政治认同
第九题　渎职罪	国家机关工作人员履职的刑法边界	崔某某等人玩忽职守案及类案	政治认同
第十专题　模拟法庭教学活动	把握我国禁毒的刑事政策	李某某等贩卖毒品案及类案	政治认同

(陈世伟)

“法律文书写作基础”课程思政教学指南

一、“法律文书写作基础”课程简介

“法律文书写作基础”是以培训学生文书制作能力为目的的一门实训课程,课程主要以真实的案例为基础,教师通过引导学生分析案件事实、证据及法律适用等,指导学生将分析案件的过程根据不同的诉讼角色及诉讼利益针对不同的诉讼程序制作法律文书。西南政法大学“法律文书写作基础”课程作为实训必修课面向校内法学专业本科生开设。课程开设的目的是将学生掌握的理论知识与实务知识、理论学习与实务操作相结合,培养学生的实务操作技能。根据课时安排,课程主要教授学生制作民事起诉状、民事判决书、起诉书、代理词及辩护词、刑事判决书及笔录等内容。课程主要特色是以真实案例为基础,通过真实案例的实训,指导学生制作法律文书,培养学生的司法实务思维及司法实务操作能力。

二、教学目标与教学内容

(一)教学目标

第一,价值目标。课程通过真实的司法案例实训培养学生的实务操作思维,通过对司法实务案例的分析及法律文书制作引导学生养成正确的司法实务观念。第二,知识目标。课程的知识目标是让学生掌握常见法律文书的格式要求、制作方法及制作技巧,熟悉司法各阶段或各程序应当制作的基本法律文书。第三,课程的能力目标。首先,课程要培养学生从粗糙的生活事实中提取法律事实的能力,分析案件事实的能力。其次,课程要培养学生运用法学理论知识解决司法实务问题的能力,培养学生理论联系实际的能力。再次,通过真实案例实训制作法律文书培养学生的司法实务操作技能。最后,课程需要指导学生根据当事人的诉讼利益及诉讼目的制作法律文书。

(二)教学内容

1. 课程设计思路。课前教师先将经过信息处理的真实案例发给学生,学生熟悉基本案情。在课堂中,教学先简单讲授特定法律文书的基本格式、制作方法及制作技巧等;然后教师指导学生分析案件的基本事实,引导学生根据不同的诉讼角色及诉讼利益制作法律文书;学生在制作法律文书的过程中,教师巡视学生法律文书制作,指出学生在法律文书制作过程中存在的问题,引导学生及时修改。学生制作好法律文书后,教师展示该案例的优秀法律文书供学生参考,教师评析学生制作的法律文书,指出学生制作该类法律文书存在的问题及应采取的改进措施。最后,教师提炼该类法律文书制作的注意要点,提炼思政观点,引导学生树立正确的人生观及价值观。

2. 教学的重点及难点。首先,学生从粗糙的案件事实中提取法律事实较为困难,很多学生不能提炼出构成要件的事实,并围绕构成要件叙写案件事实。其次,学生将事实问题与法律分析问题进行分开写作较为困难,很多学生在制作法律文书时,不能自然地将事实叙写与论理评价进行区分,导致法律文书事理不清、逻辑混乱。再次,学生运用法律及法理进行释法说理较难,很多学生只能引用干瘪的法条,不能充分运用法律、法理及常识常理常情等生活道理进行充分的释法说理。最后,学生制作法律文书缺乏法言法语,语言表达口语化。

针对上述教学重点难点问题,我们在教学过程中主要采取了以下措施:首先,教研室统一整理了真实的司法实务案例资料,在隐匿相关隐私信息后,于课前让学生熟悉案件资料。通过让学生多接触真实的案件资料,让学生习惯于分析司法实务资料,扭转学生一般基于整理好的案件事实进行案件分析的思维方式。其次,教师引导学生养成良好的阅卷习惯,在阅读过程中,让学生运用证据规则分析粗糙的案件事实,以构成要件为标准提取案件事实,或以案件事实框定构成要件,指导学生思维在生活事实与法律规范之间不断往返。再次,教师加强课堂实训,指导学生在课堂上制作法律文书,教师现场纠正学生制作文书过程中的错误,让学生在犯错与教师纠错之中提升学生区分事实与规范的能力、运用法言法语进行表达的能力等。最后,教师必要时在课堂中根据案件事实制作法律文书,直观地引导学生描述案件事实,引导学生运用法律、法理及生活常识进行释法说理,给学生制作法律文书提供参考。

三、课程思政教学方法与评价方式

(一)教学方法

第一,教师引导学生通过利益保护、利益平衡等思政价值目标分析案件事实。任何纠纷的发生皆有特定的原因,或因为一方具有过错或双方具有过错,或双方均无过错由意外事件、不可抗力等原因引发。在司法实务中,教师要主动引导学生通过利益保护或者利益平衡分析案件事实适用法律。例如,在交通事故纠纷中,当机动车与行人相撞发生交通事故时,教师要引导学生分析在这类案件中,哪方主体处于弱势是需要被保护的,并通过利益保护建构法律适用标准。又如,在情势变更案件中,当合同一方当事人因不可预测的原因继续履行合同将导致利益受到严重损害时,教师要引导学生分析在这类案件中如何平衡保护双方当事人的利益。所以,无论是利益保护还是利益平衡,都是有益的思政元素。教师指导学生制作法律文书时引导学生实现利益保护及利益平衡,培养学生的思政思想。

第二,发掘案件事实中的思政要素。任何案件中行为人实施一定的行为都会体现一定的思政倾向,教师在指导学生阅读案件材料制作法律文书时应引导学生发掘案件事实体现的思政要素。如在盗窃案件中,教师要指导学生对盗窃者进行负面评价,引导学生形成通过诚实劳动获取经济收益的观念。在骗取贷款案件中,教师要引导学生树立规范意识,不能为了经济目的无底线地造假。教师通过引导学生发掘案件中的思政要素,培养学生的诚实劳动,依法取财、遵守规范等思政意识。

第三,教师通过思政要素引导学生对案件事实及法律适用进行分析制作法律文书。教师指导学生发掘案件事实中的思政要素后,需要利用该思政要素对案件事实进行描述、对法律适用进行分析,以制作法律文书。例如,在对盗窃案件制作起诉书时,对被告进入特定场所的写作可以表述为“潜入”或者“窜入”,以表示对被告人的负面评价。在饲养动物伤人案件中,教师引导学生根据相关法律法规对案件事实及法律适用进行分析后,法律文书应对动物饲养人的饲养行为进行否定性评价,以向社会传达应依法、妥善饲养宠物,防止动物伤人的观念。

第四,教师总结案例中的思政元素,举一反三,强化学生的思政思想。教师指导学生通过利益保护、利益衡量等思政价值目标分析案件事实,发掘案件事实中的思政元素,引导学生制作法律文书后,对提炼的思政元素举一反三,进一步强化学生的思政意识。例如,在对诈骗案件事实制作判决书时,教师提炼案件思政元素后,应指导学生要依法获取钱财不能采取骗取的方式取财,也不能采取盗取、抢夺、侵占等方式取财;民众也不能有占小便宜的心理,否则,就容易上当受骗。教师通过对提炼的思政元素举一反三,巩固学生的思政意识。

(二)评价方式

第一,过程考核与期末考核并重。“法律文书写作基础”课程思政建设改变传统以期末考试“一锤定音”的考核方式,将学生学习过程考核与期末考核相结合。第二,强化学生课堂学习过程考核。在强化学习过程考核中,课程改变传统让学生课后完成任务的考核方式,强化学生课堂学习过程的考核,让学生在课堂中完成规定的思政元素考核任务。第三,重视激励性考核。教师每教授一种法律文书,学生都会制作一份相应的法律文书。教师随机抽取其中 3 份作业作为平时成绩的考核依据,激励学生做好每一份法律文书,提升思政元素教学的有效性。第四,重视考核的实效性。教师针对具体案件考核学生制作法律文书,不将选择、简答、论述等题目形式作为考核方式,提升思政元素考核方式的有效性。

四、课程思政教学资源及研究开发

(一)课程思政教学资源

包括:(1)真实的司法实务案例;(2)司法机关制作的有关法律文书;(3)国家有关法律、法规、政策及社会道德、伦理等。

(二)课程思政研究开发

包括:(1)教研室整理含有思政要素的真实司法案例;(2)教研室撰写课

程思政教学手册，为教师开展课程思政教学提供参考；(3)开展课程思政研讨会，探讨课程思政教学方法；(4)研究课程思政考核方式，强化学生课程思政学习习得。

五、教学实例

(一)严打性侵，关爱女童

1. 视听资料

2020年6月22日20时16分53秒，被告人出现在案发大厅，17分14秒，被告人看到天某某等3人，主动迎上去说话。17分25秒，天某某等3人跑到沙发边，天某某坐在沙发上。17分37秒，被告人来到沙发边，17分42秒被告人将右手放在天某某头上，后抚摸其头发。天某某站起时，被告人顺势用右手抚摸其背部、腰部，天某某欲离开时，被告人将右手移至天某某右胸部，后俯下身体用双手将天某某从背后环抱在怀内，脸贴脸，17分55秒将天某某放开。其间，17分49秒时，另2人跑开。

18分13秒，天某某等3人返回，被告人与其交流，18分20秒，天某某等3人跑进右侧通道，被告人跟随进入，18分56秒，天某某跑到大厅，后又返回，19分4秒，天某某等3人回到大厅，19分10秒，被告人回到大厅。

2. 许某的证言

6月22日晚我跟天某某、王某某一起上完课外兴趣课就跟着家长来到高新区容和大厦吃饭。我和天某某、王某某、小贝(男，9岁)4个小朋友一起在二楼的大厅做游戏玩，我们正在找小贝。这时候一个叔叔走过来，说"我看到一个小男孩往那边去了"。我和王某某就往他指的方向跑去找小贝，天某某还在沙发那里。突然那个叔叔弯着腰从天某某背后把天某某整个人笼罩在沙发上，用双手揉天某某的脸。后那个叔叔放开天某某，天某某就从沙发那里迅速跑到女厕所里去了。那个叔叔又走过来，王某某从后面抓住这个叔叔的手腕说，"你进女厕所了"。这个叔叔转过身来跟王某某说，"嗯，你真聪明"，并把王某某抱起来。王某某用两只胳膊挣扎着想下来，我也拽着王某某的手用力往下拉，那个叔叔就把王某某放下来了。

3. 被害人天某某的陈述

我和许某、王某某还有小贝在一起玩,我们让小贝躲起来,后来我们 3 个人在大厅外面喊小贝出来。这时一位叔叔来到我身后并用手捏我的脸,然后从后面将我环抱住,我用手推了一下没有推动,第二次推开后我就跑到许某和王某某身边。我看见叔叔还在往我这边走,我就往女厕所跑。叔叔紧跟着我要进入女厕所,许某和王某某就跑过来将叔叔给拉住,我趁着间隙从厕所冲出去,回头看见叔叔在女厕所门口抱起王某某,许某立即将王某某手拉了好几下,并拉了下来。后来,我们往餐厅跑并告诉爸爸妈妈。

4. 被害人王某某的陈述

我和几个小伙伴在大厅内玩耍时,一位陌生男性靠近我们之后就捏天某某的脸,并搂住她问我们叫什么名字、在找谁。我们说,我们有一个小伙伴不知道去哪里了。之后我和许某没有回答就跑进酒店二楼的女厕所内,那名男性也跟着准备进到女厕所来,但我们合力把他拉住并告诉他这是女厕所。在女厕所门口,那陌生男子拉住我的手臂将我拽到身旁抱起来,我拼命挣扎,旁边的小伙伴看到之后就跑过来把我拽了下来。

5. 被告人刘林的供述与辩解

2020 年 6 月 22 日供述与辩解:2020 年 6 月 22 日 18 时许,我和亲属在四川省成都市高新区吃饭。吃完饭后,我送朋友离开后在酒店二楼大厅看到 4 个小孩在玩耍,有 1 个小男孩躲起,3 个小女孩找,我就上前去帮那几个小女孩找。几个小女孩没有找到小男孩,她们就拉着我到电梯旁一个门口说让我到那里面去找一下,我看门后没有人就对她们说,这里没有人,我们到其他地方找找。她们没找到,有些失望,我就俯身安慰她们。我只是将手放在一名小女孩胳膊上安抚她,没有搂她,也没有捏小女孩的脸,我没有进入女厕所。在二楼女厕所门口,我抱起一名小女孩,是因为其他小孩走了,我抱起她是想安抚她。我不认识这几个小孩。

2020 年 6 月 23 日供述与辩解:当时我觉得几个小女孩很可爱,我就不自觉地走向其中一个小女孩。她在沙发上玩耍,我先用手摸了一个小女孩头部,后再从头往下摸了小女孩的背部和屁股,又用手搂住这个小女孩,把小女孩搂在怀里,有没有亲她我记不清楚了。这些小女孩离开后我又跟上去,在洗手间门口抱了其中一个女孩,我怎么摸的记不得了。我当时就是脑子发热，一时冲动，喝了点酒，没有控制住自己，乱摸这些不认识的小女孩。我记得自己猥亵了两个小女孩。①

6. 本案思政元素

如何划分亲近未成年人与侵犯未成年权益界限，保护未成年利益，是我国当前司法急需解决的问题。上述案例表明，在与未成年人接触时，我们始终要心怀善意，成年人与未成年人近亲要掌握必要的尺度，且这种尺度要随着未成年人年龄的增大而逐渐收紧，依法保护未成年人的合法权益，严打性侵未成年人的行为。

（二）见义勇为

原告付某系第三人贵州省铜仁市沿河土家族自治县团结街道办事处工作人员，被派驻在团结街道××村工作。2020 年 4 月 1 日 20 时左右，经脱贫攻坚指挥部的工作安排，付某步行前往××村××组召开群众院坝会，途经某村民家门口路段时，看到一辆车牌号为贵 D×××××的白色面包车的车轮掉入路上的井坑，遂组织人员对其进行施救。在帮助车主抬车的过程中不慎扭伤腰部，付某随后到医院诊断治疗，诊断为："L4 椎体压缩性骨折 A 型 NOMO"。2020 年 4 月 27 日，原告付某向被告贵州省铜仁市人力资源和社会保障局（以下简称铜仁市人社局）提交工伤认定申请。被告铜仁市人社局于 2020 年 4 月 28 日立案受理，经依法履行相关程序并调查取证后，于 2020 年 6 月 25 日作出《不予认定工伤决定书》（铜工认字〔2020〕2800044 号），认定原告付某所受伤害不符合《工伤保险条例》第 14 条、第 15 条的规定情形，不属于认定工伤和视同工伤范围，决定不予认为工伤。原告付某不服该决定，于 2020 年 8 月 11 日向被告铜仁市人民政府申请行政复议，2020 年 8 月 18 日铜仁市人民政府受理了该行政复议申请，经审查，其认为铜仁市人社局作出的铜工认字〔2020〕2800044 号《不予认定工伤决定书》，事实清楚、证据确凿、程序合法、适用依据正确。遂依据《行政复议法》之规定，于 2020 年 9 月 22 日作出《行政复议决定书》（铜府行复决字〔2020〕47 号），维持了铜仁市人社局作出的《不予认定工伤决定书》（铜工认字〔2020〕2800044 号）的决定。原告

① 案例资料有改编。

付某不服,诉至本院,诉请如前。

思政元素:见义勇为、助人为乐是中华民族传统美德,司法机关应鼓励见义勇为行为,司法机关应通过工伤认定等措施提倡助人为乐的社会美德。

(三)公序良俗

2017年5月2日9时24分许,段某(69岁)与杨某(30岁)先后进入河南省郑州市金水区某小区电梯内,因段某在电梯内吸烟杨某进行劝阻,两人遂发生言语争执。出电梯后,两人仍有言语争执,段某情绪比较激动。双方被该小区物业公司工作人员劝阻后,杨某离开,且情绪比较平静。段某同物业公司工作人员一同进入物业公司办公室休息,段某突发心脏病猝死。后段某家属向法院起诉,要求杨某赔偿经济损失。本案一审河南省郑州市金水区人民法院支持了原告一部分诉求,二审河南省郑州市中级人民法院驳回了原告全部诉求。

思政元素:遵守社会公共秩序是每个公民的应尽职责,公民对他人实施的破坏社会公德的行为都有制止的权利。公民依法、适当地制止破坏社会秩序的行为应当值得提倡,以维护公序良序。

六、“法律文书写作基础”课程思政元素总览表

课程章节	重要的课程思政元素	相关联的专业知识或教学案例	所属思政维度
第一章　概述	1. 家国情怀; 2. 社会主义核心价值观	法律文书主旨必须合法、合理(南京彭宇案)	国家层面
第二章　法律调研及法律策划	1. 依法诚信; 2. 符合职业伦理	从事法律调研及进行法律策划应以事实为基础,以法律为准绳,依法为当事人争取合法利益	国家层面
第三章　民事起诉状制作	1. 公序良序; 2. 诚实信用	诉讼请求在合法、合理的基础上,还应符合社会主义核心价值观(郑州电梯劝烟猝死案)	实践层面

续表

课程章节	重要的课程思政元素	相关联的专业知识或教学案例	所属思政维度
第四章　民事判决书制作	1. 社会公德; 2. 友情行为	民事裁判文书释法说理应当体现对社会美好事务的提倡,对社会阴暗面的鞭挞(广东香蕉噎死小孩案)	实践层面
第五章　起诉书制作	1. 遵纪守法; 2. 合法取财	起诉书要将被告实施的犯罪行为写清楚,以体现对犯罪行为的否定性评价(电信诈骗案)	实践层面
第六章　代理词/辩护词制作	1. 常识常理常情; 2. 保证民生	制作代理词/辩护词时,在引用法律、法规释法说理的同时,文书也应利用常识常理常情讲出生活中道理(不动产产权登记错误案)	实践层面
第七章　刑事判决书制作	1. 维护社会秩序; 2. 遵守社会规范	刑事判决书事实部分及讲理部分写作应体现对犯罪行为的针对性描述及否定性评价,以向社会传递对社会秩序的维护(电信诈骗案)	实践层面
第八章　笔录制作	1. 尊重事实,实事求是; 2. 依法取证	笔录应客观、真实、全面地记录,不能带有制作者的主观性(办案人员刑讯逼供的案例)	实践层面

（李林）

“犯罪心理学”课程思政教学指南

一、“犯罪心理学”课程简介

（一）课程对象

本课程的对象有两类：一是作为专业选修课向法学专业本科生一年级学生开设；二是作为公共选修课向全校所有非法学专业学生开设。

（二）开设目的

本课程的开设目的：一是在知识层面，开阔学生视野，加深其对法学基础知识的掌握程度，提升学生的基础理论知识水平。二是在能力方面，注重学生科学思维以及分析解决问题能力的培养，课程既考虑到学生学习犯罪心理学自带的积极性，又考虑到培养人才所需的专业能力和科学精神的训练，提升学生远离违法犯罪的意识、增强学生预防犯罪被害的能力。三是在情感方面，着眼于培养高素质法治人才的要求，结合社会热点和司法实践，挖掘思政元素，更新教学内容，结合课程知识进行综合分析，加强学生在面对热点事件时的分析能力，让学生德法兼修、知事明理，明确自己的行为界限，形成对中国特色社会主义法治的坚定信念。

（三）主要内容

犯罪心理学是对犯罪现象背后与犯罪有关的心理现象及其规律进行研究的学科。本课程结合犯罪心理学学科生成史和犯罪心理生成机制，围绕课程核心教材的犯罪心理学绪论、犯罪心理生成论、犯罪心理类型论、犯罪心理治理论 4 个单元，深入剖析犯罪心理学主要理论流派、不同犯罪类型的心理特征,及犯罪心理学在刑事诉讼、罪犯矫治、犯罪预防中的运用等问题,并密切联系社会现实、实践案例尤其是受到广泛关注的重要案例,突出犯罪心理学的研究重点及学科特色。

(四)课程特色

在犯罪心理学教学中开展思政教育要摒弃传统的"满堂灌"授课方式,注意教学方法的多元化。本课程通过思政教学的方式,贯彻智慧教育的理念,采用线上线下混合式教学模式,采取案例教学、热点事件分析、研讨辩论、情景模拟等多元教学方法,深入挖掘思政教育元素,实现专业教育与课程思政理念有机融合,引导学生形成正确的价值观、人生观和世界观,让学生掌握待人接物、为人处世的正确方法,培养身心健康、德法兼备人才,提升育人育才效果。

二、教学目标与教学内容

(一)教学目标

学生通过学习"犯罪心理学"知识,有助于了解追究刑事责任和矫治犯罪的心理基础,形成刑事一体化的基本理念。本课程在讲授具有交叉学科性质的法学知识体系与对学生进行技能培养的同时,以培养学生的社会责任感作为目标,更加重视立德树人的根本任务。

1. 知识目标:使学生系统掌握犯罪心理知识,不断完善知识结构体系。学生在学习法学专业知识的同时,系统学习、掌握犯罪心理学知识,可以使自己的知识面更加广阔,知识结构体系更加完善。

2. 能力目标:深入了解犯罪心理机制,不断增强自我防范意识。学生在了解犯罪生成的心理机制后,可以及时纠正自我认识偏差、甄别潜在犯罪危险,防止施害和被害。学生通过积极参加本课程设置的情景模拟、案例研讨、庭审观摩、监所访谈等实践活动,不断提高知识的实践运用能力。

3. 价值目标:认真领悟课程思政内涵,不断提升自身综合素养。本课程在设计中融入了大量课程思政元素,学习本课程有助于学生养成法治思维、坚定法治信仰、实现德法兼修,不断提升自身综合素养。

(二)教学内容

1. 课堂设计思路

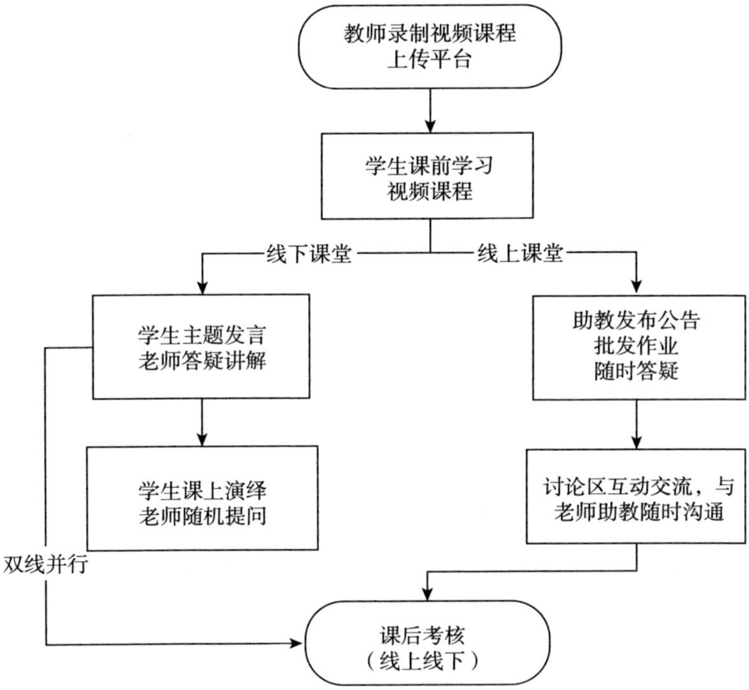

2. 教学重难点及对重难点的处理

授课大纲	教学重难点	处理方式
犯罪心理学绪论	犯罪心理学的任务、学派及其基本观点	教师讲授、提问、记录不同学生对此看法,开设争辩模式
犯罪心理生成论	影响犯罪的因素	案例观看,学生分析,采取演绎形式
犯罪心理类型论	不同犯罪主体类型的行为特征和心理因素	小组选择不同主体进行主题报告,对其中思政元素可以单独梳理
犯罪心理治理论	犯罪心理的预测、预防,罪犯心理的矫正等方法	课后考核,线上与线下相结合进行考核(包括考试、报告等各种形式)

三、课程思政教学方法与评价方式

（一）教学原则

1. 教育性与科学性相统一，促进学生全面发展。

2. 理论联系实际，学习内容联系学生生活，有机整合学生的需求与经验。

3. 启发性原则，以学生为中心，引导学生独立思考，积极探索，提高分析问题和解决问题的能力。

（二）教学方法

犯罪心理学的课程尽管有明确教学大纲与知识框架，但每次课堂教学都会适度采用构建式教学方法，即具体教学内容会根据同学们的思考与提问以及教师的适时引导而形成，具体知识点的广度与深度很大程度上取决于学生与教师的现场构建。课程根据现场情境而临时构建讨论话题，以案说法邀请学生进行案例模拟，通过调动情绪、诉诸情感、明辨情理，化抽象为具体、变说教为启迪，提高课堂教学的思辨性、亲近感、活跃度、感染力。

教学以组织学生进行线上或线下法院庭审观摩、监狱或少管所等警示教育场所参观、邀请公检法司等实务工作同志授课讲解等方式，增强学生对相关教学内容的学习积极性、理论认知度、实践操作力。通过理论阐释与实践认知的有效融合，提高学生学以致用、知事明理、自我防护的能力，实现法学专业课与思想政治课的自然融合。

（三）评价方式

学生成绩由线上成绩和线下成绩两部分组成，线上成绩主要包括单元测试成绩、在线讨论成绩、期末考试成绩，线下成绩主要包括课堂表现成绩和实践训练成绩。考核内容包括基础知识、能力提升、素质拓展和高阶挑战等部分，难易区分有度，可以较好地测试学生的知识掌握情况和能力提升情况。

四、课程思政教学资源及研究开发

1. 政策文件。党和国家关于犯罪治理、社会治理的重要文件，特别是习近平总书记的重要讲话、指示和批示。

2. 法律法规。以宪法为统帅的中国特色社会主义法律体系，特别是《刑法》《刑事诉讼法》《监狱法》等相关法律。

3. 司法案例。通过中国裁判文书网等平台收集的典型案例，最高人民法院、最高人民检察院发布的指导性案例和典型案例，以及其他重大、典型案例。

4. 教材资源。梅传强主编的《犯罪心理学》(中国法制出版社 2023 年版)、梅传强主编的《犯罪心理学》(法律出版社 2024 年版)等犯罪心理学方面的重要教材，以及犯罪心理学的相关代表性著作、论文。

5. 线上资源。由西南政法大学犯罪心理学教学团队录制的犯罪心理学在线课程，在中国大学 MOOC(慕课)平台运行，供学生课前自主学习。

五、教学实例

(一)教学实例一：大学生犯罪的心理特征

1. 基本信息

课程名称	犯罪心理学	学时	线上 1 学时 + 线下 1 学时
授课内容	大学生犯罪的心理特征	授课对象	法学专业本科生

2. 教学理念

(1)智慧教学理念

课程充分利用现代信息技术的便利，采取线上学习与线下学习相结合的混合式教学模式。改变传统的单一课堂教学模式，实现了现代信息技术与教育教学的深度融合。学生课前在线上自主观看学习视频，完成老师布置的课前任务，课堂中再进行集中研讨。

(2)学生主体理念

教学过程以激发学生学习主动性为中心，增强学习效果、促进学生全面发展。注重学生的参与，通过课堂提问、课堂汇报发言、典型案例研讨、师生交流互动、情景演绎、角色扮演等方式，让学生成为课堂的主体。

(3)实践导向理念

一是通过对大学生犯罪典型案例的剖析,让学生了解大学生犯罪的典型心理特征,从而增强大学生远离犯罪和防范侵害的意识与能力。

二是结合当前大学生在学习、生活和交往中出现的常见问题,构建大学生所面临的具体情境。让学生通过角色扮演等方式,加深对犯罪心理学知识的理解,同时将所学知识灵活地应用于生活中所面临的具体问题,提升大学生应对犯罪、守护权利、解决问题的实践能力。

(4)思政融合理念

通过课堂教学,本课程让学生更好地认识大学生犯罪的典型心理特征及其危害,使其形成遵纪守法的观念,正确处理学习、生活和交往中出现的问题,既让学生自己远离犯罪,又让学生拥有和谐的人际关系,从而防止遭受违法犯罪的侵害。将思政元素灵活地贯穿于课堂教学之中,全面培养学生的认知能力、思辨能力、实践能力,培育身心健康、人格独立、知事明理、德法兼修的高素质人才。

3. 教学目标

(1)知识层面的目标

学生了解大学生犯罪的主要类型,运用犯罪心理学的基本原理剖析大学生犯罪的典型案例,掌握大学生犯罪的典型心理特征。

(2)运用层面的目标

第一,学生能够运用犯罪心理学的知识剖析现实中的典型案例,增强对知识的理解和运用。

第二,学生知道在日常学习、生活中可能面临的人际矛盾等现实问题,运用犯罪心理学的基本知识,学会恰当、理性、科学地处理矛盾或纠纷,从而建立和谐的人际关系,有效化解矛盾,防止发生违法犯罪行为,实现远离犯罪的目标。

(3)思政层面的目标

课程教学能让学生认识到大学生犯罪的典型心理特征及其危害,使其形成遵纪守法的观念,正确处理学习、生活和交往中出现的问题,既让学生自己远离犯罪,又让学生建立和谐的人际关系,从而防止遭受违法犯罪的侵害。本课程将法纪意识等思政元素灵活地贯穿于课堂教学之中,对帮助大学生认识犯罪心理特征、预防犯罪行为、处理人际关系以及维护个人和社会安全具有重要作用。同时,课程结合社会主义核心价值观和社会主义法治精神的要求,引导学生思考如何在实际生活中践行这些价值观和原则。

4. 教学方法

(1)引导式教学方法:教师通过对基本知识的讲解和重点问题的引导,激发学生思考,深化其对知识的理解。

(2)研讨式教学方法:学生课前观看线上视频并对课前任务做准备后,在课堂上对典型案例进行研讨,通过对重点问题开展交流讨论等形式,充分围绕大学生犯罪心理特征的理论与实践问题开展研讨交流。

(3)情景式教学方法:课程通过模拟具体的生活场景,让学生通过角色扮演的方式,亲身演绎日常生活中所面临的具体场景,从而掌握防范犯罪、保护自己的方法。

5. 教学准备

(1)教师的准备:包括:一是提前发布课堂讨论案例;二是提前设置重点研讨问题;三是提前设置情景运用场景;四是提前布置学生课前任务。

(2)学生的准备包括:一是提前观看线上中国大学 MOOC(慕课)平台上本教学团队所录制的“犯罪心理学”教学视频第 37 讲,学习大学生犯罪心理特征的基础理论知识。二是收集和阅读文献,了解大学生犯罪的主要类型。

6. 教学过程

(1)主题引入和知识回顾:主讲教师简要回顾线上教学视频第 37 讲“为什么会从象牙塔走向高墙”的知识点,引出本堂课的教学主题。

(2)知识答疑:学生在课前观看了线上教学视频之后,对线上教学视频所讲授的内容仍然存在的疑问,由学生在课堂上提出来,教师进行集中答疑。

(3)研讨交流:这是本节课的重点,针对本节课的内容,就大学生犯罪心理特征的 3 个问题展开重点研讨,由师生进行互动交流。第一,大学生犯罪的主要类型。抽查学生进行课堂发言,检查学生的课前准备情况。

第二,大学生犯罪的典型心理特征有哪些? 由学生进行课堂发言,师生进行交流讨论。

第三,林某某故意杀人案的心理分析。由学生在课前准备的基础上,在课堂上进行汇报发言,师生进行交流讨论。

第四，大学生犯罪的学习启示。以抢答的方式，让学生参与发言讨论，表达自己的观点。对抢答的学生给予加分奖励，以激励学生参与课堂讨论，勇于发表自己的观点。

(4)情景运用

结合大学生在学习、生活、交往中常见的问题，设置具体的情景，由学生进行角色扮演，以逼真的场景让学生懂得如何去处理人与人之间的纠纷、矛盾，懂得运用犯罪心理学的有关知识去化解矛盾，建立和谐的人际关系，从而守护自己的合法权利，防止遭受犯罪的侵害。

具体场景如下：

小张、小刘是某大学同寝室的室友。晚上12点，学习劳累了一天的小张躺在床上准备睡觉，但小刘仍然兴致盎然地用手机外放音乐。小张提醒小刘时间太晚了，让小刘把声音关掉，但小刘不理不睬。没过一会儿，小刘又开始跟自己的女朋友煲电话粥，吵得小张难以入睡。

问题：如果你是小张，你应该怎么办？

(5)课堂总结：教师对整堂课的知识和学生的表现进行简单总结，提出进一步思考和课后阅读、拓展、实践的方向。

7. 重点难点

(1)重点：大学生犯罪的典型心理；林某某杀人案的心理剖析；大学生犯罪心理知识的学习启示。

(2)难点：如何让学生运用犯罪心理学的基础知识，分析林某某杀人案等实践中所发生的典型案例？如何让学生将所学到的有关大学生犯罪心理特征的知识，运用到日常生活、学习之中，让犯罪心理学知识成为学生建立良好人际关系、形成遵纪守法观念、有效防范犯罪的指导？

(二)教学实例二：犯罪心理的转化

1. 基本信息

课程名称	犯罪心理学	学时	线上1学时+线下1学时
授课内容	犯罪心理的转化	授课对象	法学专业本科生

2. 教学理念

(1)智慧教学理念:课程充分利用现代信息技术的便利,采取线上学习与线下学习相结合的混合式教学模式。改变传统的单一课堂教学模式,实现了现代信息技术与教育教学的深度融合。学生课前在线上自主观看学习视频,课堂中再进行集中研讨。

(2)学生主体理念:教学过程以激发学生学习主动性为中心,增强学习效果、促进学生全面发展。注重学生的参与,通过课堂提问、课堂汇报发言、典型案例研讨、师生交流互动、情景演绎、角色扮演等方式,让学生成为课堂的主体。

(3)实践导向理念:课程根据犯罪行为发生、发展的复杂情况,构建具体的犯罪情景,让学生了解犯罪发生、发展的规律,提升应对犯罪的能力,提高学生的实践运用能力。

(4)思政融合理念:通过课堂教学,本课程让学生更好地认识犯罪,形成遵纪守法的观念。这种观念不仅涉及对犯罪行为的法律和道德评价,还包括对犯罪心理深层次原因的探讨和理解。通过这种融合教育,学生能够全面地认识到犯罪行为的复杂性和多维度,从而培养出更加成熟和理性的法治观念和社会责任感。

3. 教学目标

(1)知识层面的目标:学生系统掌握犯罪心理转化的内涵、犯罪心理转化的表现形式、影响犯罪心理转化的主观因素与客观因素。

(2)运用层面的目标:学生知道犯罪心理形成后会发生的变化,掌握应对犯罪的基本技巧和方法,在面对犯罪侵害时以正确、合理的方法去应对犯罪,防止遭受更严重的侵害,守护自己的安全。

(3)思政层面的目标:学生通过犯罪心理转化知识的学习,更好地认识犯罪,树立起与犯罪作斗争、守护合法权利的理念,提升预防犯罪的能力,做一个守法、用法的公民。

4. 教学方法

(1)引导式教学方法:教师通过对知识的讲解和问题的引导,激发学生思考,深化对知识的理解。

(2)研讨式教学方法:课堂设置师生互动交流,通过对犯罪心理转化知识进行重点研讨，让学生明白犯罪心理为什么会发生转化，以及怎样促使犯罪心理发生良性转化。

(3)情景式教学方法：课程通过模拟具体的犯罪场景，让学生通过角色扮演的方式，亲身演绎犯罪人和受害人，从而掌握应对犯罪的技巧。

5. 教学准备

(1)教师的准备：提前设置重点研讨问题；提前设置情景运用场景；提前布置学生课前任务。

(2)学生的准备：提前观看线上教学视频第 19 讲。

6. 教学过程

(1)主题引入：教师简要回顾线上教学视频的知识点，引出本堂课的教学主题。

(2)知识答疑：针对课前学生在观看了线上教学视频之后，对线上教学视频所讲授的内容仍然存在的疑问，由学生在课堂上提出来，教师进行集中答疑。

(3)研讨交流：针对本节课的内容，就犯罪心理转化的 3 个问题展开重点研讨，由师生进行互动交流。教师引导学生深化对犯罪心理转化的影响因素、促使犯罪心理转化的方法、犯罪心理转化的启示 3 个重点知识进行思考，并进行深度讨论。

(4)情景运用：课堂设置具体的情景，由学生扮演犯罪人和被害人，以逼真的场景让学生懂得犯罪心理转化的具体表现，懂得如何在具体的情景中运用犯罪心理转化的知识，去促使犯罪人的心理发生良性转化，从而守护自己的合法权利，防止遭受犯罪的侵害。

(5)课堂总结：教师对整堂课的知识和学生的表现进行简单总结，提出进一步思考和课后阅读、拓展、实践的方向。

7. 重点难点

(1)重点：影响犯罪心理转化的因素；犯罪心理转化的表现形式；促使犯罪心理转化的方法。

(2)难点：如何让学生掌握应对犯罪的技能，从而在具体的犯罪场景中促使犯罪人的心理发生良性转化？

(三)教学实例三:毒品犯罪的心理特征

1. 基本信息

课程名称	犯罪心理学	学时	线上1学时+线下1学时
授课内容	毒品违法犯罪心理	授课对象	法学专业本科生

2. 教学理念

(1)智慧教学理念:课程充分利用现代信息技术的便利,采取线上学习与线下学习相结合的混合式教学模式。改变传统的单一课堂教学模式,实现了现代信息技术与教育教学的深度融合。学生课前在线上自主观看学习视频,课堂中再进行集中研讨。

(2)学生主体理念:教学过程以激发学生学习主动性为中心,增强学习效果、促进学生全面发展。注重学生的参与,通过课堂提问、课堂汇报发言、典型案例研讨、师生交流互动、情景演绎、角色扮演等方式,让学生成为课堂的主体。

(3)实践导向理念:教师根据毒品犯罪在实践中的高度隐蔽化的手段方式,构建具体的犯罪情景,让学生了解犯罪发生、发展的规律,提升应对犯罪的能力,提高学生的实践运用能力。

(4)思政融合理念:通过课堂教学,本课程让学生更好地认识毒品违法犯罪的严重危害,进一步加大学生对毒品危害性的认识,提升学生对新型毒品的甄别能力,营造浓厚的禁毒教育氛围,保护和促进青年学生的身心健康,切实让毒品远离校园、远离学生,增强学生的法治观念、社会责任感和自我保护能力,促进其全面发展。

3. 教学目标

(1)知识层面的目标:学生了解我国《刑法》中毒品犯罪的主要罪名,并结合犯罪心理学的基本知识掌握毒品犯罪的典型心理特征。

(2)运用层面的目标:学生认识毒品犯罪的发展态势,尤其是新精神活性物质类毒品犯罪所呈现出的隐蔽性、欺骗性、危害等特征,并认识到毒品违法犯罪的严重危害,提升拒毒反毒的意识和能力。

(3)思政层面的目标:学生通过毒品犯罪心理知识的学习,更好地认识毒品犯罪发生、发展的规律,树立起与犯罪作斗争、守护合法权利的理念,提升预防犯罪的能力,做一个守法、用法的公民。同时,学生能充分认识到党和政府厉行禁毒的方针政策,感受我国在禁毒领域所取得的巨大成就,讲好中国禁毒故事。

4. 教学方法

(1)引导式教学方法:教师通过对毒品犯罪心理知识的讲解和问题的引导,激发学生思考,深化其对知识的理解。

(2)研讨式教学方法:课堂设置师生互动交流,通过对毒品犯罪心理知识进行重点研讨,让学生掌握毒品犯罪的典型心理特征,认识到毒品犯罪发生、发展的内在机理以及毒品犯罪治理的复杂性,从而提升其毒品犯罪治理的理念和能力。

(3)情景式教学方法:课程通过模拟具体的犯罪场景,使学生认识到毒品违法犯罪分子采用的惯常手段,并让学生认识到毒品距离我们并不遥远,从而掌握应对犯罪的技巧。

5. 教学准备

(1)教师的准备:提前设置重点研讨问题;提前设置情景运用场景;提前布置学生课前任务。

(2)学生的准备:提前观看线上教学视频。

6. 教学过程

(1)主题引入:教师简要回顾线上教学视频的知识点,引出本堂课的教学主题。

(2)知识答疑:针对课前学生在观看了线上教学视频之后,对线上教学视频所讲授的内容仍然存在的疑问,由学生在课堂上提出来,教师进行集中答疑。

(3)研讨交流:这是本节课的重点。针对本节课的内容,就毒品犯罪心理的3个问题展开重点研讨,由师生进行互动交流。在《刑法》对毒品犯罪规定了非常严厉的刑罚的情况下,为什么毒品犯罪依然屡禁不绝?从这一问题出发,教师引导学生进行深度讨论,让学生认识到毒品犯罪发生、发展的复杂性,并思考如何提升打击毒品犯罪的能力。

(4)情景运用:课堂通过设置具体的情景,演绎毒品犯罪分子通常实施的手段方法,让学生认识到毒品问题距离日常生活并不遥远,从而守护自己的合法权利,防止遭受犯罪的侵害。

(5)课堂总结:教师对整堂课的知识和学生的表现进行简单总结,提出进一步思考和课后阅读、拓展、实践的方向。

7. 重点难点

(1)重点:毒品犯罪的发展态势;毒品犯罪的典型心理;毒品犯罪的防控对策。

(2)难点:一是在《刑法》对毒品犯罪作出严厉规定的情况下,为什么毒品犯罪依然屡禁不绝?二是面对毒品犯罪的最新发展态势,我们如何拆除毒品和毒品违法犯罪的伪装,从而远离毒品违法犯罪?

六、“犯罪心理学”课程思政元素总览表

课程章节	重要的课程思政元素	相关联的专业知识或教学案例	所属思政维度
第一章　犯罪心理学的研究对象、任务和方法	通过展示心理学研究方法,让学生树立科学研究伦理底线思维	犯罪心理学的研究方法	科研伦理
第二章　犯罪心理学的历史与现状	以老一辈学者进行学科开拓的历史激励学生,培养其科学研究的精神	我国研究犯罪心理学的发展简史	科学精神
第三章　犯罪的理论学派	1. 通过向学生介绍当前犯罪心理学理论的发展路径与时代背景,激发其进行科学研究与创新的精神,为建构和谐社会助力; 2. 通过向学生讲解一些与犯罪心理学有关的“流行性”观点,展示科研甚至是日常生活中必需的批判性思维	犯罪心理学各理论流派的最新发展	创新精神、批判性思维
第四章　影响犯罪心理形成发展的外部因素	通过向学生介绍当前法律意识研究的匮乏,激发其科学研究与创新的精神动力,为建构和谐社会助力	社会环境与不良文化因素	创新精神

续表

课程章节	重要的课程思政元素	相关联的专业知识或教学案例	所属思政维度
第五章　犯罪心理的形成与内在因素的影响	1. 学生讨论自身法律意识水平,以提升守法意识; 2. 通过讲述对不良心理的关怀与干预等内容,培养学生形成对社会主义核心价值观的内心认同	1. 影响犯罪心理形成的个性心理特征; 2. 犯罪心理生成机制	守法意识、社会主义核心价值观
第六章　犯罪心理的主观差异与经历差异	通过讲述犯罪人对家庭、社会造成的危害以及所承担的法律后果,培养学生对法律的敬畏心,树立对法律的信仰	初犯、累犯、惯犯犯罪特点之比较	法律信仰
第七章　犯罪心理的年龄差异	通过展示不同年龄犯罪人的心理特点及其形成原因,向学生明确是非善恶的标准,明确自己的行为界限从而做到远离违法犯罪,并形成正义感和法纪意识	青少年犯罪心理	是非观、正义观
第八章　犯罪心理的性别差异	通过展示性别心理差异的来源,向学生明确性别角色在生活中的影响,培育其形成正确的两性观念,消除常见的性别歧视	影响犯罪性别差异的因素	是非观、正义观
第九章　犯罪心理的组织形式差异	通过讲述犯罪人对家庭、社会造成的危害以及所承担的法律后果,培养学生对法律的敬畏心,树立其对法律的信仰	有组织犯罪的心理特征	法律信仰
第十章　几种主要的犯罪心理	1. 通过展示不同类型犯罪人,向学生明确是非善恶的标准,培育其形成正义感和法纪意识; 2. 通过展示不同类型犯罪行为的社会危害,让学生树立社会责任感;	财产犯罪、暴力犯罪、毒品犯罪	是非观、正义观、社会责任感、法律信仰

续表

课程章节	重要的课程思政元素	相关联的专业知识或教学案例	所属思政维度
	3. 通过讲述犯罪人对家庭、社会造成的危害以及所承担的法律后果，培养学生对法律的敬畏心，树立其对法律的信仰		
第十一章 刑事司法过程中的犯罪心理学问题（实践教学）	1. 通过介绍审讯的相关内容让学生了解犯罪行为难以通过抵抗摆脱责任，树立法治思维； 2. 向学生展示审讯干警是如何突破重重困难打开案件突破口，维护社会治安与稳定，使学生学习其敬业奉献精神； 3. 通过让学生了解测谎的原理及技术，让其明白在现代技术手段下，谎言是无处遁形的，培养其诚信精神	侦查、讯问、审判过程中犯罪嫌疑人、被告人的主要心理特征	法治思维、奉献精神、诚信精神
第十二章 犯罪心理的矫正	引导学生了解罪犯心理矫治在降低再犯率、维护社会稳定中的重要作用，让学生们了解监狱干警工作的辛苦与不易，引导其树立敬业奉献精神	犯罪心理矫正的可能性	奉献精神
第十三章 犯罪心理的预测与预防	1. 引导学生了解心理评估在司法工作中的重要性，培养其将所学知识应用于司法实践的责任意识； 2. 让学生将学习与社会和谐稳定、国家繁荣富强相结合，培养其责任使命意识； 3. 总结课程内容，升华学生的爱国情怀，促使其立志强国，并将其转化为实际行动	犯罪心理预防	责任意识、使命意识、爱国情怀、强国志向、报国行动

（胡江、王晓楠）

“马克思主义法学经典著作选读”课程思政教学指南

一、“马克思主义法学经典著作选读”课程简介

（一）面向对象和开设目的

本课程面向法学专业本科二年级开设，开设目的在于引导学生回归马克思主义法学经典著作，准确理解马克思主义法学的基本原理及其底层逻辑，并培养学生们的经典意识。

（二）课程内容

第一，“马克思主义法学史串讲”。作为课程的第一讲（共2学时），帮助学生建立起理解马克思主义法学的基本思想史框架。

第二，“文本精讲”。作为课程的主体部分（共14学时），按照3个标准精选出马克思主义法学经典本文用于精讲。其一是文本在马克思主义法学形成发展史的地位；其二是文本对于授课对象的可理解度；其三是文本与一般法学理论的相关性。

（三）课程特色

第一，回归经典。课程完整地还原马克思主义法学经典命题和理论的论述过程，以理论自身的逻辑严密性、完备性和科学性产生强大的说服力。

第二，回归历史背景。课程还原经典文本的时代背景，以及马克思主义经典作家的生活事迹与思想轨迹，唤起学生的同理心和共情感，使学生真正地理解和认同马克思主义的崇高追求。

第三，结合学生兴趣。课程切中学生的求知欲、理解力和知识基础，以学生能够理解的、接地气的方式生动讲授抽象理论。

第四，结合部门法学知识点。课程注重讲清楚本课程中学习的基本原理对部门法学的影响。

第五，结合习近平法治思想“三进”工作。课程在讲授马克思主义经典文本时，解析习近平法治思想的理论基础，并引导学生运用经典理论分析全面依法治国的具体实践。

二、教学目标与教学内容

（一）教学目标

1. 价值目标：本课程使学生树立马克思主义的科学世界观、价值观、人生观和方法论，在理论源头处正确、深刻理解习近平法治思想；培育德法兼修的高素质法治人才，打造自觉以马克思主义法学理论指导法治实践和学术研究的后备力量。

2. 知识目标：学生熟悉马克思主义法学经典文本，准确地理解、掌握马克思主义法学的基本立场、核心命题和重要理论，系统地把握马克思主义法学的基本精神和理论体系。

3. 能力目标：本课程培育法学研究的经典意识，使学生掌握阅读马克思主义法学经典著作乃至各类法学经典著作的学术方法，形成经典文献研究的学术能力。

（二）教学内容

1. 课堂设计思路

课程教学内容由 3 个板块组成：

一是学生课前阅读。为引导、督促学生自觉阅读经典著作，在“文本精讲”课前教师发布阅读任务，以布置思考题、指明文本关键词、推荐参考文献等方式，为学生提供阅读指引。学生课前阅读任务的完成度，由任课老师以课堂提问的方式进行检验，并将其体现在成绩评定中。

二是文本背景介绍。在课堂教学时，教师首先将文本放置于社会发展史和法学发展史的大背景中进行介绍，还原马克思主义经典作家的生活、思想轨迹，帮助学生理解经典文本及其中经典理论命题的来龙去脉。

三是文本理论分析。作为课堂教学注重文本总体讲解和经典命题解析相结合。教师在讲授经典命题时，带领学生从马克思提出这些命题的“原因”出发，理顺其底层逻辑和推导过程，带领学生跟着马克思的思路，逐步接近这些命题的“结论”。同时，教师在进行理论分析时，注重讲清楚该理论在法理学和部门法学中的具体体现。

2. 教学重难点及其处理方式

第一，厘清专业知识教育和思政教育双重属性，实现“课程思政”和“思政课程”同步推进。

在本课程的框架中，思政教育和专业教育具有天然的亲和性，这使本课程容易被混淆为“思政课程”而冲淡课程本身应有的专业知识属性。部分学生因对本课程缺乏热情，仅仅在“应试”目标驱动下学习。

处理方式：授课采取“两步走”的“课程思政”＋“思政课程”双重推进路径。

第二，破解学生关于马克思主义法学的误读和偏见，使学生以严肃的学术态度对待马克思主义法学经典著作。

大多数学生仅接触到被简化为命题的马克思主义法学理论，从而产生对马克思主义法学理论的误读和误用；部分学生将马克思主义法学的理论命题当作空洞、抽象的政治口号，未能理解经典著作的精髓。

处理方式：一是授课内容回归马克思主义经典文本，以“非教条”的形式系统、准确讲授马克思主义法学的重要命题和理论；二是教学运用多样的手段，以更加生动、鲜活、“接地气”的方式，提升教学亲和度。

第三，消除阅读经典学术文献的畏难情绪，树立阅读学术经典的自觉意识和科学方法。

法学专业学生对教科书存在重度依赖，习惯于简单地背诵、记忆教科书上的命题、法条等“干货”，而忽视对其背后原理进行系统理解，在面对语言相对晦涩、论述相对深奥的经典学术文献时，往往陷入畏惧情绪。

处理方式：一是教学资源创新，原始文献作为最根本的教学资料，辅以教学团队编写的讲义，教学过程皆以经典文本为据；二是教学管理方式创新，教师为学生规划好课程的阅读计划,采取“翻转课堂”教学方式,在考核中进行目标管理。

三、课程思政教学方法与评价方式

(一)教学方法

1. 根本路径:“两步走”的“课程思政”+“思政课程”双重推进路径

第一步,由“思政”到“专业”:明确并强调本课程的法学专业课程性质。教师以马克思主义法学关于法律本体论、价值论、社会论的重要观点和理论为专业知识传授出发点,注重本课程与其他法学专业课的相互衔接,将学生拉入法学专业知识语境中进行学习。教学内容以马克思主义法学关于法律本体论、价值论、社会论的重要观点和理论为核心知识点和专业知识传授的落脚点。教学方法突出本课程与其他法学专业课尤其是理论法学课程的方法共性,注重本课程与其他法学专业课的相互衔接,将其有机地融入法学专业课程的体系之中。

第二步,由“专业”到“思政”:在法学专业课程的形式和内容中,再次引回思政教育内容。本课程以专业理论教学的方式进行,推动马克思主义法学及作为其基础的马克思主义基本理论的教学,从形式上淡化专门的思想政治教育的刻意色彩,以马克思主义法学理论自身强大理论魅力和说服力触动学生的心灵,从而使思想政治教育的目的通过润物细无声的方式达到和实现。

2. 具体教学方法

一是以马克思主义理论自身的强大魅力和说服力感召学生。在讲授经典理论时,教学团队从各个经典命题的理论“原因”出发,向同学明确马克思提出这些作为“结论”的命题的问题意识,挖掘理论的张力,不断激发学生的求知欲,带领同学们跟着马克思的理论思路,一步一步地接近这些“结论”。由此,使学生对马克思主义基本原理不仅知其然,更知其所以然,使学生在以严肃的学术态度学习马克思主义法学经典著作的过程中,树立对马克思主义的内心认同。

二是通过讲故事的方式还原马克思主义经典作家的生活事迹与思想轨迹,将马克思作为一个“活生生的人”展现在学生面前。尤其是可以通过讲授青年马克思的大学生活，唤起学生的同理心和共情感，使学生真正地理解和认同马克思的所思所想和马克思主义的崇高追求。

三是在教学形式上灵活地穿插动漫、影视作品等流行文化元素，以学生喜闻乐见的方式讲述马克思主义法学的时代背景和理论内涵。在每节课前，任课教师向学生播放中宣部理论局策划的动漫作品《领风者》，同时推荐学生观看德国柏林电影节入围作品《青年马克思》等优秀的文艺作品。

四是通过情景模拟的方式，使学生身临其境地认知马克思主义经典文本中的重要论战。如在讲授《莱茵报》时期重要文本《关于林木盗窃法的辩论》时，任课教师模拟莱茵省议会辩论的场景，让学生进行角色扮演进行辩论，促使学生更加真切地理解马克思关于法律、习惯、利益的重要理论论述。

五是进行双师同堂教学。两位任课老师不同的教学风格和各有侧重的知识讲授，在课堂教学中做到有机协调。这种令学生耳目一新的授课方式，激发了学生的课堂学习兴趣，活跃了课堂氛围，实现良好的教学效果。

（二）评价方式

1. 期末笔试（占总分60%）

以选择、填空客观题考查学生对基本知识的掌握；以命题分析、论述等主观题考查学生对经典文本的理论分析能力。

在期末试卷中，设计材料分析题，该题目所涉材料皆是新时代以来的法治实践现象或习近平法治思想中的重要论述，检验学生运用基础理论进行分析的能力，并检验习近平法治思想“三进”效果。

2. 平时成绩（占总分40%）

平时成绩的评定是督促学生完成课前阅读任务并进行目标管理的重要方式。具体要求在于：一是针对阅读任务中的经典文本撰写读书报告；二是针对关于该文本的研究动态撰写文献综述。

在评定平时成绩时，除了对学术能力进行考查，还对学生在读书报告中呈现的价值观进行考查，以检验课程思政效果。

四、课程思政教学资源及研究开发

本课程经过前期的课程思政研发,取得了显著的课程改革成效。2020年,本课程所获校级课程改革项目“课程思政”示范课程A类立项,以“优秀”等级结项;2022年,本课程入选西南政法大学校级“课程思政”示范课程。

在这一过程中,课程团队形成了《马克思主义法学经典著作选读》教学用经典文本汇编、《马克思主义法学经典著作选读》教学讲义若干,以及一系列的课程思政教学案例。

在此基础上,本课程的课程思政教学资源研究开发的重点应在于如下几个方面:

第一,在既有教案和讲义的基础上,进一步精编教学讲义,并在条件允许的情况下,在讲义基础上编写教材,以解决本课程在全国范围内尚无专门教材的问题。

第二,在现有的教学案例基础上,着力提升课程思政的实践意蕴,建设并充实“马克思主义法学经典著作选读”课程思政教学专用案例库。

五、教学实例

(一)第一组实例:“马克思主义法学经典著作选读”导论

1. 课程基本信息

(1)章节名称:马克思主义法学的形成与发展历程。

(2)知识点:“马克思主义法学经典著作选读”导论。

(3)课程思政映射点:以专业、严肃的态度对待红色经典。

(4)教学基本思路:导论作为本课程的第一次授课,是推进“两步走”课程思政教学的关键的启动环节。本次课最重要的目标在于“破除成见”。使学生反思对待马克思主义法学的成见,使学生明白破除这些成见的必要性,使学生理解清除这些成见的根本方法在于以学术的严肃视角回归经验文本研读。

2. 实例之一:课堂导入阶段以师生互动方式初步引导学生们反思“成见”

(1)基本方法:教师先后展示马克思老年和青年时期的画像,并向学生提问“这是谁”?

(2)学生反馈:看到老年马克思的画像,学生们异口同声地回答“马克思”,但是看到青年马克思的画像时,仅有4名学生回答“马克思”(其中3名学生表示是“猜出来的”)。当教师告诉学生“照片里的是马克思”时,很多同学还表示不敢相信。

(3)教师回应:在大部分人心目中,马克思的形象总是和那个“大胡子”的样子绑定起来。其实,这个现象也集中地反映了我们对待马克思和马克思主义法学最突出问题——“成见”。对于马克思,我们的“成见”就是,忽视了马克思曾经也年轻过,也和每一个青年人一样有自己的悲苦情愁。甚至很多人都不知道,马克思写就马克思主义的奠基作《德意志意识形态》和《共产党宣言》时,也才刚刚30岁。对于马克思主义的理论,我们也有很多“成见”。提到这个名词,人们脑海里浮现的就是一些“经典命题”,“经济基础决定上层建筑”,“一切的历史都是阶级斗争的历史”,“法是阶级统治的工具”,等等。但是,对于很多人而言,却不会去严肃地对待这些命题,不会去思考这些命题的原理,仅仅将其作为教条记忆下来。那么要想克服这种“成见”,我们需要做的应该是回归常识,将马克思作为一个活生生的人来看待,回归到他的思考及其时代之中。

(4)教学批注:通过一个简单的提问,使学生对自身的认知状况进行反思,从而向学生指出“回归常识”,从而为引导学生“回归经典”做准备。

3. 实例之二:通过结合部门法学知识帮助学生正确地认识中国的法律和法治的理论和意识形态基础

(1)基本方法:对比《民法典》婚姻家庭编、根据地时期的婚姻条例和外国婚姻法关于“离婚自由”的规定。

(2)学生反馈:在讲解前,学生有如下认识:其一,婚姻法是一个与政治意识形态无关的部门法,故而认为婚姻法与马克思主义法学关联不大;其二,中国的婚姻观念保守,故而中国的离婚制度保守。

(3)教师讲解:经由教师引导、进行比较分析后,学生发现,中国的“离婚自由”制度是相对激进的,这种“激进”的背后正是马克思主义法学对待个人、家庭和社会的观点和立场。

(4)教学批注:这一讲解方式是“结合部门法学”教学特色的体现,通过以学生已经学习过的婚姻法为例,奠定本门课程以法学专业知识为主导的基调,这也是实现“两步走”中从“思政”到“专业”的一个重要环节。

4. 实例之三:以文本为例,揭示脱离马克思主义文本而造成的误解

(1)教师提问:“经济基础决定上层建筑”是不是马克思主义的重要理论命题?

(2)学生反馈:几乎所有的学生都做肯定回答,并且不少学生还能够对这个命题的含义作出解释。

(3)文本展示:“各个人的全面的依存关系、他们的这种自然形成的世界历史性的共同活动的最初形式,由于这种共产主义革命而转化为对下述力量(物质力量)的控制和自觉的驾驭,这些力量本来是由人们的相互作用产生的,但迄今为止对他们来说都作为完全异己的力量威慑着他们。”——《德意志意识形态》(1845 年)

(4)学生反馈:学生虽然并不能理解这句话的完整含义,但是其在教师的提示下发现,这句话似乎强调了人对物质力量的驾驭和支配,从而察觉到,这句话似乎与“经济基础决定上层建筑”存在矛盾。

(5)教师点评:这句话所说的恰恰就是,马克思反对物质力量对人和人类社会的支配。但是,马克思确实也说过经济基础决定上层建筑——历史唯物主义的基本原理。这要怎么来理解呢?这就需要我们在接下来的学习中,直面马克思的文本,好好地对其进行分析。

(6)教学批注:教师通过向学生直接展现文本,使学生发现,不能对马克思主义的经典理论论题作简单理解,更不能教条式地记忆,从而使其意识到“回归经典”的重要性。

5. 教学总结

第一,经过本次授课,学生们意识到了自身对马克思主义法学和马克思主义理论本身的成见及其危害,接受了以学术的态度对待马克思主义法学经典的观点,产生了对马克思主义法学经典著作进行研读的学习兴趣。

第二,经过本次授课中的引导和设问,激发了学生们进一步学习的求知欲。

第三,学生对于本课程的性质、教学内容和学习方法有了应有的认识。

(二)第二组实例:《关于林木盗窃法的辩论》文本解读

1. 课程基本信息

(1)章节名称:《莱茵报》后期文本选读:利益、习惯与法律。

(2)知识点:《关于林木盗窃法的辩论》文本解读。

(3)课程思政映射点:把社会主义核心价值观融入法治建设。

(4)教学基本思路:通过讲授马克思1842年创作的著名论文《关于林木盗窃法的辩论》,明确"圈地运动"得以发生的社会经济机理和法律本质,让学生认识资本主义市场经济和法律体系的阶级本质与阶级局限性,反对"唯市场"的错误观念,明确社会主义思想对商品经济和社会公正的重大作用,帮助学生树立正确的利益观,让当代学生在商品经济高度发达的社会环境下和民商事法律的规范语境中树立"中国特色社会主义市场经济"的道路自信和理论自信。

2. 实例之一:《林木盗窃法》的规定及其背景

(1)法条展示:1842年《林木盗窃法》所规定的基本内容非常简单:未经林木所有者同意,任何人不得进入林地砍伐、采摘、捡拾。我国《民法典》第331条规定:土地承包经营权人依法对其承包经营的耕地、林地、草地等享有占有、使用和收益的权利,有权从事种植业、林业、畜牧业等农业生产。根据上述法律规定,林地承包经营权人当然可以阻止其他主体进入其林地砍伐、采摘、捡拾。

(2)学情调研:问题是,同学们根据已经学过的民法知识,判断《林木盗窃法》的规定是否合理,是否契合现代民法的规则?投票结果是:约92%的学生认为《林木盗窃法》的规定并无不妥,与现代民法规则相契合。

(3)背景介绍:《林木盗窃法》本质就是一部推动"圈地运动"的法律,其导致大量贫民失去生计,无法进入森林砍柴、捕猎、捡拾野果枯枝以谋生。《林木盗窃法》把"捡拾"也纳入禁止范围,并为此专门强化了执法队伍,加重了对相关行为的处罚。在《林木盗窃法》通过前的1841年,"林木盗窃"犯罪占到犯罪总数的75%,可见在"圈地运动"中贫民生计面临严重危机,而当时的普鲁士政府既不提供公共救济,也不安排就业渠道,只是单纯通过立法加大打击力度,加重处罚,严重压缩了这些贫民的生存空间。

(4)教师提问:各位同学,你还认为这部法律是合理的吗?

(5)学生反馈:几乎所有学生都认为这部法律并不合理。

(6)教师点题:《林木盗窃法》的基本目的是保护私有财产,这似乎是符合现代民法基本精神的。但我们必须摆脱单纯的“商品经济—民法”视角,从社会公正和人民的生存权、发展权等角度重新审视“圈地运动”的相关问题,这是我们理解马克思主义基本原理的历史前提。

(7)教学批注:当代法学院学生(尤其是城市学生)成长于市场经济环境下,经过2年多的系统法学训练,对私人产权的尊重和保护意识远超以往,视私有财产保护为理所当然。在当代社会主义市场经济高度发达的背景下,在讲授马克思主义法学基本原理的过程中,教学既要批判私有制,又不能单纯批判市场经济,这是一个教学难点。为了解决这个问题,教学一方面要肯定市场经济在促进生产力发展方面的积极作用,另一方面要客观描述市场经济发展过程中出现的社会不公正问题。摆脱单纯的“民法”视角,建立起法学规范意义上的“人民”视角,这是后续教学追求的重要目标。

3. 实例之二:《关于林木盗窃法的辩论》文本理论解析

(1)要点展示:关于法律的阶级分析:马克思站在习惯法的立场上批判罗马法。

(2)理论分析:马克思认为树上掉落的枯枝和果实只是一种财产的附属品,是一种自然的、偶然生成的物质,属于无主物,是“先占”的对象。而当代民法认为枯枝和果实属于“孳息”,应归原物所有者所有。“先占”和“孳息”是两个彼此平衡的法律制度,但这种平衡在工业革命前后被打破。19世纪,生产力的急速发展使人类开拓自然界的速度大大加快,无主物已经少之又少。在此情况下,一切财产几乎都是通过其他财产所派生和生产出来的,这就导致后来的一切财产几乎都有可能成为孳息。在这种制度格局下,原物所有者不加劳动便能获取大量财富,而劳动者却因为没有获得原物的所有权而必须将大部分劳动所得作为孳息交给原物所有者,这会导致严重的社会不公正现象。因此,在马克思看来:在圈地运动的时代,罗马法意义上的“孳息”对于土地所有者的私人利益更有利,习惯法意义上的“先占”对于作为人口大多数的贫民更有利。习惯法是穷人的法、公共的法,罗马法是富人的法、私人的法。

(3)名言点题:“贫民的任何习惯法都是基于某些财产的不确定性。由于这种不确定性,既不能明确肯定这些财产是私有财产,也不能明确肯定它们是公有财产,它们是我们在中世纪一切法律中看到的公法和私法的混合物……某些东西永远也不可能具备那种预先被确定为私有财产的性质。这些东西是自然发生、偶然存在的,因此属于先占权的对象,属于一个阶级先占的对象,这个阶级正是由于这种先占权而丧失了其他任何财产。”——《关于树木盗窃法的辩论》(1843 年)

(4)要点展示:国家的性质:公共利益的维护者。

(5)理论分析:马克思认为《林木盗窃法》维护作为少数人的林木所有者的利益,轻视作为多数人的贫民的利益,是对国家性质的一种扭曲。国家的本质要求是其应当是公共利益的维护者,而非私人利益的维护者。

(6)名言点题:“私人利益空虚的灵魂从来没有被国家观念所照亮和熏染。它的非分要求对国家来说是一个严重而真切的考验。国家哪怕在一个方面降到这种水平,即按照私有财产的方式而不是按照国家本身的方式来行动,那么直接由此就可以得出这种结论:国家应该视私有财产的狭隘范围来选择自己的手段。私人利益非常狡猾,它会得出进一步结论,把自己最狭隘和空虚的形态宣布为国家活动的范围和准则。”——《关于树木盗窃法的辩论》(1843 年)

(7)教学批注:本讲需要处理民法与社会法、生产力发展与社会公正、市场经济与社会福利等多对矛盾。必须运用好马克思主义对立统一的基本方法,既要肯定民法和市场经济发展生产力、推动时代进步的积极意义,又要正视传统罗马法理论片面保护私人利益,引发社会不公正的消极意义。通过对传统法学理论的不断扬弃,丰富法学教育的历史厚度和理论深度,为后续知识体系的讲授做好铺垫。

4. 教学总结

本讲涉及法学学生已经学过的民法知识点,尤其是所有权的性质和取得方式,这些知识一方面能够引起学生对旧有知识体系的回忆,能够填补部门法课程当中的记忆盲点,可以引发学生的浓厚兴趣;另一方面这些知识点又与马克思主义基本原理高度相关,是将马克思主义教育与法学专业知识结合的极佳样本。因此,本讲是法理学教研室在课程思政工作中长期倡导的“两回归、三结合”教学方法的重要范例。

六、“马克思主义法学经典著作选读”课程思政元素总览表

课程章节	重要的课程思政元素	相关联的专业知识或教学案例	所属思政维度
第一章 马克思主义法学的形成与发展历程	1. 严肃对待红色经典； 2. 马克思主义的初心和使命	马克思主义法学经典文本的阅读方法	习近平法治思想的理论逻辑和理论意义
第二章 《莱茵报》前期文本选读：自由与法律	1. 树立正确的自由观； 2. 树立正确的民主与法治观	青年马克思的自由观 积极自由与消极自由	把社会主义核心价值观融入法治建设
第三章 《莱茵报》后期文本选读：利益、习惯与法律	1. 树立正确的利益观； 2. 理解“中国共产党没有自己的特殊利益”； 3. 树立“中国特色社会主义市场经济”的“四个自信”	1. 法律与利益的关系； 2. 习惯、习惯法和制定法的关系	把社会主义核心价值观融入法治建设
第四章 《黑格尔法哲学批判》解读：人民主权与市民社会	1. 树立人民主体的观念； 2. 树立正确的民主观	1. 人民主权理论； 2. 市民社会和政治国家理论	坚持以人民为中心
第五章 《德法年鉴》时期文本解读：马克思的人权思想	1. 准确理解马克思主义和新时代中国特色社会主义的人权观，自觉抵制西方人权话语霸权； 2. 反对“拜金主义”“消费主义”	1. 启蒙人权思想与近代自然权利理论； 2. 马克思对人权概念的剖析	坚持以人民为中心、把社会主义核心价值观融入法治建设
第六章 《关于费尔巴哈的提纲》解读：实践与法律	1. 习近平法治思想的实践逻辑和实践意义； 2. 马克思主义的实践观和人性论	社会实践与法律的关系	坚持中国特色社会主义法治道路

续表

课程章节	重要的课程思政元素	相关联的专业知识或教学案例	所属思政维度
第七章　《德意志意识形态》解读：马克思主义法学的基本原理	1. 马克思主义的科学世界观； 2. 正确处理改革和法治的关系； 3. 理解“两大奇迹”	历史唯物主义基本原理及其在法学中的体现	习近平法治思想的理论逻辑和科学方法
第八章　《共产党宣言》解读：革命与法律	1. 马克思主义的科学世界观； 2. 正确处理政治和法治的关系	历史唯物主义基本原理及其在法学中的体现	习近平法治思想的理论逻辑和科学方法

（李超群）

“法律与外交”课程思政教学指南

一、“法律与外交”课程简介

本课程为法学本科专业选修课，主要面向本科低年级学生开设，意在带领学生认知国际法及其关联学科，从外交学视角初窥国际法门径，通过观察外交与国际法治在理论源生及实践发展中相辅相融，以外交关系法尤其中国特色大国外交下的规则构建为侧重，形成国际法理论及实践关联领域的初步知识搭建及素养培育。作为法学专业后续核心课程尤其是国际法学类必修课程学习的导引性课程，本课程以国际法律规制下的全球治理与全球治理中的中国参与为基本图景，通过将具有原生关联性的国际法、国际关系、国际政治的基础理论与当前外交实践相结合，在课程群意义上帮助本科低年级学生构建观察和理解当前国际秩序与中国对外关系实践的跨学科知识体系和视野，引导其进一步产生专业学习的兴趣，尤其为法学专业学生的国际法及涉外法律类专业课程学习提供有益的宽口径理论铺垫，以期提升学生在国际法学及涉外法学相关后续课程中的学习能力与长效学习兴趣。

二、教学目标与教学内容

（一）教学目标

本课程思政的教学目标根植于我国全面推进依法治国、坚定不移对外开放、全面参与全球治理、坚持和平发展与合作共赢、积极构建中国特色大国外交、打造“人类命运共同体”的宏大布局，立足于加强国际法治、推进国内法治与国际法治良性互动、完善我国涉外法律法规体系、增强中国在国际法律事务中的话语权和影响力的学科发展目标，以健全国际法人才培养体系、融合德行教育与知识传授、连接理论培养与实践训练、连通国内塑造与国际交流为建设指向。

1. 价值目标

通过本课程的学习和研究,学生应在价值层面:重点观察当前国际规则体系来路与中国对外关系实践,体会中国智慧与中国方案的价值与回响,树立对中国参与全球治理的国际法治路径的清醒认识,塑造以中国声音贡献于世界良法善治的坚定信念,从而培养在纷繁对外情势下的独立思考能力与基础专业素养。

2. 知识目标

通过在本课程的学习和研究,学生应在知识层面:(1)认知并理解国际法的基本概念与学科范畴、外交学的基础概念与外交关系基本模型;(2)认知并理解国际法律规则与国际关系、外交行为在各个历史阶段的相生相成;(3)立足相关原理及规则提炼当前发生的外交实践及国际事件中关联法律问题,并能够运用相关原则和制度做出适当解读和评析。

3. 能力目标

通过在本课程的学习和研究,学生应在能力层面:(1)初步开拓跨学科学习和研究的视野和能力;(2)初步掌握专业文献检索分析方法,并初步完成专业调研的研究训练;(3)初步体验谈判程序、技巧与礼仪,培养团队合作意识,增强思辨能力和表达能力。

(二)教学内容

1. 课堂设计思路

(1)内容体系的点面塑造

为有效生动地将国内、国际两个大局统筹,实现"两个一百年"奋斗目标,实现中华民族伟大复兴中国梦的宏图大略与鲜活发展融入专业课程建设之中,课程团队应立足以下侧重点不断推进教学内容体系的塑造完善:其一,国家领导人有关国际法治、全球治理、多边合作、人类命运共同体相关讲话的点对点引入;其二,国家涉外工作机关重大决策、工作成果的结合学习;其三,中国参与国际组织实践的重要成果、动态的介绍评析;其四,重大外交事件、国际时事的点评讨论;其五,重要国际争端解决实践对我国的启示或影响评析。

(2)课堂单元的特色设计

立足本课程思政建设目标,课程团队将至少沿以下方向完成特色单元的教学规划:第一,将时政热点中的外交行为与法律规则的适用相结合。从学生被媒体信息“包围”、可时刻感知的时政热点中寻求法律与外交的连接点,可有效拉近理论知识与学生感知的距离,激发学生课程学习兴趣,并使这些时政热点成为挖掘其关联法律问题判断、法律规则形成的生动诠释与素材。引导学生观察相关外交实践,逐步体会国际法律规则在政治力量与外交进程影响下的适用效果与演化方向。第二,将外交史及外交实践与法律体系的搭建相结合。传统国际法体系正是欧洲国家局势与外交关系推动下的产物,而对中国法律与外交而言,新中国的外交历程与经典事件是中华民族的艰辛与成就的重要缩影,也是理解中国进入国际秩序、参与国际治理的鲜活实践。

(3)多元工具的合理运用

课程团队积极探索在课堂内外对数字化教学工具、相关在线教学平台的合理引入与对课堂讲授的有效配合。主要包括:

第一,合理利用超星“学习通”“课堂派”等在线课堂工具以实现快速分组、主题讨论、在线反馈、课堂抢答等便捷交互共享,使学生手机与课堂保持紧密连接,从而保证在100人以上的大教室课堂教学中的高覆盖率、高参与度;第二,充分利用超星“学习通”课程频道或QQ群在课堂教学外为学生提供课前环节及课后环节的资料补充、要点回放、知识延展及体系化的全景概览;第三,引入中国大学MOOC(慕课)平台中的优质慕课资源以扩展辅助课程学习,通过引入相关慕课课程或制作SPOC课程,充实背景学习基础,并将其作为课堂小论题完成的关联扩展资源。

2. 教学重难点及对重难点的处理

本课程教学的重点主要在于:(1)法律与外交关系的历史演进;(2)外交关系建立与维系中的法律;(3)条约制定与实施中的法律与外交;(4)中国的法律外交实践。教学需重点教育引导学生了解“定规则”在国际社会各方塑造国际秩序中的作用与意义,教育引导学生学思践悟习近平总书记关于在对外斗争中要敢于善于运用法律武器的重要论述,教育引导学生深刻理解习近平总书记关于国际关系原则的重要论述,深化学生对中国外交必须坚持的法律原则的认知。

本课程教学的难点主要在于：(1)围绕课程性质及课程服务对象，如何在课程建设的跨学科创新中，明确跨学科融合中的学科主线，调整所涉各学科内容融合侧重、知识体系与课程单元的逻辑结构，避免在教学单元编排上出现两大学科知识点的简单或僵硬拼凑，确保跨学科课程的教学规划与设计应始终服务于特定专业人才培养的需求与目标。(2)作为法学专业本科学生在学习国际法门类必修课程前的兴趣引导与基础铺垫，在将外交实践与国际法学基础知识相融合的教学主线中，如何避免该选修课成为后续必修课程内容的提前教授，使本课程成为必修课的必要补充而非无意义重复。

针对以上重难点，本课程团队的应对思路包括：

第一，立足跨学科的体系衔接、内容融合，以合理定位教学视角，以法学与外交学学科的核心关联点设计课程基础理论知识点，以外交实践及现象灵活填充国际法理论及实践图景。

第二，立足思政建设与跨学科目标，协同推行在线资源建设，统一线上线下课程的教学方式、在线资源单元、实践教学比例、考核要求，在教学特定单元统一规划含有政治立场、德行、价值观等内容的课内课外讨论与考评。

第三，有效利用本课程的内容广度与专题弹性，将有关我国气候、海洋、追逃、网络数字等涉外法治与全球治理的鲜活实践协调分配至国际法、法律与外交、海洋法、空间与极地法律制度等课程单元之中，从而在知识层次、授课素材、论题设置、后续拓展等多方面与必修课形成合理阶梯。

三、课程思政教学方法与评价方式

(一)教学方法

围绕思政建设目标，本课程将以理论教学与实践教学相结合、课堂讲授与小组互动相结合、线下教学与线上拓展相结合的方式展开，主要特色教学方法包括：

第一，基于多边外交与全球治理的模拟谈判设计。多边外交下的模拟谈判。教学专题引入以“模拟联合国”为代表模板的实践教学环节，使学生通过国际组织或国际会议背景下的真实或虚拟国际事件的多边外交模拟体会政治实践中的国际法规则构建。

第二，基于国际争端解决机制的涉外案例的前景预测或对华影响的启发性讨论。一方面，课程教学适当引入国际法院司法实践的已决案件，使学生初步认知国际法体系中的外交法规则及可能引发的国际法律责任；另一方面，课程教学重点关注中国相关的外交纠纷及法律评析，对学生政治素养与法律观念的塑造与确立给予积极影响。

第三，重要国际事件或外交情势的数据整理与样本调研。课程引导学生对公共外交及数据外交等新兴外交形态的规定样本进行调研，学生通过完成小型分析报告，学习相应的研究方法与撰写规范，形成对外交实践状态的个人观察。

第四，专题授课教师的灵活引入，包括特定团队成员的穿插讲授与涉外实务专家的特色单元教学。在相关政策及条件允许的情形下，本课程邀请国家及国际组织驻外机构的实务专家进入课堂，有效参与课堂讲授、课程设计等多个教学环节，提升课程品牌含金量。

（二）评价方式

1. 评价原则与成绩构成

本课程坚持全过程评价指向。为此，课程团队将采取课堂实践（模拟谈判 + 案例评析）占总成绩 30%、课后作业占总成绩 20%、线上线下讨论占总成绩 10%、期末考查占总成绩 40% 的成绩构成，以肯定学生在平时教学环节中的参与实践，鼓励学生通过更好的平时投入与配合获得持续性的学习兴趣与学习效果。

2. 评价内容的规划与侧重

为实现思政评价指标，课程团队合理引入立足理论知识点、映射国家对外事务实践的考核模块与特色题型。一则，适当加重平时作业评价中的价值观、立场及德行考核；二则，在期末考核中，确保既根植于课堂基础理论又关联时事热点的开放性命题方向；三则，保证团队成员的共同参与、工作协同，既减少单个教师考核规划的随意性，也提高各考核环节的评价效果。

3. 评价手段的线上线下结合

在考核评价手段上，课程团队积极推进线上线下考核相结合，充分利用

“学习通”等在线学习平台的相关数据以获取直观的平时学习量化记录与最终学习成效反馈。同时，课程团队以学习小组的谈判对抗、案例讨论模式考评学习成效，既利用在线教学工具有效促成在上述平时考核单元中的学生自评、互评，也立足使上述内容的线上共享有效呼应教师线下的课堂讲评。

四、课程思政教学资源及研究开发

本课程思政教学资源库建设的内容主要包括：

1. 课程主要参考用书及延展书目阅读单的完善与更新。课程当前确定了以《中国特色大国外交与国际法》(黄惠康著，法律出版社 2019 年版)为主要参考用书，同时提供了包含 3 本重点阅读书目、13 本延展阅读书目及 10 篇相关学术论文的阅读资源清单及书籍获取路径。相关书目及论文库由课程团队逐年复核更新。

2. 课程所涉国际条约及国内法律文件汇纂。围绕相关授课主题，课程团队整理汇集外交法、条约法、国际争端解决相关条约性文件及相关国际会议重要过程文件的官方文本或权威中译本，同时在相应领域关联对应国内立法，以便任课教师及选修学生查阅学习。

3. 课程案例库编写与更新。课程团队基于专业的前沿关注与热点追踪，立足经典国际法、外交关系事件及中国代表性外交实践编写服务于本课程的案例资源。案例库建设将与国际关系及外交实践热点相衔接，并保持一定更新率。

4. 优秀学生作品库建设。课程团队共同推选教学班的优秀学生作业，按学习专题或作业类型归类，并在“学习通”课程平台上做专题展示，其既可作为后续学生学习方法的参照与激励，也是本课程建设成果的长效观察参数之一。

课程团队立足本课程思政建设目标与实践，已经并将持续积极投入相关课程思政建设项目、教学教改课题的申报、推进课程思政研究论文撰写与成果推广。

五、教学实例

（一）样例一：大国外交——时政热点下的“外交荟萃”单元

课程团队根据时政热点设计系列“外交荟萃”专题单元，如围绕中国及国际抗疫举措、美国退出多个国际组织及条约、联合国安理会表决与中国代表发言、联合国人权理事会中国声音、“一带一路”高峰论坛等，选取中国外交部官方发言中的相关表述，引导学生体会中国外交立场、外交措辞、外交手段及所关联的法律问题与可能涉及的法律规则，理解及认同中国“大国外交”方略与外交实践成效，认知并感受中国外交行动下对国际法律规则体系发展的影响与贡献。

（二）样例二：文化自信——新中国外交史与中华法系中的国际法溯源

从“弱国无外交”到“大国外交”，新中国的外交历程与经典事件是中华民族的艰辛与成就的重要缩影，也是理解中国进入国际秩序、参与国际治理的鲜活实践。课程团队将分别围绕中国恢复联合国合法席位、“湖广铁路债券”案、“银河号”事件、美国轰炸中国驻南联盟大使馆事件、2011 年利比亚撤侨、中国的极地及外空提案等，引导学生体会在特定外交事件中法律服务于新中国外交目标的实践，从而树立以中华法文化优秀传统供给全球治理有益公共产品的自知自信。

（三）样例三：人类命运共同体——多边外交中的价值坚守、立场碰撞与规则塑造

课程团队在“多边外交与国际组织”单元围绕国际治理议题组织模拟谈判。在这一实践教学环节，学生通过对国际组织或国际会议背景下的真实或虚拟国际事件进行多边外交模拟，体会政治实践中的国际法规则构建，从而更深刻地理解中国改革开放的新常态、国际局势的新变化、全球治理中重大而紧迫的问题，使逻辑思维能力、谈判及论辩技能得到提升。模拟谈判以联合国大会模拟谈判、多边气候协议模拟谈判、WTO 模拟谈判为主要设计场景。以 WTO

成员关于上诉机构改革的模拟谈判为例，学生分组代表中国、美国、欧盟等 8 方成员参照 WTO 相关议事规则展开模拟谈判，就所涉及的国际组织法规则、争端解决法规则、国家贸易利益及诉求形成更为深入直观的学习体验。

六、“法律与外交”课程思政元素总览表

课程章节	重要的课程思政元素	相关联的专业知识或教学案例	所属思政维度
第一章　法律与外交关系的理论阐释	1. 引导学生深刻理解法律对推动构建新型国际关系、构建人类命运共同体的重要意义。“两个推动构建”是中国特色大国外交的努力方向。“法者，治之端也。”国际法是维护世界和平、促进共同发展的重要保障。因此，维护和促进国际法治是“两个推动构建”的应有之义。 2. 教育、引导学生学思践悟习近平总书记关于在对外斗争中要敢于善于运用法律武器的重要论述。在对外斗争中，我们要拿起法律武器，占领法治制高点，敢于向破坏者、搅局者说不，提高运用国际规则维护我国发展权益能力	教学案例：《对外关系法》的制定。《对外关系法》的制定发挥了法治固根本、稳预期、利长远的保障作用，提高涉外工作法治化水平，有效应对风险挑战，以法律手段更好地维护我国主权、安全、发展利益的迫切需要。它是中华人民共和国成立以来首部集中阐述我国对外工作大政方针、原则立场和制度体系，对我国发展对外关系作出总体规定的基础性、综合性法律。在教学中就《对外关系法》立法的时代背景、重大意义、系统集成及守正创新进行探讨，以期准确把握法律与外交的交织关系	知识维度
第二章　法律与外交关系的历史演进	1. 引导学生了解“定规则”已成为国际社会各方塑造国际秩序的关键抓手这一重要世情。数百年来，国际秩序规则由列强通过战争、殖民、划分势力范围等方式逐步向各国以制度规则协调关系和利益的方式演进。现在，世界上的事情越来越需要各国共同商	教学案例：外交代表出现在同一国际场合时的优先位次规则的产生和发展。该问题是外交交往中的日常问题，无相关规则时期涉及该问题的外交争端频生，并有若干历史个案佐证，以此总结归纳出法律与外交关系的核心方面：如	知识维度

续表

课程章节	重要的课程思政元素	相关联的专业知识或教学案例	所属思政维度
	量着办，建立国际机制、遵守国际规则、追求国际正义成为多数国家的共识。“法律战”是当今国际博弈的重要形式。 2. 从法学和外交学跨学科角度帮助学生增长关于法律与外交互动演进的史实与规律的学识、见识。国内法与外交关系是国家整体政治构造和根本法律制度的重要内容。国际法与外交在形成过程上同出一源，在实践上互相促进、互为因果，在作用上相互制约，互为功用	果没有外交实践，国际法就成为无本之木，无源之水。同时，没有一定的国际规范和原则，外交就失去了赖以开展的依据和规矩，会陷入混乱状态，没有秩序	
第三章　法律原则与外交	1. 教育、引导学生深刻理解习近平总书记关于国际关系原则的重要论述。从360多年前《威斯特伐利亚和约》确立的平等和主权原则，到150多年前《日内瓦公约》确立的国际人道主义精神；从70多年前《联合国宪章》明确的四大宗旨和七项原则，到60多年前万隆会议倡导的和平共处五项原则，国际关系演变积累了一系列公认的原则。我们要坚定维护以联合国为核心的国际体系、以国际法为基础的国际秩序、以《联合国宪章》宗旨和原则为基础的国际法基本准则和国际关系基本准则 2. 深化学生对中国外交必须坚持的法律原则的认知。中华人民共和国在一个中国原则基础上，按照和平共处五项原则同世界各国建立和发展外交关系	专业知识：1. 国际法原则通常是指由各国共同制定的对各国间交往关系具有重要性的、较为抽象的一般规范。一般性是原则的内在属性。 2. 作为具有拘束力的国际法规范类别的原则与一般规则只是抽象性程度不同，原则不外乎是比较抽象的规范、规则不外乎是比较具体的规范，它们之间的差别是相对的、程度上的，而非质上的	知识维度

续表

课程章节	重要的课程思政元素	相关联的专业知识或教学案例	所属思政维度
第四章　外交关系建立与维系中的法律	1. 深刻理解发展全球伙伴关系这一新时代中国外交的重要着力点以及其具有的平等性特征。中国倡导的外交伙伴关系以各国平等为原则,尊重各国主权、独立和领土完整,尊重彼此的核心利益和重大关切,尊重各国人民自主选择社会制度和发展道路。 2. 深化学生对中华优秀传统文化崇正义的思想精华和时代价值的理解。在外交工作中要妥善处理义和利的关系,政治上主持公道、伸张正义,经济上互利共赢、共同发展,国际事务中讲信义、重情义、扬正义、树道义,做到义利兼顾、义利平衡	教学案例:美国与巴拿马过早建交案,通过个案说明新国家的产生有多种不同情形,并非在各种情形下既存国家都可以与新国家自由建立外交关系。尤其在新国家从既存国家分离而出,原国家仍然存在的情况下,既存国家不得与该新国家过早建交。而对于既存的国家领土一部分,在外国侵略者武力占据之下制造出来的傀儡国家,不只是不得过早地建交,而是绝对不应建交	能力维度
第五章　条约制定与实施中的法律与外交	1. 引导学生深刻理解习近平总书记关于积极参与条约制定的重要论述。我们不能当旁观者、跟随者,而是要做参与者、引领者,在国际规则制定中发出更多中国声音、注入更多中国元素,维护和拓展我国发展利益。 2. 帮助学生了解我国对外关系法关于条约实施的法律规定:"国家依照宪法和法律缔结或者参加条约和协定,善意履行有关条约和协定规定的义务。国家缔结或者参加的条约和协定不得同宪法相抵触。国家采取适当措施实施和适用条约和协定。条约和协定的实施和适用不得损害国家主权、安全和社会公共利益。"	教学案例:《联合国反腐败公约》谈判和中国贡献。《联合国反腐败公约》是第一项全球综合性反腐败国际法律文书,中国在该公约谈判过程中深入参与,贡献中国方案,为公约的诞生发挥了重要作用:一是全程参与公约谈判,推动公约案文符合最广泛缔约国的反腐败需求;二是积极贡献解决方案,推动公约涵盖最广泛的腐败犯罪,确立更有力的合作规则;三是支持建立履约审议机制,引导机制规定符合缔约各方的反腐需求和履约能力	能力维度

续表

课程章节	重要的课程思政元素	相关联的专业知识或教学案例	所属思政维度
第六章　国际组织创建与运作中的法律与外交	1. 培育和增进对中国作为国际秩序坚定维护者的自豪感。中国坚定维护以联合国为核心的国际体系、以国际法为基础的国际秩序,坚定维护以《联合国宪章》宗旨和原则为基础的国际法基本准则和国际关系基本准则,坚定维护联合国权威和地位,坚定维护联合国在国际事务中的核心作用。中国加入了几乎所有普遍性政府间国际组织,加入了 500 多项国际公约,忠实履行国际义务,严格恪守国际承诺。 2. 引导学生关注联合国改革这一国际社会的重大现实问题。联合国要顺应当前新形势新任务,凝聚各方对多边主义的承诺,按有关决议授权,提高自身运行效率,增强应对全球性挑战的能力,全面回应国际社会期待	教学案例:亚洲基础设施投资银行、金砖国家新开发银行的创建与运作及中国贡献。亚洲基础设施投资银行是国际上首个由中国倡议设立的多边金融机构,在中国与其他各成员国的携手努力下正在成为专业、高效、廉洁的 21 世纪新型多边开发银行。金砖国家新开发银行则是首个总部落户我国的国际金融机构,在中国支持下,已成为具有国际影响力的多边金融机构	情感维度
第七章　国际争端解决中的法律与外交	1. 教育引导学生深刻理解中华优秀传统文化“尚和合”的思想精华和时代价值。中国一直以来的和平解决争端实践以和平为本质,以平等和自愿为前提,以国际法为基础,以友好协商为核心,以互利共赢为目的,这是基于“尚和合”等中华优秀文化传统,也是基于对各种争端解决方式目的与效果的深刻认识。这种做法有助于维护国家关系稳定,促进长期友好合作。	案例教学:1. 国际调解院的筹建。中国倡议建立国际调解院这一专门以调解方式解决国际争端的政府间国际法律组织,为和平解决国际争端提供新选择,得到多国积极响应,现已围绕《关于建立国际调解院的联合声明》的制定举行多轮谈判会议。 2. 中国在国际海洋法法庭气候变化咨询意见案、国际法院巴勒斯坦被占领土咨询意见案、	情感维度

续表

课程章节	重要的课程思政元素	相关联的专业知识或教学案例	所属思政维度
	2. 培育和增进对中国作为世界和平建设者的自豪感。新中国成立70多年来,没有发动一场对外侵略战争,没有侵占别国一寸土地。中国坚持对话协商,主张以和平方式处理同其他国家的分歧和争议	国际法院气候变化问题咨询意见案中的建设性参与。3个个案彰显了中国作为安理会常任理事国和负责任大国,一直密切关注和积极参与重要国际地区热点问题的处理,并始终按照国际法和国际关系基本准则、按照事情本身的是非曲直,秉持客观公正的立场	
第八章　中国的法律外交实践	1. 坚定走中国特色法律外交道路的理想和信念。党的十八大以来,中国特色大国外交全方位推进,中国国际影响力、感召力、塑造力进一步提高。在此进程中,中国始终高举国际法旗帜,坚定维护国家利益,积极推动国际关系民主化、法治化,为世界和平与发展作出了突出贡献。未来,要实现国际影响力领先的强国目标,必须继续高举国际法旗帜,为目标的实现提供制度和道义支撑。 2. 培育学生胸怀祖国、兼济天下、德法双修的职业素养。不断开创新时代中国特色法律外交新局面,实现社会主义强国目标,需要一大批熟悉党和国家方针政策、了解我国国情、具有全球视野、熟练运用外语、通晓国际规则、精通	教学案例:史久镛、张月姣获颁改革先锋称号。2018年12月,在隆重庆祝改革开放40周年之际,党中央、国务院决定授予曾任联合国国际法院院长的史久镛先生和曾任世界贸易组织争端解决机制上诉机构主席的张月姣教授改革先锋称号,颁授改革先锋奖章,并分别获评“外交领域国家利益的忠实捍卫者”“对外开放法制建设的积极实践者”。他们是我国法律外交工作领域的先进代表,生动诠释了敢闯敢试、敢为人先的改革精神,为推动改革开放作出了杰出贡献,发挥了突出的示范引领作用,爱岗敬业,无私奉献,作风优良,堪为后学典范	行为维度

续表

课程章节	重要的课程思政元素	相关联的专业知识或教学案例	所属思政维度
	国际谈判的专业人才,要求这样的人才永葆对党忠诚、为国奉献的赤子心,牢记“两个大局”,心怀“国之大者”;永葆开拓奋进、担当有为的事业心,胸怀祖国、兼济天下;永葆主动学习、自我革新的进取心,博观约取,德法双修		

(刘畅、谢小庆)

“网络与信息安全法”课程思政教学指南

一、“网络与信息安全法”课程简介

(一)开设目的与面向对象

构建网络与信息安全法治体系,是数智化时代统筹国际与国内两个大局、发展与安全两件大事、网络和现实两个空间的必然选择;也是数智化时代维护网络和数据安全、保护个人信息权益、促进数字经济发展的必由之路。“网络与信息安全法”旨在培养网络与信息安全领域应用型、复合型、创新型、国际型法治人才,是西南政法大学法学专业、电子商务专业、网络安全法治人才实验班、新媒体实验班、卓越法治人才(人工智能法学方向)实验班、人工智能法学硕士等人才培养方案中的重要专业课程之一。授课对象为大二、大三、研一学生,教学时长共32学时,课程学分2学分。

(二)主要内容

本课程采用“14 + ×”模式设置教学内容。14个固定模块共占26~28个课时,涵盖网络与信息安全法的基本范畴、基本理念、基本制度,个人信息权利体系,数据安全与数据流动、数据共享等专题。同时,考虑到网络与信息安全法治建设的时代性和探索性,课程预留4~6个课时,每学期根据最新政策和立法动态打造1~2个特色专题。

(三)课程特色

本课程基于网络安全与信息化之间的辩证关系,帮助学生构建网络安全战略与网络强国战略双轮驱动、网络空间治理与经济社会数智化转型同频共振、网络安全维护与信息技术创新同步推进、网络空间公共利益和个人权益协调一致的领域法学知识体系；推动法律与信息科技的跨界融合，帮助学生掌握加强网络安全与信息化建设的法治思维、法治方式和研究方法；引导学生牢固树立“网络强国”“科技兴国”“依法治网”等思想观念；提升学生以法律思维、合规思维应对“网络战”“科技战”的法律应用能力。

二、教学目标与教学内容

（一）教学目标

1. 价值目标：本课程引导学生深刻领悟习近平总书记关于网络主权观、网络治理观、网络安全观等一系列重要讲话精神；将“依法治网管网”、运用法治思维和法治方式加强网络安全与信息化建设的方法论入脑入心。增强学生的网络法治意识和法治素养，激发学生投身网络强国建设的使命感，激励学生努力成长为新时代具有家国情怀和社会责任感、政治站位高、法治意识强、专业水平高的网络信息安全法治人才。

2. 知识目标：本课程引导学生科学运用马克思主义立场观点方法分析解决我国互联网发展治理问题，探讨网络安全与数智化发展的制度平衡之道，帮助学生构建网络安全战略与网络强国战略双轮驱动、网络空间治理与经济社会数智化转型同频共振、网络安全维护与信息技术创新同步推进、网络空间公共利益和个人权益协调一致的领域法学知识体系。

3. 能力目标：一是提高学生的数据合规建设和网络安全审查能力，二是激发学生的网络安全法治产品或服务的研发能力，三是训练学生以法律思维、合规思维应对“网络战”“科技战”的法律应用能力。

（二）教学内容

1. 课堂设计思路

本课程的教学设计，坚持“三个注重”的原则。

一是注重课程模式建设，重点是“教什么的问题”，旨在打造一流教学内容和一流教材。为此，课程团队需要基于网络与信息安全法治建设的实际需要，进行理论总结和课程开发，构建课程的理论体系；需要根据专业特性和学生特点,按照循序渐进的原则序化课程、建立课程标准并转化为课程的教材体系。

二是注重教学模式建设,重点是“如何教的问题”,旨在形成一流教师队伍、一流教学方法和一流教学管理。教师需要对教学目标、教学内容、教学结构、教学手段方法、教学评价等进行探索,形成契合学生身心发展规律的教学行为系统,构建课程的教学体系。

三是注重课程思政建设,重点是“为谁教的问题”,旨在培养德才兼备的应用型、复合型、创新型法治人才。

此外,本课程专业性较强,需要学生先行习得民商事法学、经济法学以及刑法学的基本理论,还需要了解网络社会学、计算机科学等多学科的基础知识,因此应当注重课前预测、课中强化和课后跟踪的三管齐下,教学团队所进行“三化”的教学设计,即“课前评测积分化”“课堂教学智慧化”“课后跟踪动态化”。

具体而言:(1)课前,教学采用自主学习法和任务驱动法。学生结合课前思考题,观看慕课网站上相应章节的知识讲授,并完成课前相关文献的预习,梳理预习过程中的疑难问题,经课代表整理后发给授课老师。(2)课中,教学采用讲授法、合作探究学习法、案例分析法。课程充分发挥智慧课堂的优势,夹讲随练,采用“老师抽问”“学生提问”“老师点评”“学生互答”的方式,碰撞思维的火花,磨砺思想的交锋,提升科研的产出。(3)课后,教学采用实践操练法和项目教学法。教师以科研成果的落地或者数据合规业务的诊断为专项任务,对接授课专题或者学生“三创”项目,鼓励学生以研究报告、论文撰写、产品研发等方式为成果输出。

2. 教学重难点

周次	课程内容	重点	难点
1	第一单元　网络与信息安全法概述(一)——网络空间与网络空间主权	不同国家对网络主权的主张;这些主张证成上的优势和不足,对我们国家的启示	网络作为“空间”和“工具”在法律制定和适用上的偏重
2	第二单元　网络与信息安全法概述(二)——网络空间管辖权与网络接入权	国内外网络管辖权讨论的本质和准据的规则	网络接入权的社会意义和法律意义

续表

周次	课程内容	重点	难点
3	第三单元　网络空间综合治理	网络运行安全与网络信息(数据)安全的关系和联结	网络安全立法的位阶关系和适用原则
4	第四单元　未成年人网络安全保护	未成年人网络安全保护的现实问题与立法进程	未成年人网络保护的立法模式
5	第五单元　关键信息基础设施保护	关键信息基础设施的特点	关键信息基础设施的范围与分类、保护措施
6	第六单元　网络安全等级保护制度与网络运行安全	网络等级保护制度赋予网络运营者的5项义务	网络运营者的概念和内涵,以及和其他法律概念之间的关系
7	第七单元　网络信息内容安全与管理	网络信息内容的管理主体、网络运营者的内容审查义务、网络信息内容安全执法程序	特定领域网络信息内容管理中的运营者义务、审查依据、审查内容和审查机关
8	第八单元　个人信息安全与隐私保护(一)——个人信息的保护背景	大数据的5V特点及应用场景	个人信息与数据的关系
9	第九单元　个人信息安全与隐私保护(二)——个人信息的判断和列举	不同部门法对个人信息概念列举的异同	个人信息的判断要素
10	第十单元　个人信息安全与隐私保护(三)——个人信息与隐私	个人信息与隐私在权利属性、保护重心、权利性质、公开程度、产生背景以及适用原则上的异同	个人信息保护的四阶段理论
11	第十一单元　个人信息权利体系(一)——个人信息权利概述	域外欧盟和美国相关立法上,关于个人信息立法的旁证和借鉴	个人信息权利体系证成的法理基础与权利属性
12	第十二单元　个人信息权利体系(二)——个人信息权利分述	网络运行安全与网络信息(数据)安全的关系和联结	网络安全立法的位阶关系和适用原则

续表

周次	课程内容	重点	难点
13	第十三单元　数据安全与数据流动、数据共享(一)——数据安全概述	数据本地化各国立法的异同	数据治理各国差异背后的政策原因和历史缘由
14	第十四单元　数据安全与数据流动、数据共享(二)——数据流动与数据共享	数据跨境流动的审查机制	数据本地化的主体、模式和程度
15	第十五单元　重庆大数据分类分级保护	数据分类与分级的关系	不同地域数据分类的统一和衔接;重庆数据分级标准的合理性和优化方式探讨
16	第十六单元　“东数西算”与重庆数字经济规划	重庆数据算力的梯队阵营和上升空间	重庆数据中心的建设和辐射

3. 对重难点的处理

(1)准确分析学生学习情况:结合学生的学习背景、兴趣爱好、学习习惯以及对网络安全的了解程度等,有针对性地设计教学内容和方法,以满足学生的学习需求,结合新近网络热点,开展针对性教学。

(2)制定清晰教学目标规划:确立明确具体的教学目标,将知识点和技能分解为小步骤,将个人信息保护细化到企业数据合规的全流程,逐步引导学生理解和掌握,并学会逐步推演和举一反三。

(3)探索多元思政教学方法:采用多种教学方法,如讲解、示范、实践、讨论、合作学习等,同时诚邀网络科技、企业合规的实务专家,与学校老师开展双师同堂,以激发学生的学习兴趣和积极性。

(4)引导合理解决问题之道:在教学过程中,鼓励学生思考、提问和解决问题,培养他们的分析、推理和创新能力,参与学生的学习和研讨,以循序渐进潜移默化的方式传授课程思政内容,帮助他们克服学习中的难点。

(5)提供充分学习实践机会:通过大量的练习和实践,巩固学生的知识和技能,加深对重难点的理解和掌握。同时通过身体力行的实践,让学生深刻感知网络安全的重要性与根本性,从而认同“网络安全为人民,网络安全靠人民"的战略。

(6)激活有效反馈评价机制:在线上学习过程中,及时给予学生反馈和评价,指导他们改进学习方法和提高学习效果。在校内外老师授课时,通过启发性的教学设计、生动有趣的教学材料和情境,激发学生的学习动机,增强他们的学习兴趣和投入度。

总之,为突破本课程思政教学的重难点,授课老师会根据学生的实际情况,灵活运用教学方法和策略,注重启发式教学和学生自主学习,引导学生主动参与和探究,从而增强学生的学习效果,提高学生的学习兴趣。

三、课程思政教学方法与评价方式

(一)教学方法

1. 启发引导教学法:课程通过提问、讨论、案例分析等方式激发学生思考和探索,培养学生对网络科技、网络法治的感知,启发学生对网络安全、数据安全和信息安全的认识,同时提高学生交叉学科的创造力和批判性思维能力。

2. 问题导向教学法:教学以问题为导向,引导学生主动查找问题、解决问题,并通过解决问题的过程培养学生的思考能力和创新能力,让学生形成以"法律战"应对"科技战"这一理念,感化学生对科技强国这一理念的认同。

3. 案例分析教学法:课程通过实际案例的分析和讨论,引导学生了解和掌握习近平总书记关于网络强国的重要思想和构建网络空间命运共同体的理念主张,通过课程讲授的微软—爱尔兰案、滴滴合规案、西工大遭网络攻击案等案件,挖掘背后的思政元素,并培养学生的分析和解决网络治理问题的能力。

4. 角色扮演教学法:课程通过让学生扮演不同的角色,从统筹国内与国际两个大局、网络与现实两个空间、安全与发展两件大事的角度,探索我国数字经济发展的国际形势和发展势态,进入不同的情境,体验和感受不同的思想政治问题,培养学生的情感态度和价值观。

5. 演讲辩论教学法:课程通过组织学生进行演讲和辩论,如设置"世界数字科技发展趋势下安全/发展是第一要务","网络平台/监管部门应当承担网络空间治理的主体责任”等辩题，培养学生的表达能力和辩证思维能力，同时促进学生对不同观点的理解和尊重，在教学中注重培养学生的高阶思维能力。

6. 实践实训教学法：学生通过参观、调研、社会实践等方式，亲身体验实际生活和社会问题，通过走访数字重庆公司、西部数据交易中心、杭州互联网法院、浙江垦丁律师事务所、海康威视公司以及其他实际工作部门，培养实践能力和社会责任感。

7. 媒体运用教学法：课程利用多媒体技术，如 PPT、视频、雨课堂等，生动形象地展示思政内容，在 10 次课中，安排 2 次主题汇报活动，让学生通过主题汇报，表达自己对网络科技法律三者的思考，激发学生的学习兴趣和主动性。

（二）评价方式

1. 学业成绩评价：课程通过考试、测验等形式评价学生对思政知识的掌握和理解程度。平时作业和期末考试以选择题和判断题考查学生的识记能力，以案例题和论述题的形式考查学生的表达能力。课程根据学生的学业成绩来评价其学习思政的效果。

2. 课堂表现评价：课堂表现评价是指评价学生在课堂上的参与度、发言质量、思辨能力等。教师可以通过观察、记录学生的表现来评价其在思政教育中的主动性和积极性，严格平时考勤和课堂评价，增强师生的互动，让学生在国与国之间的博弈中形成居安思危的情感。

3. 作业质量评价：作业质量评价指评价学生在思政作业中的完成情况和质量。教师可以通过书面作业、小组讨论、案例分析等形式，评价学生对思政知识的应用和思考能力，同时通过评比，将较好的作品通过公众号最高院应用法学研究基地发表。

4. 个人成长评价：个人成长评价指评价学生在思政教育中的个人成长和变化。教师可以通过学生自我评价、教师评价、同学评价等多方面的反馈，根据学院的“一生五导师”制度，了解学生在思想政治教育中的态度、价值观等方面的变化。

5. 实践实训评价：实践实训评价指评价学生在社会实践、专业实习等实践活动中的表现和收获。教师可以通过实践报告、实践成果展示等形式,结合本科成长导师和研究生导师的读书会,评价学生在实践中对思政教育的理解和应用能力。

6. 综合表现评价:本课程综合考虑学业成绩、课堂表现、作业完成情况、个人成长等方面的评价,对学生在课程思政中的综合素质进行评价,根据课堂授课教师和实务实训导师的双项评价,最终确定学生的成绩和表现。

四、课程思政教学资源及研究开发

(一)课程思政教学资源

1. 教材编纂:课程组编写的教材《网络与信息安全法》与案例教材《网络信息法案例教程》,作为与本课程几个授课专题的配套和延伸。

2. 授课环境:课程授课在智慧教室进行,打破传统课程“老师讲,学生听”的授课模式,增强课堂师生互动的效果。老师利用手机应用软件开展抽问、抢答等活动,实现课前信息传递—课中吸收内化——课后巩固发展的三阶段统筹。

3. 慕课建设:课程组授课老师协同校外律师法务、合规专员参与录制,在剪辑时优中选优,精心萃取网络法治的内涵和精髓。除向在校学生开放作为线下课程的配套和先修课程,慕课课程也分批向校外人士开放,致力打造以普惠性和交流性为特色的在线教育阵地。

4. 校外资源:本课程依托“西南政法大学—中科扶云科技有限公司—吉林大学重庆研究院联合培养基地”“科技与法律大讲坛”的平台支撑以及“涉外科技战略咨询研究中心”的校外支持,和重庆市渝北区共建“精准化数智化普法基地”,和重庆市江津区共建“全民数字素养提升基地”,推进政产学研协同育人,以双师同堂、多师同堂的教学方式联通理论与实践。

5. 专创融合:本课程发挥人工智能法学“数智赋能、专创融合”的学科优势,通过聘请创新创业导师和兼职研究生导师等方式,整合国内外法律和人工智能等领域的专家资源,举办“训赛营”、法学与科学博雅人才“成长营”,持续指导学生积极参加智慧法治相关的创新创业大赛。

(二)课程思政研究开发

“网络与信息安全法”课程思政研发旨在本课程设计和开发过程中,注入思想政治教育的理念和内容,具体而言:

1. 教学目标的适时调整

为应对国内国际瞬息万变的局势,本课程的思政教育目标应当因时而动,结合每年的具体案件培养学生的网络法治意识、网民责任感和社会责任感,以小见大,以点带面,从个人信息安全、数据安全等小的“安全”话题逐步上升至总体国家安全,以此统筹小的建设目标和大的建设目标。

2. 内容设计的及时更新

在课程内容的选择和更新上,课程注重近年法律的修改和主题的变化,根据当前的时政热点融入思想政治教育的内容,例如法治理念融入网络暴力的治理、以社会公平正义贯彻公民网络接入权的保护、以公民权利与义务探讨个人信息权的成立等。

3. 教学方法的因材施教

根据网络教学的特点,课程选择适合的思政教学方法,如启发式教学、案例教学、问题导向教学等,激发学生的思考和探索能力。课程通过《数据安全法》三次审议稿修改的解读和分析,让学生们感受近年来国家在科技实力上的提升以及国际话语权上的变化,同时引导学生感悟科技自信背后的制度自信和文化自信。

4. 互动讨论的充分运用

课程通过在线讨论、小组合作等方式,促进学生之间的互动和交流,引导学生思考和表达自己的观点,针对网络强国、数字强国以及数字政府建设等话题建言献策,提出自己的关于法律制定、政策变化等问题的思考和见解,通过讨论形成思维的火花,提升学生对网络安全以及国家安全的认知。

5. 实践应用的全面调动

授课教师结合本课程的特点,设计实践任务和案例分析,让学生将所学的法律知识应用到实际问题中,培养其实践能力和问题解决能力。比如通过隐私合规政策的分析,让学生分析其中可能存在的技术风险、人事风险以及法律风险,从中以预见性、先设性的思维把课程思政融入具体的实务。

6. 评价反馈的高度重视

授课教师设计合适的评价方式，对学生的学习成果进行评价，并及时给予反馈和指导，激励学生的学习积极性和思政教育效果。教学评价注重学生互评与老师评价相结合，授课教师通过学生评价了解学生彼此之间的认同，通过老师评价感知班级整体在学习能力、思想状况上的变化，以便在后续的授课中改变和提升课程思政的融入方式。

7. 学习社区的合理建立

本课程的本硕课程教学已在中国大学生慕课等平台上线，教师可以通过平台的后台数据观察和记录学生的学习情况，同时，通过在线平台建立学习社区，让学生可以随时交流和分享学习心得，使课程内部形成良好的学习氛围和互助机制，让学生进一步深化理解网络强国、网络法治、统筹安全与发展等思想。

此外，本课程的课程思政研发需要充分考虑网络教学的特点和学生的需求，以提高思政教育的有效性和吸引力。同时，要注重思政教育的客观性、公正性和科学性。

五、教学实例

（一）家国情怀主题：中印跨国“禁诉令”案件

1. 基本情况介绍

2020 年 6 月 9 日，小米通讯技术公司及关联公司（以下简称小米公司）向湖北省武汉市中级人民法院（以下简称武汉中院）提起诉讼，提请就专利许可使用费进行裁决。2020 年 7 月 29 日，交互数字公司及关联公司（以下简称交互数字）向印度德里法院起诉小米公司专利侵权并寻求许可费率争议裁决及禁令救济。2020 年 8 月 4 日，小米公司向武汉中院提出禁诉令保全申请。2021 年 3 月 4 日，武汉中院发出全球首个跨国禁诉令，该禁诉令要求，在小米公司与交互数字在武汉市进行诉讼期间，禁止交互数字在全球范围内提起相关诉讼。武汉中院发出跨国禁诉令主要为了保证小米公司同交互数字打官司期间不受境外势力干涉。

2. 思政教学方法

（1）问题导向教学法：教师在介绍案情的同时引导学生思考：①什么是

“禁诉令”？②国家内部的禁诉令与跨国的禁诉令有何不同？③为何武汉中院会发出“禁诉令”？

(2)启发引导教学法：教师在课堂教学上将学生分为若干讨论小组分组讨论，同时引导学生通过小组辩论和上网检索，查找小米公司和数字交互在背后可能存在的科技博弈，理解司法作为国家权力在案件中的原则和立场，理解判决在国际视野中的宣示力和执行力，从而引导出我国在涉外科技博弈中的科技自信和制度自信。

3. 思政评价方式

(1)作业质量评价：教师安排学生在课下进行检索，以“禁诉令”和“跨国科技案件”为关键词进行案例检索，对学生寻找到的案例进行分析和点评，组与组进行比较，根据学生检索到案件的关联程度给予学生相应的评价分数，并以此为基础给学生引申我国在此种跨国案件中的原则和立场。

(2)课堂表现评价：教师根据学生在课堂上参与的讨论度，结合学生探讨的深度，给予学生匹配的分数，比如有些学生只是谈到民事诉讼的管辖权基本原则和制度，教师可以给出较低层次的分数，有些学生从中分析出国内诉讼管辖权与国外的区别，可以适当给予其更高的分数，倘若谈到了制度背后的科技博弈，课程思政教学目的已经达到，可以给其接近满分的分数。

(二)宪法法治意识主题：庞某某诉东航案件

1. 案件基本情况

庞某某委托其助理通过北京趣拿信息技术有限公司(以下简称趣拿公司)运营的去哪儿网购买中国东方航空股份有限公司(以下简称东航公司)机票，其后收到诈骗短信，短信内容中显示有庞某某航班的起飞时间、降落时间、机场名称、航班号。庞某某认为，自己的手机号及确切的航班信息只有趣拿公司和东航公司掌握，因而其断定是这两家公司泄露了其个人信息，于是诉至法院，要求这两家公司赔偿精神损害抚慰金 1000 元。

2. 思政教学方法

(1)演讲辩论教学法：学生分成两个小组，分别从“被泄露姓名 + 手机号 + 行程安排”是个人信息/不是个人信息两个层面进行思考和分析，进行个人信息与传统隐私权的区别与联系，进而思考如何兼顾个人信息的保护与个人信息的合理利用。

（2）角色扮演教学法：学生分别从原告庞某某以及被告东航、趣拿公司（去哪儿网）两个角度，思考在诉讼过程中如何在侵权行为、主观过错以及因果关系问题中进行举证和论述，从角色扮演的角度思考本案中原告的救济途径与被告的合规路径。

3. 思政评价方式

（1）实践实训评价。教师让学生通过课下走访西部数据交易中心等实务部门，了解个人信息保护和数据保护的相关事务动向，通过知网、裁判文书网获取资源撰写个人信息合规报告，以此引导学生思考如何树立法治观念，运用法治思维和法治治理能力，在具体的数据业务场景做好数据合规业务。

（2）个人成长评价。授课教师与学生的辅导员、成长导师或者学业导师，其他课程老师以及实务导师，了解学生的学习动态，根据学生近来的实际表现考虑学生在学习法律这一社会学科的心理动态，关心学生的成长，关心学生在案例分析过程中的人生观和价值观，在提升学生专业能力的同时也关注学生的思想动态，注重学生学业与品行的双修。

（三）政治认同主题：高铁数据泄露案

1. 案件基本情况

2022 年 4 月 15 日，央视《焦点访谈》报道国家安全机关破获了一起为境外刺探、非法提供高铁数据的重要案件：上海某公司为谋取高额利益，持续采集、传递中国铁路数据给某西方境外公司。经鉴定，该公司为境外公司搜集、提供的数据涉及铁路 GSM－R 敏感信号，GSM－R 是高铁移动通信专网，直接用于高铁列车运行控制和行车调度指挥，是高铁的“千里眼、顺风耳”，承载着高铁运行管理和指挥调度等各种指令。该公司出售的相关数据被国家保密行政管理部门鉴定为情报，相关人员的行为涉嫌《刑法》第 111 条规定的为境外刺探、非法提供情报罪。

2. 思政教学方法

（1）问题引导教学法：教师在介绍案情的同时引导学生思考：①为什么

高铁信号会被认定为“情报”？②是否只要不是涉密数据，就可以自由采集和使用？③是否所有的境内数据都不能出境？为什么要限制数据出境？

（2）媒体运用教学法：授课教师利用多媒体技术和学校的智慧教室，让学生通过课前检索，上台展示近年来外国科技企业由于数据本地化等问题逐渐退出中国市场的案例，思考案例背后现象本质，引导学生思考为什么国家如此重视数据安全，以及数据资源争夺背后的实质是什么，从而引导学生认同我国关于数据主权、信息主权以及网络主权的主张。

3. 思政评价方式

（1）学业成绩评价。教师通过线上课堂发布线上测验，试探学生对数据本地化与数据跨境传输等问题有无基本认识，对学生是否有过对重要数据必须本地化的数据治理尝试进行摸底了解，同时调整教学的进度与难度。在教学中，教师通过对数据这一新兴生产要素的讲解与介绍，注重对“数据主权”“数据安全”等问题的论述和展开。

（2）综合表现评价。教师综合学生课前预习的成绩，课上汇报的表现以及课后材料整理与复盘情况，观察学生关于数据主权、数据安全等问题在知识储备以及思想观念上的提升与转变，以此对学生在学业成绩、思想动态等方面做出充分评价，在培养学生合规思维的同时也培养学生的法治思维和道德情操。

六、“网络与信息安全法”课程思政元素总览表

课程章节	重要的课程思政元素	相关联的专业知识或教学案例	所属思政维度
第一单元　网络与信息安全法概述（一）——网络空间与网络空间主权	1. 没有网络安全就没有国家安全；[1] 2. 要理直气壮维护我国网络空间主权[2]	1. 中美证据开示案件； 2. 中印跨国“禁诉令”案件	1. 政治认同：认同网络主权是现实主权的延伸； 2. 家国情怀：认同近年来我国科技迅猛发展，认同祖国文化，升华科技自信和文化自信

续表

课程章节	重要的课程思政元素	相关联的专业知识或教学案例	所属思政维度
第二单元　网络与信息安全法概述(二)——网络空间管辖权与网络接入权	1. 国家安全是头等大事； 2. 网络安全为人民、网络安全靠人民[3]	1. 意大利国家断网数小时遭巨大损失； 2. 英国某运营商因为服务器故障出现断网	1. 政治认同：认同我国以信息安全为重要内容的总体国家安全观； 2. 文化素养：懂网、用网、依法治网
第三单元　网络空间综合治理	要巩固壮大实体经济根基，把集成电路、网络安全、生物医药、电力装备、安全应急装备等战略性新兴产业发展作为重中之重，着力打造世界级先进制造业集群[4]	1. 抖音诉六界案； 2. 北京市网络文化协会发起《北京网络直播行业自律公约》	1. 政治认同：认同“依法治网”与“网络安全为人民，网络安全靠人民”； 2. 宪法法治意识：引导学生思考如何用法律治理网络空间
第四单元　未成年人网络安全保护	1. 以人民为中心，筑牢国家网络安全新屏障；[5] 2. 网络空间不是“法外之地”[6]	1. 梅根事件； 2. 刘学州事件； 3. 第48次《中国互联网络发展状况统计报告》	1. 文化素养：培养青少年正确的上网观和价值观，合理规划上网； 2. 道德修养：注重网络言行的适当和得体
第五单元　关键信息基础设施保护	1. 统筹发展和安全，网络安全保障体系和能力建设不断加强； 2. 我国当前正从网络大国向着网络强国阔步迈进[7]	1. 2021年美国科洛尼尔管道运输公司遭攻击事件； 2. 2015年乌克兰电力系统遭网络攻击事件	1. 政治认同：认同党管互联网、国家统筹管理互联网的相关政策； 2. 家国情怀：热爱当前的网络家园，“清朗”网络环境，居安思危
第六单元　网络安全等级保护制度与网络运行安全	1. 坚持总体国家安全观，筑牢国家安全屏障；[8] 2. 坚持系统思维，构建大安全格局[9]	1. 南京无锡两机构不履行网络安全保护义务案； 2. 宜宾市翠屏区“教师发展平台”被攻击入侵案	1. 文化素养：引导学生传承居安思危意识，报效奉献祖国； 2. 宪法法治意识：让学生形成依法治网的认同和格局

续表

课程章节	重要的课程思政元素	相关联的专业知识或教学案例	所属思政维度
第七单元　网络信息内容安全与管理	1. 安全是发展的前提，发展是安全的保障；[10] 2. 网络安全建设是一项长期的战略任务[11]	1. 吴某诉爱奇艺案； 2. 小红书种草案	1. 政治认同：认同国家发展与治理网络的双重方针策略； 2. 宪法法治意识：让学生形成在网络空间中敬畏法律、运用法律的思维
第八单元　个人信息安全与隐私保护（一）——个人信息的保护背景	1. 保障个人信息安全，维护公民在网络空间的合法权益；[12] 2. 把增进人民福祉作为信息化发展的出发点和落脚点[13]	1. 朱某诉百度案； 2. 庞某某诉东航案	1. 文化素养：培养形成以企业数据合规为综合能力的数据信息合规专员； 2. 宪法法治意识：牢固树立依法治网，平衡个人信息的安全与流动
第九单元　个人信息安全与隐私保护（二）——个人信息的判断和列举	1. 网络安全和信息化对一个国家很多领域都是牵一发而动全身；[14] 2. 没有网络安全就没有国家安全，没有信息化就没有现代化[15]	1. 支付宝年度账单案； 2. 黄某诉微信读书案； 3. 腾讯诉头条案	1. 文化素养：围绕信息治理，培养学生形成以改革创新为核心的时代精神； 2. 道德规范：授课中引导学生思考在合规实务中共的职业道德和执业规范
第十单元　个人信息安全与隐私保护（三）——个人信息与隐私	网络安全和信息化是一体之两翼、驱动之双轮，必须统一谋划、统一部署、统一推进、统一实施。 要处理好安全和发展的关系，做到协调一致、齐头并进[16]	1. 任某某诉百度侵权案； 2. 冈萨雷斯诉谷歌侵权案	1. 文化素养：培养学生的合规思维，合理行使个人信息相关权利； 2. 宪法法治意识：培养学生用法律解决隐私保护的逻辑和思维，增强学生的法治观念

续表

课程章节	重要的课程思政元素	相关联的专业知识或教学案例	所属思政维度
第十一单元　个人信息权利体系(一)——个人信息权利概述	1. 很多技术都是“双刃剑”,一方面可以造福社会、造福人民,另一方面也可以被一些人用来损害社会公共利益和民众利益; 2. 提高网络安全保障水平,强化关键信息基础设施防护[17]	1. 江苏省无锡市新吴区人民检察院督促保护服务场所消费者个人信息行政公益诉讼案; 2. 湖南省长沙市望城区人民检察院督促保护个人生物识别信息行政公益诉讼案	1. 政治认同:坚持不懈以习近平新时代中国特色社会主义思想、习近平总书记关于网络强国的重要思想铸魂育人; 2. 家国情怀:把国家、社会和公民的价值融为一体,讨论个人信息保护的方式和限度
第十二单元　个人信息权利体系(二)——个人信息权利分述	1. 没有网络安全就没有国家安全;[18] 2. 网络犯罪已成为危害我国国家政治安全、网络安全、社会安全、经济安全等的重要风险之一[19]	1. 黄某与深圳某计算机公司等隐私权、个人信息保护纠纷案; 2. 孙某某与北京某网讯公司、第三人北京某互联网公司人格权纠纷案	1. 文化素养:培养学生树立以爱国主义为核心的民族精神,思考如何结合中国数字治理的情况实现个人信息保护路径的中国化; 2. 宪法法治意识:学思践悟习近平总书记关于网络安全和信息化工作的重要论述
第十三单元　数据安全与数据流动、数据共享(一)——数据安全概述	1. 统筹发展和安全,网络安全保障体系和能力建设不断加强;[20] 2. 如何治理互联网、用好互联网是各国都关注、研究、投入的大问题[21]	1. 高铁数据泄露案件; 2. 滴滴被罚案	1. 政治认同:深刻认识数据安全是非传统国家安全的重要组成部分; 2. 家国情怀:以科技强国为导入,深刻感悟近年来我国在数字科技上取得的重大进步,思考如何以法律武器打赢国际竞争中的技术竞争

续表

课程章节	重要的课程思政元素	相关联的专业知识或教学案例	所属思政维度
第十四单元　数据安全与数据流动、数据共享(二)——数据流动与数据共享	1. 数字化将是未来高效精准实现公共政策目标、不断满足公共服务需求的关键手段;[22] 2. 国家治理体系和治理能力是影响国家间竞争的重要因素[23]	1. 微软爱尔兰诉美国案; 2. 谷歌地图退出中国市场及警示	1. 政治认同:从数据治理政策和法律中认同我国社会主义道路自信、理论自信、制度自信和文化自信; 2. 宪法法治意识:培养学生的涉外法治思维和以法治解决涉外事务的能力
第十五单元　重庆大数据分类分级保护	1. 加快打造现代制造业集群更好服务支撑高质量发展;[24] 2. 深入践行以人民为中心的发展思想,聚焦聚力、实战实效、彰显特色,主动塑造数字变革新优势[25]	1. 重庆市部门信息资源的分析与解读; 2. 重庆市"法人数据库"的运用和推广	1. 道德修养:在企业数据合规和分类分级管理互动中,明确合规师的职业道德和执业规范; 2. 宪法法治意识:运用法治思维和法治方式解决重庆大数据保护、开采与利用问题
第十六单元　东数西算与重庆数字经济规划	1. 要处理好安全和发展的关系,做到协调一致、齐头并进;[26] 2. 如何治理互联网、用好互联网是各国都关注、研究、投入的大问题。没有人能置身事外[27]	1. 中金数据昆山数据中心介绍; 2. 上海兴业证券数据中心介绍	1. 政治认同:认同国家在数字治理过程中对供给能力差异化、集约化的部署; 2. 文化素养:在具体案件中深化学生以改革创新为核心的时代精神

[1]《习近平出席全国网络安全和信息化工作会议并发表重要讲话》,载中国政府网,https://www.gov.cn/xinwen/2018-04/21/content_5284783.htm? eqid=c8b39e9300042fa500000004648a7573。

[2]《理直气壮维护我国网络空间主权》,载中青在线,http://zqb.cyol.com/html/2016-10/10/nw.D110000zgqnb_20161010_2-07.htm。

[3]《网络安全为人民　网络安全靠人民》,载中国网信网,https://www.cac.gov.cn/202

3 – 09/13/c_1696265421277479. htm。

[4]《习近平在河北考察并主持召开深入推进京津冀协同发展座谈会》，载中国政府网，https://www. gov. cn/yaowen/liebiao/202305/content_6857496. htm? eqid = ca8654420000126b00000005646f54b1。

[5]《中国筑牢国家网络安全屏障　推动构建网络空间命运共同体》，载中国报道网，http://www. chinareports. org. cn/tytxy/2023/0717/38140. html。

[6]《“网络空间不是‘法外之地’”　习近平强调坚持依法管网》，载人民网，http://cpc. people. com. cn/n1/2024/0228/c164113 – 40185228. html。

[7]《从网络大国阔步迈向网络强国——党的十八大以来我国网信工作成就综述》，载中国网信网，https://www. cac. gov. cn/2023 – 07/15/c_1691068439899834. htm。

[8]《坚持总体国家安全观　筑牢国家安全屏障》，载央视网，http://politics. people. com. cn/n1/2023/0416/c1001 – 32665573. html。

[9]《习近平：坚持系统思维构建大安全格局》，载人民网，http://paper. people. com. cn/rmrbhwb/html/2020 – 12/14/content_2023396. htm。

[10]《强化国家经济安全保障》，载人民网，http://theory. people. com. cn/n1/2023/1113/c40531 – 40116640. html? ivk_sa = 1024320u。

[11]《国家网络空间安全战略》，载中国网信网，https://www. cac. gov. cn/2016 – 12/27/c_1120195926. htm? lan = cn&lan = cn。

[12]《维护公民在网络空间的合法权益》，载大众网，https://www. dzwww. com/xinwen/guoneixinwen/202309/t20230911_12734831. htm。

[13]《习近平谈网络安全，“人民”二字一以贯之》，载求是网，http://www. qstheory. cn/zhuanqu/2021 – 10/11/c_1127946631. htm。

[14]《习近平：没有网络安全就没有国家安全》，载求是网，http://www. qstheory. cn/zhuanqu/2021 – 10/10/c_1127943608. htm。

[15]《习近平谈网络安全：没有网络安全就没有国家安全》，载人民网，http://cpc. people. com. cn/xuexi/n1/2018/0817/c385476 – 30234135. html。

[16]《习近平：没有网络安全就没有国家安全》，载求是网，http://www. qstheory. cn/zhuanqu/2021 – 10/10/c_1127943608. htm。

[17]《习近平：没有网络安全就没有国家安全》，载求是网，http://www. qstheory. cn/zhuanqu/2021 – 10/10/c_1127943608. htm。

[18]《习近平出席全国网络安全和信息化工作会议并发表重要讲话》，载中国政府网，https://www. gov. cn/xinwen/2018 – 04/21/content_5284783. htm? eqid = c8b39e9300042fa500000004648a7573。

[19]《习近平：没有网络安全就没有国家安全》，载求是网，http://www. qstheory. cn/zhuanqu/2021 – 10/10/c_1127943608. htm。

[20]《推进国家安全体系和能力现代化》,载人民网,http://cpc. people. com. cn/n1/2022/1124/c64094 - 32573129. html。

[21]《"平语"近人——关于互联网,习近平做过这些重要论述》,载新华网,http://www. xinhuanet. com/politics/2016 - 04/20/c_128911200. htm。

[22]《人民日报整版探讨数字化如何赋能国家治理》,载人民网,http://opinion. people. com. cn/n1/2023/1103/c1003 - 40109172. html。

[23]《以数字化提升国家治理效能》,载人民网,http://theory. people. com. cn/n1/2023/1103/c40531 - 40109349. html。

[24]《"33618"重庆未来五年全力打造现代制造业集群体系》,载重庆日报网,https://epaper. cqrb. cn/cqrb/2023 - 06/06/003/content_rb_317775. htm。

[25]《着力践行以人民为中心的发展思想》,载人民网,http://theory. people. com. cn/n1/2022/0208/c40531 - 32347495. html。

[26]《习近平:没有网络安全就没有国家安全》,载求是网,http://www. qstheory. cn/zhuanqu/2021 - 10/10/c_1127943608. htm。

[27]《习近平谈打造清朗的网络空间》,载人民网,http://politics. people. com. cn/n1/2021/0907/c1001 - 32220142. html。

（张光君、张楚）